基层犯罪态势报告

实证分析与治理建议

（2017—2022）

主　编　苑　伟
副主编　平　静　杨　恪

中国检察出版社

图书在版编目（CIP）数据

基层犯罪态势报告：实证分析与治理建议：2017－2022／苑伟主编；平静，杨恪副主编．—北京：中国检察出版社，2023.11

ISBN 978－7－5102－2954－1

Ⅰ.①基…　Ⅱ.①苑…　②平…　③杨…　Ⅲ.①犯罪－治理－研究报告－西安－2017－2022　Ⅳ.①D917.6

中国国家版本馆CIP数据核字(2023)第203179号

基层犯罪态势报告：实证分析与治理建议（2017—2022）

主　编　苑　伟

副主编　平　静　杨　恪

责任编辑： 杜英琴
技术编辑： 王英英
封面设计： 天之赋设计室

出版发行： 中国检察出版社
社　　址： 北京市石景山区香山南路109号（100144）
网　　址： 中国检察出版社（www.zgjccbs.com）
编辑电话：（010）86423766
发行电话：（010）86423726　86423727　86423728
（010）86423730　86423732
经　　销： 新华书店
印　　刷： 北京联兴盛业印刷股份有限公司
开　　本： 710 mm×960 mm　16开
印　　张： 13.5
字　　数： 243千字
版　　次： 2023年11月第一版　2023年11月第一次印刷
书　　号： ISBN 978－7－5102－2954－1
定　　价： 46.00元

编 委 会

主　　编：苑　伟

副 主 编：平　静　杨　恪

编写人员（按姓氏笔画排序）：

王小毅　王世媛　王楠欣　朱　锐
刘　敏　杨遇豪　杨智博　李晓瑞
李　媛　李　婷　李鲲鹏　吴　颖
何　强　宋志军　张　欢　张　超
陈　敏　周　佳　赵　阳　贺红强
秦　沙　袁国栋　黄晓宁　戴小强
戴琼英

目　录

第一章　基层犯罪态势分析及治理建议

为加快推进市域社会治理现代化进程，有效打击预防刑事犯罪，维护社会和谐稳定，服务辖区经济社会发展，在统筹发展与安全的新发展格局下，雁塔区检察院以2017—2022年办理刑事案件为样本，对辖区犯罪态势进行综合分析，探究犯罪特点、成因和规律，在预测未来犯罪发展趋势基础上，提出系统化治理策略，以对平安雁塔和法治雁塔建设提供治理参考。

第一节　基层犯罪总体特点及规律分析

一、案件总量特点分析

犯罪总量大小以及犯罪率高低，是辖区犯罪基本状况和社会安定程度的重要反映，是评价辖区政治、经济、文化等方面发展状况的重要指标。

（一）案件数量居全省区县院受案量首位

2017—2022年，雁塔区检察院共受理审查逮捕和审查起诉案件17347件，占西安市检察机关总量的17.7%。六年间，雁塔区检察院案件数量占西安市总量比例基本呈平稳上升趋势，在2022年达到峰值（20.7%），同年占陕西省总量的6.7%。雁塔区检察院案件量连续十年位居全省区县院受案量首位。

案件总量与辖区经济社会发展状况密切相关。一是经济发展活跃。雁塔区位列全国百强区第16位，是陕西经济第一强区，生产总值占全市GDP的四分之一。受“市场经济双重效应”影响，经济的快速发展加剧了社会竞争，刺激了物欲追求、社会冲突等犯罪消极要素的积累。二是社会活动交流频密。雁塔区常住人口数全市第一，人、财、物流动性较强，在增强物质财富密度的同时，也会弱化社会控制力，客观上制造更多犯罪机会。三是地域区位特殊。雁塔区具有“一区多制”的特殊区情，受案范围涵盖雁塔、曲江、高新等区域的刑事案件，发案基数较大。

（二）案件数量总体呈波动增长态势

从案件数量总体发展规律看，六年间的刑事案件数量呈波动增长态势，该变化趋势与全市检察机关案件数量规律基本一致。

2017 年和 2018 年案件数量基本平稳。2019 年案件迅猛增长，同比增长 26.9%，达到六年案件量峰值，究其原因有二：一是当年公安机关加大对醉酒驾驶行为打击力度，危险驾驶案件同比翻倍增长；二是 2019 年正处于扫黑除恶专项行动攻坚阶段，专项行动成果集中显现，寻衅滋事、组织卖淫等案件数量激增。

2019 年末全国暴发新冠疫情，经济形势不确定性和下行压力增加，辖区治安防控形势复杂。除危险驾驶、帮助网络信息活动犯罪外，盗窃、故意伤害等常发犯罪均因受疫情影响，合适犯罪目标、机会和条件减少，出现浮动下降趋势。其中 2021 年位于三年疫情峰值，主要是低基数“翘尾效应”结果，继 2020 年社会生产生活的休眠状态后，2021 年疫情防控回归平稳，犯罪数量回升；2022 年疫情形势收紧，案件数量又出现相应回落，犯罪数量变化呈现出与经济形势、疫情防控正相关趋势。

（三）犯罪嫌疑人总量占辖区总人口的 0.2%

2017—2022 年，雁塔区检察院受理案件中，涉及犯罪嫌疑人 23793 人，人员数量平均在雁塔区总人口数量的 0.2% 左右浮动。六年间，犯罪嫌疑人的人员总量和占辖区人口的变化趋势为波浪式浮动，并呈下降态势，低于全国平均水平，充分反映出近几年辖区治安形势良好，治安秩序平稳。

二、犯罪行为人特点分析

犯罪行为人是犯罪行为的实施者，是犯罪现象基本构成要素。对犯罪行为人特征的经验型描述，可以为犯罪预防和治理提供精准目标。

（一）男性犯罪行为人占绝对主体

从性别分布看，男性犯罪行为人占 92.7%，女性犯罪行为人占 7.3%，这与全国男女犯罪行为人比例为 10∶1 基本一致。男性生理构造具有天然“优势”，排除自身主观思想问题，更易受到来自家庭、工作、朋友圈等各种客观因素影响。

（二）女性犯罪呈多元化趋势

女性犯罪领域日渐广泛，从盗窃、诈骗等侵财犯罪，扩展至经济、涉黄、涉毒犯罪等领域（见图 1－1）。受生理、心理等因素影响，女性在犯罪特征上具有鲜明依附性，实施犯罪常依附男性或犯罪团伙，处于协从地位。六年间，女性犯罪类型最多的是非法吸收公众存款罪，身份主要为财务和底层业务员。

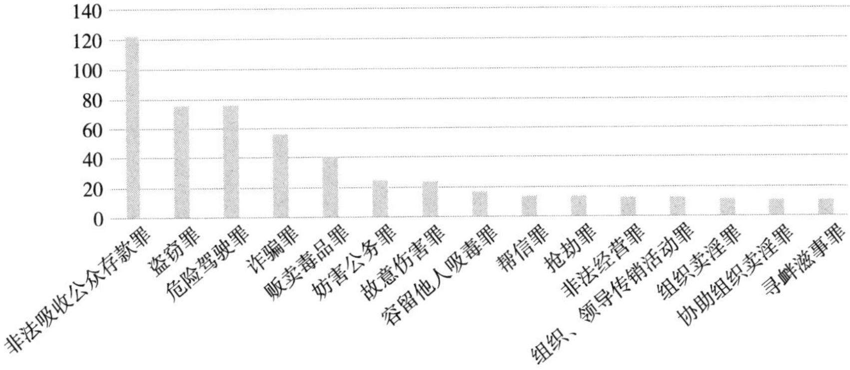

图 1－1：女性犯罪主要犯罪类型分布

（三）青年犯罪行为人占比较大

从年龄构成看，犯罪行为人主要为青年人，18—35 岁的占比为 61.8%（见图 1－2）。一方面，在社会转型巨大变革中，青年人承受压力最大，思想观念易受社会经济负面效应影响。另一方面，青年人社会活动范围最为广泛，面临犯罪诱因众多，犯罪可能性最大。随着年龄增大，心理逐渐成熟，有较为稳定社会地位后，犯罪数量即出现回落趋势。

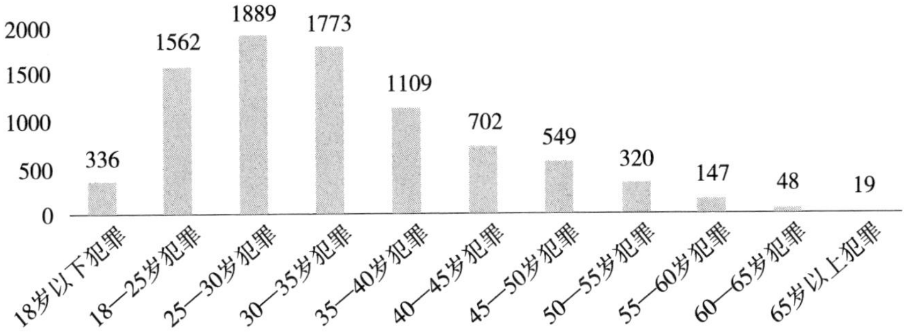

图 1－2：犯罪行为人犯罪年龄统计

（四）犯罪行为人文化程度普遍较低

文化程度反映个体受社会控制的程度和自我意识的高低。从学历分布看，初中学历犯罪行为人占比最多，占 43.45%，其次为小学学历，占

15.68%（见图1－3）。一是法律意识淡薄，常以自己主观判断作为行事依据，无法充分认知自身行为性质和可能导致的后果。二是对事物认知和判断水平有限，容易受物质利益诱惑和外界因素干扰。三是谋生能力较弱，诱使犯罪频发。

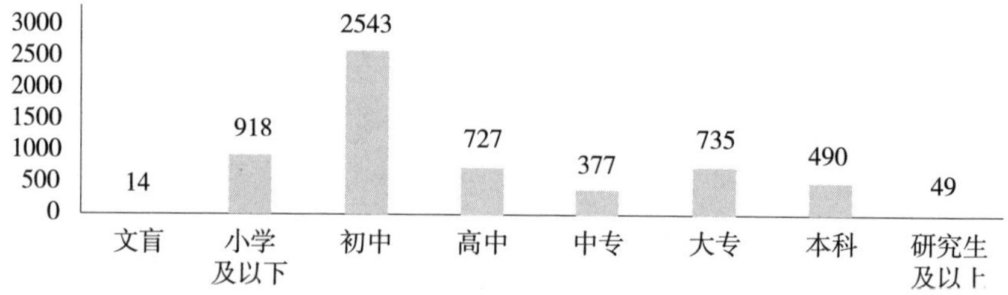

图1－3：犯罪行为人学历分布情况

（五）无业人员为主要犯罪人员

职业特征反映个体生活水平和受社会认可度。从身份情况看，无业及其他人员占比最高，占40.26%，高发领域为街头、侵财犯罪。经济原因是该类人员主要犯罪根源，由于没有稳定经济收入，又缺乏职业技能，在资源和能力不足的双重困境下，易受生活所迫走上犯罪道路。与此相对，白领犯罪的手段更为隐蔽、专业，集中在职务侵占、破坏市场经济秩序等领域。

（六）有前科的犯罪行为人占一定比例

有前科的犯罪行为人占总人数的15.85%（见图1－4），其中盗窃、诈骗、贩卖毒品案件再犯罪问题较为突出。这类人员普遍生存能力差，社会接受度弱，背负刑满释放人员的负面标签，很难找到工作，出现屡罚屡犯，有的甚至刚释放就又重操旧业。

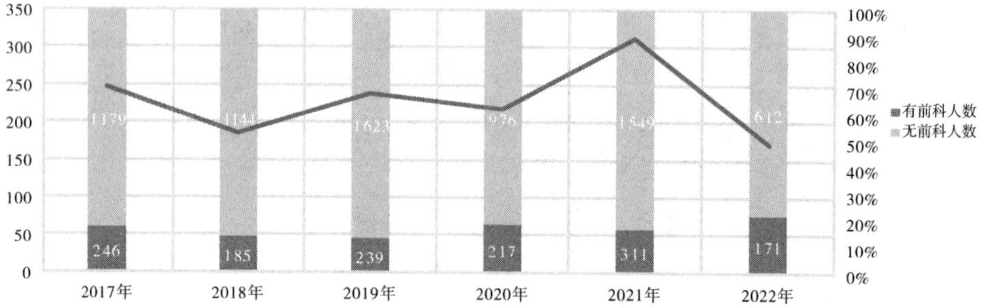

图1－4：犯罪行为人前科情况

（七）外来人员占比超过2/3

从户籍分布看，非西安市户籍人员占68.51%，高发领域为盗窃、帮助信息网络犯罪活动、电信诈骗等犯罪。一方面，外来人员就业机会缺乏，社会福利保障不够完善，体力被视为最“廉价”成本，犯罪成为没有技能、贪图富贵的人获取预期收益的最佳选择。另一方面，外来人员社会融合程度偏低，社会联系薄弱，相比本地人社会网络更加狭窄，易引发行为冲突。

三、犯罪危害特点分析

（一）被害人的人口特征分析

被害人是犯罪危害结果的承受者，具有易感性、交互性等特点。探析被害人的被害性特征，有助于加强犯罪被害预防，控制犯罪发生。

1. 男性被害人占比较大

从被害人性别看，男性被害人占比近乎是女性的两倍，这与全国被害人性别比例基本一致。主要是因男性社会活动范围一般比女性广泛，社会关系更为复杂，性格上也更外放，发生矛盾冲突的机会较多，易于遭受侵害。六年间，女性被害人数量逐年增长，其中未成年被害人的女性数量远超男性。

2. 青年被害人占近半数

从被害人年龄看，青年人被害概率最高，占比为48.97%。主要是因青年人社交范围大、社会流动性强，又普遍缺乏社会经验，抵抗能力较差，易被迷惑性宣传吸引，落入犯罪人陷阱。其中未成年被害人多集中在故意伤害、强奸等侵害人身犯罪，老年被害人多集中在侵犯财产犯罪，如孙某等人集资诈骗案，共100余名老年被害人被骗，诈骗金额达1000余万元。

3. 被害人文化水平总体较低

教育背景对个人的性格形成、生活方式、就业状况等具有重要影响，进而间接影响被害性。从被害人文化水平看，被害人总体呈低智化特点，高中学历以下人群占比超过六成。一般而言，受教育程度低的人群大多生活在社会底层，面临社会生活压力较大，与危险人群接触机会较多，且获取科学信息的渠道较为有限，容易轻信他人。

4. 被害人中打工人员占比最多

从被害人身份看，被害人职业面范围较广，其中最多为打工人员，占33.94%。受职业特征和经济状况所限，打工人群往往工作时间不稳定，居住环境相对复杂，被害危险系数较大。案件类型方面，也从传统暴力、财产犯罪，扩大到经济犯罪和白领犯罪。

（二）犯罪造成经济损失数额巨大

经济损失是犯罪行为给被害人以及社会造成的物质损害，是犯罪现象所蕴含社会破坏性能量的重要部分，是衡量犯罪危害量的重大指标。六年间，犯罪给辖区造成的物质危害后果严重。主要呈现出以下特点：一是经济损失数额巨大。以电信诈骗犯罪为例，2021 年造成经济损失 6.13 亿元，2022 年 6.75 亿元，如“9·17”特大跨境电信诈骗案，共骗取 97 名被害人，诈骗金额高达 2000 余万元，严重影响人民群众安全感。二是对营商环境造成一定冲击。借助公司外壳，寄生于写字楼、商业区的非法集资、诈骗、传销等经济犯罪频发，侵犯正常社会经济秩序，给营商环境埋下行业治理隐患。三是追赃挽损力度有待加强。涉众经济犯罪中六年里仅有 1 起案件追回全部赃款，多数案件资金返还比例不足 20%，应引起高度重视。

（三）刑事案件信访量总体不高

信访是公民表达意愿的一种途径，刑事案件信访量可以客观反映犯罪行为对被害人及社会公众造成的影响。六年间，雁塔区检察院共受理刑事信访案件 347 件，仅占刑事案件受案量的 2.5%，可以反映出辖区社会治安形势良好、案件质量总体较高。案件类型上，占比较高的是诈骗、故意伤害、职务侵占犯罪，其中集体上访案件最多的是非法集资类犯罪，主要症结是该类犯罪普遍潜伏期较长，在发案初期多显现为与民事纠纷交织，客观上存在查不快、看不透、追不深、冻不实、处不了等难点，导致损失挽回不够理想，难以满足群众期望，易引发群体上访，影响社会稳定。

四、犯罪分布特点分析

犯罪分布是犯罪现象的数量和类型在时空条件下的存在状态和变动情况。揭示犯罪时间和空间的分布与犯罪率之间的关系，有利于采取更具针对性的防控措施。

（一）犯罪场所呈多元化

从犯罪场所看，犯罪行为发生地点多样，其中发案率最高的是交通工具，占 35.6%，这与辖区交通类案件比重大、危险驾驶案居高不下的发案结构相关。其次为居民住所，占 19.8%，多为盗窃、故意伤害等案件。剩余场所中商业区、酒店、娱乐场所、餐饮店等人员流动性强的公共场所也是案件高发区域，需加大防控力度。

（二）春夏季发案率较高

从犯罪行为发生季节和月份看，发案率最高为春季，占27.68%，其次为夏季，占26.29%，发案高的月份依次为3月、5月、7月、6月、8月、11月。主要是该时间段温度舒适，人们户外活动频率高、时间长，且温暖天气也更利于犯罪者实施更为多样的作案手段。其中每年春夏季都是侵害妇女权益高发季节，4—6月是入户盗窃发案率最高时期。

（三）夜间犯罪发案量大

从每日时段犯罪发案数看（见图1－5），晚上和凌晨时间段（19：00至次日6：59）占比超六成。究其原因如下：一是夜间为每日生活休息时段，人员流动较少，被害人势单力薄不敢反抗，作案易于得逞，不易被人发现；二是夜间天然具有便于犯罪人逃脱、隐匿的自然特征，可以拖延报案时间；三是公安机关对醉驾行为查控时间多为夜间。

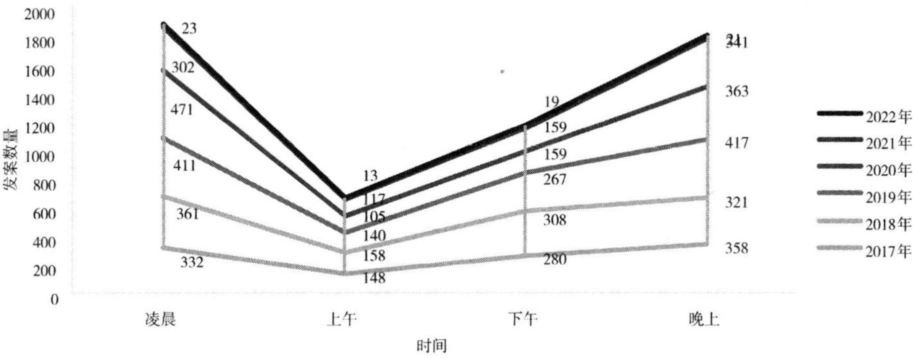

图1－5：犯罪时间分布

第二节　类案特点及规律分析

一、故意伤害类犯罪特点及其规律

（一）故意伤害案件数量在疫情暴发后呈下降趋势

2017年至2019年，故意伤害案件量逐年上升，疫情暴发后则逐年下降，年平均案件数同比下降 40.24%，其中最低点的 2022 年案件量较最高点的 2019 年下降 60.48%（见图 1－6）。犯罪结构仍以轻伤为主，致人重伤案件占 15.43%。从犯罪主体看，行为人通常无组织，以单独作案为主，有前科人员占 11.4%，多为初犯偶犯。从犯罪主体与对象的关系及犯罪动机看，偏向于熟人作案，起因多源于生活纠纷。从犯罪区域及场所看，丈八街道、电子城街道、长延堡街道防控压力较大，城中村案件量居首，占 34.17%，居民小区占 22.85%，马路、公园、广场占 22.43%，商业用房、厂区及学校占 20.54%，休闲场所中，餐饮地点需重点关注，KTV、酒吧等案件量较低。

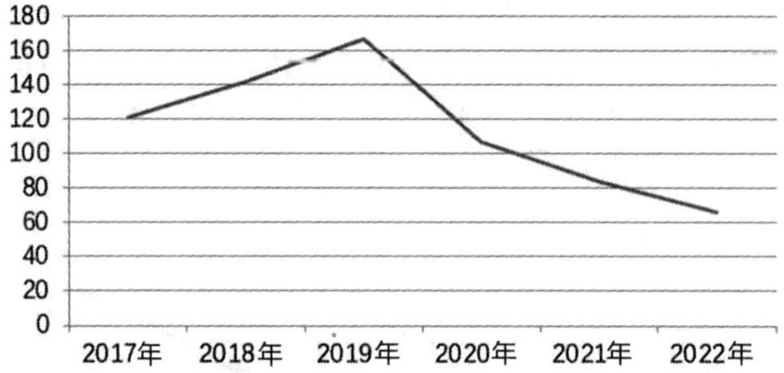

图 1－6：故意伤害案件数量

（二）严重暴力犯罪持续处于低位

严重暴力犯罪数量持续处于低位，主要集中在故意杀人罪，该罪名案件量最高为 13 件，包含早年发案但当年破获的情形。类似“曲江六号灭门案”的严重影响广大群众安全感的极端恶性案件再无发生。针对不特定群体作案的仅 1 件，系在城中村出租屋内，行为人因出现幻听认为他人辱骂自己而寻求报复，遂持刀将一陌生男子杀害。此类犯罪虽持续减少，但其社会危害性之大不容忽视，对极端暴力犯罪仍需高度警惕。

二、传统侵财类犯罪特点及其规律

传统侵财类案件系影响社会治安和群众安全的“长期慢性病”。六年间，传统侵财类案件持续处于高发状态，共占案件总量的 32.99%，已形成以盗骗案件为主的发案结构（见图 1－7）。

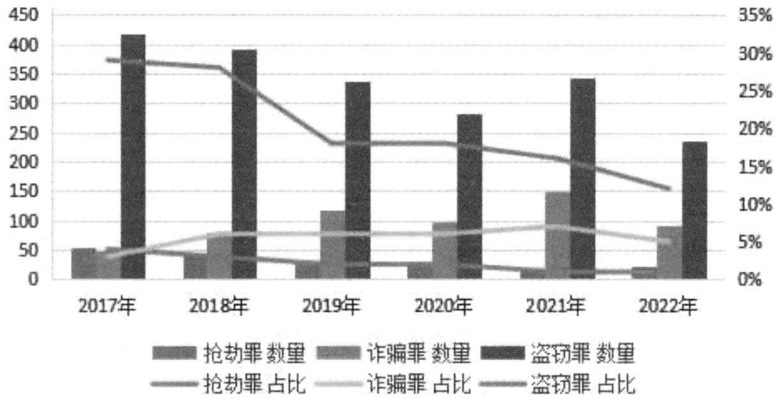

图 1－7：传统侵财类案件数量

（一）盗窃案件有走低趋势

随着近年来公安机关对入户盗窃打击力度加大、路面核查严格以及视频轨迹侦查的逐步完善，盗窃犯罪由全部案件量首位（占 29%）下降到第二位（占 12%），其中采用入户盗窃、扒窃等特殊行为手段作案的明显下降。从犯罪对象看，主要为电子产品（占 38%）、电动车（占 16%）、烟酒类日常生活用品（占 14%），其中盗窃他人微信、支付宝、银行账户内财物的案件随着网络技术的应用逐渐呈抬头趋势，需引起注意。在犯罪地域上，高发地域为丈八街道、小寨街道、电子城街道、长延堡街道，这些地方人员密集、人口流动性强，应加强防范。

（二）诈骗案件增速迅猛

六年间诈骗案件数量翻倍增长，位居全部案件量第四位。从犯罪类型看，传统诈骗类案件以学托诈骗、婚恋诈骗、租房诈骗、工程诈骗、就业诈骗五大类案件居多，占比近四成。此五类案件中犯罪行为人利用被害人求急求利和侥幸心理，往往较易得手。从犯罪金额看，整体呈现下降趋势，多在百万元及以下数额，处以刑罚集中为 3—10 年有期徒刑。此外，辖区诈骗类案件的挽回损失比率较低，这也是群众对此类案件安全感缺失的重要原因。

三、黄赌毒类犯罪特点及其规律

（一）涉黄犯罪

自扫黑除恶斗争开展以来，涉黄案件数量整体上升，卖淫组织查处多个，改变了之前个人介绍、容留卖淫占比高的局面，2020 年之后受疫情影响有所下降，但相较于扫黑除恶前打击力度仍明显加大（见图1-8）。

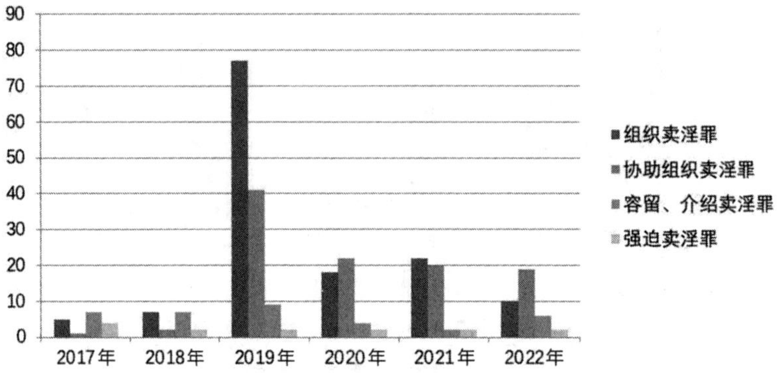

图1-8：涉黄案件数量

（二）涉赌犯罪

涉赌案件总量不高，但人数较多，共计117件354人。整体来看，扫黑除恶斗争开展以来开设赌场案件量呈上升趋势（见图1-9），由于2020年起公安部针对跨境赌博开展了全国性集群打击行动，导致此后网络赌博占比升高，代表性的案件有雁塔分局侦办的位于菲律宾的双龙集团网上开设赌场案，网站注册会员4.8万，累计存款19亿余元，查获洗钱账户627个，赌博公司、代理、支付平台共25人服法，挽回经济损失1.04亿元。网络赌博的兴起使涉赌犯罪主体文化程度特征发生变化，大专以上学历占51.85%。

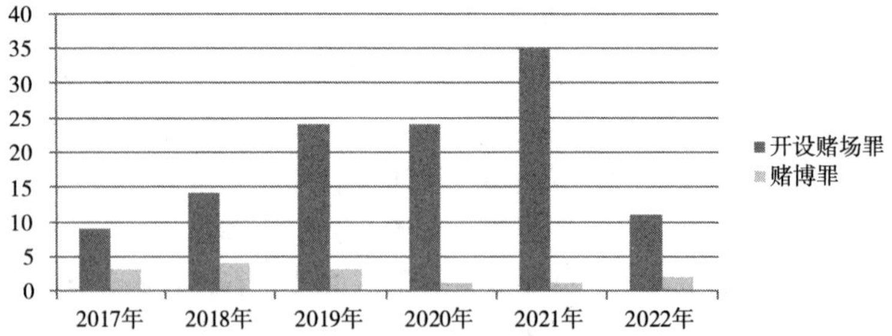

图1-9：涉赌案件数量

（三）涉毒品犯罪

疫情防控政策使毒品犯罪尤其是跨境大宗毒品交易得到遏制，2020年起涉毒案件量逐年下降，新型毒品占比上升，多为化学合成毒品。互联网已成为毒品犯罪的主要工具和平台，除通过微信等聊天软件外，在购物平台、贴吧、网络聊天室、论坛利用暗语贩卖毒品的现象屡见不鲜。互联网分享吸毒经验，扩大了新型毒品的普及面，使得毒品市场更新换代十分迅速。

四、交通事故类犯罪特点及其规律

随着醉驾入刑和公安机关打击力度的持续加强，危险驾驶案件已成为辖区案件数量最多的犯罪行为，超过了传统“王位”的盗窃罪。

（一）危险驾驶案件居高不下

六年间危险驾驶案件数量高位运行，2022 年占比高达案件总量的 54%，同比 2017 年增长量超过三倍（见图 1－10）。随着宽严相济刑事政策的深化落实，对犯罪行为人宽缓化处理成为近年来危险驾驶罪的突出趋势和特点，其中雁塔区检察院不起诉率持续走高（见图 1－11），2022 年不起诉案件占比达 47%，雁塔区法院对近 1/2 的被告人判处拘役一个月，近 1/2 的被告人判处缓刑。

图 1－10：交通类案件数量

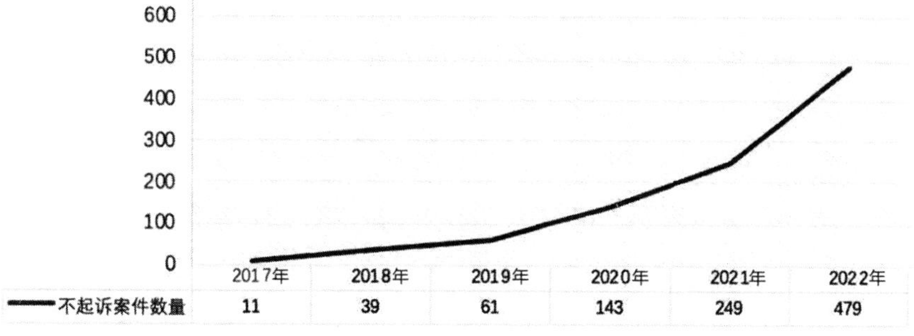

图 1－11：2017—2022 年不起诉案件数增长折线

（二）交通肇事案件呈下降趋势

六年间交通肇事案件数量逐渐走低，2022 年同比 2017 年下降 51%，辖区交通安全形势总体稳定，其中醉酒类交通肇事案件占比下降，高压打击醉驾行为效果显著。需要注意的是，交通肇事案件赔偿谅解占比较低，犯罪行为人同被害人及家属达成和解协议仅占 14%，需要加强社会组织参与程度，完善多元纠纷化解机制，推动诉源治理。

五、涉网络类犯罪特点及其规律

雁塔区检察院受理的案件中，网络犯罪已覆盖了除侵犯人身权利及交通类犯罪以外的其他各种类型，成为主流犯罪。从互联网在网络犯罪中的地位看，六年间，先后经历了以网络为对象、以网络为工具和以网络为空间三个阶段。当前，形成了以“工具”型网络犯罪为主、“空间”型网络犯罪日益兴起、“对象”型网络犯罪式微的共生性格局。其中，“空间”型网络犯罪其场域与现实物理空间相对形成双层社会，其广泛性、虚拟性和隐蔽性给侦查工作带来诸多困难，以电信诈骗最为突出，已成为发案最多、涉及面最广、人民群众反映最强烈的犯罪类型。

据统计，西安市 2022 年电信诈骗警情占全部报警数量的 47%。雁塔区 2022 年发案量较 2021 年下降 2.24%，破案率为 28%，较 2021 年增长约一倍。从犯罪类型看，刷单返利、冒充电商、冒充公检法、虚假征信、虚假投资为常见套路，分别占比 28.68%、14.16%、12.64%、11.49%、10%。其中冒充公检法诈骗女性被害人占 92%，虚假征信类男性被害人占 79%，比例显著失衡。

作为电信诈骗上游犯罪之一的帮助信息网络犯罪活动罪自 2019 年底出台明确司法解释后增势明显，尤其是 2020 年“断卡”行动以来更是呈跨越式增长（见图 1－12），已成为电信诈骗犯罪链条上的第一大罪名。

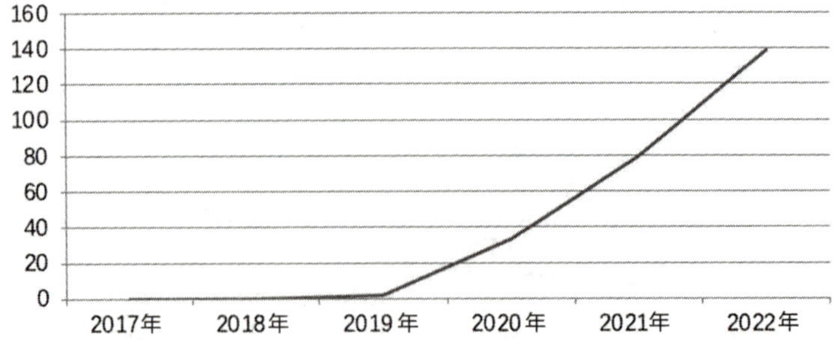

图 1－12：帮助信息网络犯罪活动罪数量

六、涉未成年人犯罪特点及其规律

涉未成年人犯罪案件一直是社会关注的热点。六年间，辖区内未成年人犯罪和侵害未成年人案件数量总体呈上升趋势，案件总量居全省市区县院首位。随着经济快速发展，未成年人成长环境发生巨大变化，犯罪呈现新的复杂情况，同时也暴露出预防治理的一些深层次问题。

（一）未成年人犯罪案件变化明显

从犯罪类型看，占比最高的依次为盗窃、抢劫和故意伤害，校园欺凌和暴力犯罪数量持续下降，帮助信息网络犯罪活动、侵犯公民个人信息等网络犯罪开始出现。从犯罪行为人特点看，低龄化现象凸显，14—16 周岁人员犯罪占比明显上升，根据社会调查报告显示，初中生辍学比例增加，低龄未成年人受网络及不良朋辈群体影响，易接触到社会不良信息，诱发其过早走上犯罪道路。此外，家庭教育问题需重点关注，80% 以上未成年犯罪行为人来自留守、离异、单亲等问题家庭，家庭监护不力成为未成年主要涉罪因素。

（二）性侵已成为侵害未成年人最突出犯罪

性侵案件数量持续上升，共占侵害未成年人案件总量的 57%（见图 1－13）。其中，负有照护职责的人员性侵问题较为突出，老师、继父最容易对未成年人实施性侵，甚至出现亲生父亲对子女实施性侵案件，如在张某猥亵儿童案中，两名被害人均为其亲生女儿，性侵时间长达两年，社会影响极其恶劣。另外，部分住宿场所违反法律法规，允许未成年人随意出入，宾（旅）馆已成为辖区性侵案件的高发地。加强监管监督，对儿童进行性侵犯保护和防性侵教育已迫在眉睫。

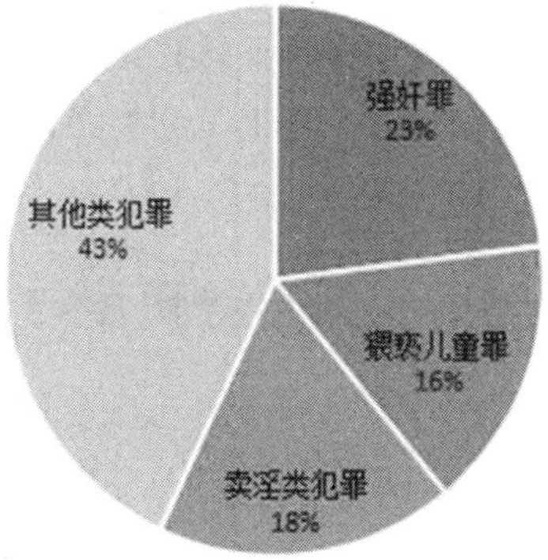

图 1－13：侵害未成年人犯罪占比

七、涉众型经济犯罪特点及其规律

非法集资类案件数量在2017—2019年均在高位运行，在高压打击态势下自2020年起呈下降趋势，且由于受社会关注度高，加之投资人员众多，口口相传，也提升了群众的防范意识，2022年因司法解释修改提高了入罪门槛，导致犯罪数量再次下滑（见图1－14）。据统计，雁塔区检察院办理的非法集资类案件约占全省的12%，是全省非法集资的高发区。从发案场所看，早期从事非法集资注册公司的聚集地为住宅区外商用门面房。随着互联网非法集资案件的增多，核心商务区写字楼中发案率增幅明显。从犯罪主体看，陕西籍犯罪嫌疑人占52%，多为非法集资案件中的业务人员等从犯。

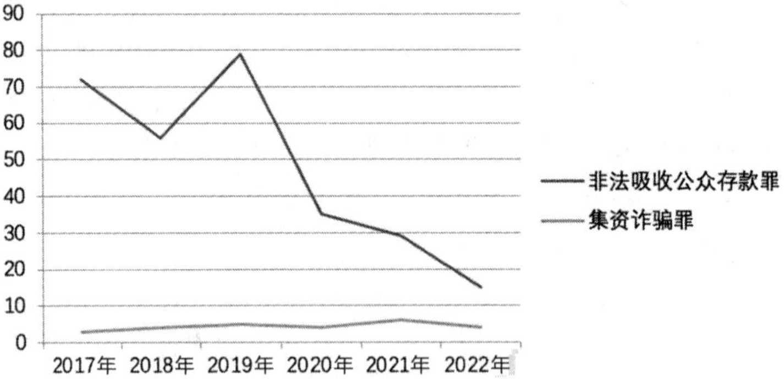

图1－14：非法集资类案件数量

随着以P2P、虚拟货币为首的一系列互联网金融业务的出现，非法集资案件进入了一个新的爆发期，规模出现了进一步的发展，涉案金额、人数及地区均超越以往，涉案的金额会高达上亿元，同时涉及多个省份的上百人，其跨区域性的特点也增加了办案的难度。嫌疑人转移、隐匿或者挥霍财产导致案件追赃挽损难，给投资人造成巨大损失，这也是此类案件多出现集体上访的原因。

第三节　辖区犯罪形势预测与治理建议

一、2023年辖区犯罪形势预测

2023年是全面贯彻党的二十大精神的开局之年，是实施“十四五”规划的关键之年。根据中央、省政法工作会议精神，结合辖区特点，在经济新业态和后疫情时代下，预计辖区犯罪数量、结构、方式等将发生明显改变。

（一）犯罪总数将大幅度回升

整体来看，2023 年雁塔区犯罪数量同比将有一定幅度回升。一方面，从经济社会大环境角度，中央经济工作会议指出，2023 年我国经济整体将呈现稳中有进、逐步恢复态势。作为西部综合排名第一市辖区，雁塔区经济韧性强、潜力大、活力足，各类经济形态丰富。随着疫情防控进入全新阶段，辖区经济社会活力会得到全面释放，犯罪风险和犯罪机会随之增多，盗窃、诈骗等常发犯罪将呈现活跃态势。另一方面，“疫后综合征”将集中凸显。疫情期间部分中小企业濒临破产，许多待业人员无法谋生，高失业率和低就业率问题突出，这些不稳定因素在后疫情时代会随着社会秩序运行，在社会环境中逐步发酵，促使发案数增加。此外，根据犯罪饱和法则，继疫情期间案件数量下滑后，潜在犯罪病菌和带病个体会在 2023 年催化，出现周期性增长。

（二）轻刑案件为主的犯罪结构将愈加明显

近年来，犯罪结构发生明显变化，超八成犯罪案件为 3 年有期徒刑以下的轻刑案件。2023 年，轻刑案件占比将持续扩大。一是重刑案件犯罪率会持续下降。随着现代化进程推进，科技赋能智慧犯罪预防，国民素质普遍提高，抢劫、绑架等严重暴力犯罪的滋生土壤被不断压缩，严重危害群众安全感的极端“黑天鹅”事件会进一步减少。二是经济结构转型促进轻刑案件增多。随着物流快递业、“小店经济”“微经济”等新业态规模逐步扩大，食药犯罪、妨害社会管理秩序犯罪逐步增加，这些犯罪宣告刑轻，犯罪成本远远小于犯罪收益，促使犯罪分子铤而走险。三是危险驾驶、帮助信息网络犯罪活动等“法定犯”案件将持续呈高发态势。

（三）各类传统犯罪向网络犯罪加速蔓延

当前，技术手段不断演变升级，互联网已成为各类犯罪活动的空间媒介，“互联网 + 犯罪”将成为 2023 年度主要犯罪问题。一是发案基数增大。我国网民规模为 10.51 亿，互联网普及率达 74.4%，网络空间俨然成为人们社会生活的主要载体，利用网络实施的侵财、经济及黑灰产业犯罪将“遍地开花”。二是传统犯罪与网络犯罪将加速复合。互联网时代下，网络犯罪非接触性、易复制的特点，会促使传统犯罪加快升级“异化”，从以往的“粗放”“点对点”犯罪走向隐蔽智能的“点对面”撒网式犯罪。三是打击力度持续加强。今年中央政法工作会议专门强调要加大对电信网络诈骗、网络黄赌毒、网络套路贷等打击力度，对网络犯罪的专项治理将是本年度打击犯罪的重点。

二、辖区犯罪控制体系发展现状

随着“共建共治共享”市域社会治理体制的构建，犯罪综合治理已成为当前犯罪控制体系最典型的表现形式。近年来，在党委统一领导下，各部门分工协作，专群结合，围绕打击、预防、改造三个基本环节，多措并举，推动犯罪治理的良性运行。

（一）党和政府、政法机关、社会组织及社区群众协同共治

1. 坚持党委统揽全局。犯罪治理是一项高度复杂的社会系统工程，需要充分依靠党的权威，统一调度。要时刻牢记“国之大者”，始终把讲政治的要求更深融入检察履职的全过程，不断提高政治判断力、政治领悟力、政治执行力，增强“四个意识”、坚定“四个自信”、做到“两个维护”。六年间，区委带领全区各级党组织和广大党员干部群众，打赢脱贫攻坚战，开展扫黑除恶、疫情防控、护航十四运、全国文明城市创建等工作，扎实推进党史学习教育，践行为民办实事解难题，深化平安雁塔、法治雁塔建设，群众获得感、幸福感、安全感持续增强。区委政法委统筹推进政法队伍教育整顿，政法队伍作风素能得到优化，司法执法公信力进一步提升，以高度的政治自觉、法治自觉、检察自觉，推动检察队伍教育整顿走深走实。

2. 政法各部门齐心共力。聚焦“九个方面”重点工作，公安雁塔分局持续开展打击地下钱庄和打击虚假信息诈骗的“猎狐”等专项行动；区检察院深度参与打击非法集资、洗钱犯罪和互联网金融风险专项整治，强化知识产权保护，助推企业合规；区法院严厉打击妨害疫情防控、复工复产等违法犯罪，共同优化营商环境。紧盯影响群众安全感的“盗抢骗”“黄赌毒”等违法犯罪，聚焦重点时间及人群，政法部门分别开展“夏夜百日行动”“守护平安年”“困难妇女司法救助”“检爱同行，共护未来”等专项行动，维护辖区稳定。

3. 社会组织及社区群众积极参与。秉承“枫桥经验”，诉源治理不断创新。“多网合一”激活了基层治理的神经元，网格员化身为宣传员、安全员和服务员，“警格＋网格”“网格员＋检察官”等“网格＋”模式助力小网格走向大融合。刑事和解工作取得良性发展，如检察机关引入人民调解员组织当事人“背对背”密室调解，邀请心理咨询师对被害人及家属进行心理疏导，为解纷提速增效。司法社会工作实现专业化、职业化，如陕西指南针司法社工服务中心在涉嫌违法犯罪未成年人的关护帮教、合适成年人在场维权、社会调查及社区服刑人员的社区矫正等方面都发挥了重要作用。

（二）政法领域全面深化改革，治理理念走向现代化

1. 刑事司法理念从“治罪”转变为“治理”。2017—2022 年，雁塔区检察院不捕率从 17.55% 上升到 46.85%，不诉率从 1.08% 上升到 34.82%，诉前羁押率从 67.32% 下降到 34.62%，降低了司法控制成本，使犯罪行为人感受到“刑事司法释放的善意”，积极改恶向善。认罪认罚从宽制度自 2018 年被写入法律以来，雁塔区检察院认罪认罚适用率从 63.37% 提升到 90.38%，区法院缓刑适用率从 13.36% 上升到 24.59%，实现了繁简分流、简案快办，从源头减少了大量上诉、申诉案件，最大限度减少了对立面，诉讼模式由对抗向协作转变，社会和谐稳定的同心圆越画越大。

2. “线上 + 线下”能动履职，赋能基层社会治理。依托 12309 检察服务中心，雁塔区检察院以“一站式”检察服务平台打造、“检察官 + 网格员”融合、多元矛盾化解、联动机制创新为切入点和着力点，推动检察工作线上延伸到城乡社区，线下对接各街办综治中。“线上”环节，加强 12309 检察服务中心软硬件设施信息化、智能化水平，通过检察专线、门户网站检察长信箱、QQ 视频接待、微信公众号等方式，多渠道开展受理控告申诉、法律咨询畅通信访渠道。“线下”环节，细化人工接待窗口，推行检察长接访及值班律师参与接访制度，引导群众有序进行案件查询、申请救助、控告申诉、法律咨询、律师及检察长接待预约分流、简易听证申请等来访事项。通过“一站式”检察服务中心平台，坚持做到“群众信访件件有回复”，为辖区群众提供优质、高效、便捷的检察服务。

3. 强化内外联动，社会治理提质增效。雁塔区检察院对于社会治理方面存在的深层次和重点、难点问题，通过个案办理、类案监督、系统治理的监督路径，强化与其他部门协作，内外联动，推动上述问题的系统性解决。针对侵犯知识产权案件，签署了全市第一个区级《知识产权全链条保护合作框架协议》，建设秦创原知识产权检察保护工作站，建立行政与刑事司法衔接、专家咨询、案件听证等机制。针对涉案企业在管理上存在的突出问题，首创全省“监督”“评估”“听证”监管闭合流程的“三重监管 + 长效监督”工作模式，对涉案企业依法适用合规整改。针对办理涉税案件检税衔接不畅的问题，与雁塔区国税局签订《健全工作机制加强检税合作框架协议》，明确了双方的具体责任。针对服刑人员违规领取最低生活保障金和基础养老金、执法和管理不规范等问题，与民政部门会签《关于查处服刑人员违规领取最低生活保障金案件配合协作的意见》，建立每年定期收集、筛选服刑人员信息数据与民政部门数据比对排查制度和协查配合机制。针对复杂信访问题矛盾化解不畅、信访群众法律服务需求强烈等问题，与雁塔区司法局会签《律师参与涉检信访接待

工作实施方案》，邀请律师每周固定日参与涉检信访接待。

（三）大数据技术被广泛应用，治理手段凸显智能化

信息的爆炸性增长及其处理技术的发展衍生了大数据的广泛应用。2017年以前，大数据应用在犯罪治理领域经历了初步探索和平台建设阶段，现已进入实体化、规模化、专题化研究阶段。公安雁塔分局自主研发的反诈大数据分析平台成为打击电诈犯罪的主阵地；建设寄递大数据治理平台、云脉平台及电子物证实验室与合成作战中心，高发案件破案率不断提升；与美团公司建立安全防范合作“实验室”，提升犯罪预防能力。雁塔区检察院联合西北政法大学成立检察大数据研究中心，在大数据监督模型、办案数据态势综合分析、类案研究等方面开展合作，构建犯罪治理融合发展模式。区法院连通“总对总”网络查控系统，在全国范围内实现对被执行人 14 类财产信息在线查询，刑事执行难问题得到扭转。大数据已被应用于侦查、起诉到刑罚执行的各个阶段以及控制、预测、预防等多个层面，其应用的广度和深度不断提升。

三、犯罪预防控制的对策及建议

（一）构建轻重犯罪分离治理体系，应对犯罪结构变化

针对严重暴力犯罪下降和轻微犯罪上升趋势，更加注重重罪与轻罪的区别对待。第一，办理轻罪案件实现轻罪轻刑，从社会治理的角度审视司法功能。一是丰富刑事制裁方式。针对轻罪不起诉案件规范完善非刑罚处罚措施适用，如探索运用电子手铐、非羁码等技术手段，确定犯罪行为人参与文明交通引导、环境卫生维护等社会志愿服务。二是量刑精细化。轻罪的有期徒刑确定基准刑后可根据情节按半月或日增加，对于社区服务等也可以日为单位。三是附随法律后果差异化适用。如对于判处拘役和缓刑的人员不采取行业禁入。第二，重罪案件社会影响较大，在保持打击和惩治力度的同时，要特别注意办案综合效果。一是严格证据标准及程序规范，防范冤假错案，遏制办案安全引发的“蝴蝶效应”；二是积极探索重罪案件适用认罪认罚从宽制度，恢复被犯罪破坏的社会关系；三是强化风险研判，赢得有效防范应对的战略主动。

（二）控制与保障协同推进，破解网络犯罪治理难题

一方面，基于网络犯罪高发态势，仍需严厉打击。一是培养专业侦查技术人员，加强专业化培训与招录技术人员双管齐下；二是强化网络阵地控制，通过犯罪工具或赃款赃物的取得处置过程，发现网络犯罪线索；三是优化情报分析，提升信息提取研判及比对分析能力，增强数据信息向刑事证据转化意识；四是坚持全链条打击，强力推进“断卡”“断流”“拔钉”行动，挤压犯罪空

间。另一方面，网络生态之复杂使网络空间治理体系存在滞后性，亟须加快构建能适应新格局的治理机制。一是加强网络基础设施建设，缩小不同区域、行业、部门、层级、人群间的信息鸿沟；二是以合规建设推动网络风险防范，使网络经营者在网络犯罪治理中履行责任、发挥作用；三是提升对技术应用过程中的风险感知和预警能力，针对可能出现的信息茧房、数字鸿沟、技术欺凌等问题及时进行技术升级。

（三）多源头、常态化治理，稳控案件高发重点区域

以案件高发易发的社区村组、场所、企业为中心，在各街道划定重点防控区，从社会、经济、文化等深层次角度考虑进行标本兼治。一是加强居民自治。发挥法律工作人员作用，深入开展法治宣传教育；关注高危社会安全重点人群，注重排查日常纠纷引发的风险隐患；健全居民调解组织网络，完善矛盾纠纷调处机制；加强电子监控等控制和预防犯罪的物资设备投入。二是以合规建设推动企业自律。以行刑衔接为切入点，尝试建立检察机关与行政监管部门联合开展合规考察制度，逐步构建以行政监管为中心的企业合规体系。三是完善重点场所长效管理机制。建立重点场所治安管理档案，做到底数清、情况明；依靠基层组织、积极分子等，加强场所动态信息掌控；通过科学考核，实行分级管理，动态升降；加大部门间的协调配合，形成执法合力。

（四）聚焦重点领域，构筑辖区特色犯罪预防控制体系

结合辖区犯罪特点及规律，承继雁塔区检察院优秀工作经验，对重点领域加强犯罪预防控制。一是对危害国家安全及严重暴力犯罪始终保持高压态势。从严从快惩治危害国家安全、恐怖活动等犯罪；依法严厉打击严重刑事犯罪，始终坚持从重打击杀人、故意伤害、绑架、涉枪涉爆等严重暴力犯罪。二是坚决维护社会秩序和社会稳定。踏实巩固扫黑除恶专项斗争成果，建立健全常态化扫黑除恶工作机制；认真履行审查起诉职责，对于“黄赌毒”等严重扰乱社会秩序犯罪以及“盗抢骗”等多发性侵财犯罪，严格审查，精准量刑。三是维护市场运行秩序优化法治营商环境。高度关注非法经营、合同诈骗等扰乱市场经济秩序犯罪、金融诈骗等破坏经济秩序型犯罪和非法吸收公众存款、集资诈骗等涉众型经济犯罪，维护市场运行秩序；持续推进“三重监管＋长效监督”工作模式，审慎办理涉民营企业案件；加大知识产权保护力度，依托秦创原知识产权检察保护工作站，构建“惩治、监督、预防、服务”的保护模式，及时办理侵犯知识产权案件，维护良好创新生态。四是高度重视守护群众身边安全，用心用情办好群众身边的“小案”。继续强化食品药品、基础设施、高空抛物和物流寄递领域专项监督，守护好人民群众“舌尖上”“脚底

下”“头顶上”“邮包里”的安全。

（五）打造立体式宣传矩阵，筑牢全民安全防线

一是进一步打造“党建红＋检察蓝”党建项目，构建“党建＋社区矫正监督＋一站式接待＋护‘未’行动”等一系列融合工作模式，常态化开展“我为群众办实事活动”。发挥“星级党支部”在创先争优中的示范带头作用，党员干警到社区“双报到”，为人民群众提供系列法律服务。二是建立覆盖全社会的防范宣传体系。落实各单位主体责任，将宣传工作纳入考核，各单位立足本职开展宣传防范；多维联动协同宣防，如政法机关通过企业群、物业群向企业及物业公司推送案例及信息，通过三大运营商向群众发送防范短信；激励群众创造力和积极性，将宣传干部的独角戏变为群众参与的大合唱。三是创新宣传形式。注重“线上＋线下”“节目与案例”相结合，增强新媒体运营宣传能力，邀请新闻人物、公众人物参与宣传，提高群众关注度及信任度。四是强化精准宣传。围绕高发犯罪类型及人群，增强宣传针对性，如在剧本杀、密室逃脱等娱乐场所宣防青少年犯罪，利用早市、超市、公园等区域及社区活动、传统戏剧等增强中老年人防范能力，在驾校、考场、驾照审验处、餐饮商铺显著位置设置禁止酒驾提示牌，使宣传内容深入人心。

第二章　普通刑事犯罪态势变化及犯罪治理

第一节　传统侵财类犯罪态势变化及犯罪治理

传统侵财类犯罪案件具有发案频繁、涉辖区范围广，事关人民群众安全感等特点。通过对雁塔区该类犯罪源头数据的特征总结与规律分析，查摆犯罪原因，有利于本院协同各职能部门实现从“刑事治罪”到“社会治理”，延续中国特色的犯罪治理模式，推动社会治安持续向好。

一、传统侵财类犯罪发展态势与趋势预测

近六年的传统侵财类犯罪案件数量持续减少，立案数量占比亦因新型犯罪的出现而有所下降，但其在总体犯罪中仍占据相当大的比重。同时，该类犯罪内部的发案结构与犯罪人群特征随年度变化呈现出趋同特点，而案发时间与地点、犯罪手段与对象在其下属各分罪中区别呈现出独有的指征。

（一）对传统侵财类犯罪案件总体情况的分析

自 2017 年至 2022 年 11 月，雁塔区人民法院各类刑事一审案件结案 6378 件，其中传统侵财类犯罪案件 2104 件，占 32.99%，系刑事犯罪的重点领域。

1. 案件数量持续下降且占比走低

2017 年，雁塔区传统侵财类刑事案件结案 442 件，占当年各类刑事案件结案数的 41.81%；2018 年，该类案件结案 406 件，较 2017 年同比减少 8.14%，占当年各类刑事案件结案数的 41.30%；2019 年，该类案件结案 400 件，较 2018 年同比减少 1.48%，占当年各类刑事案件结案数的 28.55%。

2020 年 1 月，囿于新冠肺炎疫情蔓延，传统侵财类案件收结案数量受疫情及其防控措施的抑制降幅显著。2020 年，该类案件仅结案 287 件，较 2019 年同比下降 28.25%，占当年各类刑事案件结案数的 29.90%；2021 年，疫情形势趋于平稳，总体犯罪抬头，该类犯罪结案 413 件，较 2020 年同比增长 43.90%，占当年各类刑事案件结案数的 30.41%；截至 2022 年 11 月，该类案

件再度受疫情抑制，仅结案156件，较2021年同比下降62.23%，占各类刑事案件结案数的25.20%。

综上，传统侵财类案件数量持续下降，仅于2021年因疫情态势平稳有所回弹。更进一步，以案件结案数量占比观之，从2019年前占据雁塔区人民法院审结的刑事一审案件数量的四成，走低至近四年仅占比三成左右。是故，该类犯罪立案数量受新冠肺炎疫情影响而减少，立案数量占比亦因新型犯罪的出现而有所下降。

2. 发案结构保持以盗抢犯罪为主

从传统侵财类犯罪案件共计2250件4606起标记行为时间的数据来看，尽管系属传统侵财类犯罪的各罪发案数量均有不同变化，但发案结构仍呈现出一定规律。

其一，每年盗窃犯罪发案数量占当年总发案数量比始终处于高位，截至2020年数值均在70%±5%浮动而未见明显变化，仅于2021年较前年同比增长16.32%至82.32%。

其二，每年诈骗犯罪发案数量占当年总发案数量比逐年攀升，自2018年起年涨幅率稳定保持在14.5%±0.5%，至2020年达峰值；反之，每年抢劫犯罪发案数量占当年总发案数量比年渐下滑，尤其是2021年仅占当年总发案数量的0.80%。

其三，敲诈勒索犯罪发案数量占当年总发案数量比呈弹性变化趋势，以2018年同比增长53.60%与2020年同比下降88.01%最为显著，近两年来稍有回升；抢夺犯罪发案数量占当年总发案数量比呈波动下降趋势；故意毁坏财物犯罪等其他犯罪发案数量占当年总发案数量不足2%且几乎未有变化。

综上，发案结构仍保持以盗抢犯罪为主不变，并以盗窃犯罪发案数量占据总发案数量的优势地位，而对传统侵财类犯罪案件发案走势起到了决定性的作用。另需注意的是，犯罪人虽较多通过盗窃犯罪获取公私财物，但同时有转向较之于“两抢”犯罪风险收益更大的诈骗犯罪的趋势。该等变化趋势中的“特殊拐点”或因新冠肺炎疫情通过作用于犯罪环境等要素间接地影响了发案结构，但总体趋势自2018年起已显现。

（二）对传统侵财类犯罪人群的分析

自2017年至2022年11月雁塔区传统侵财类案件共计2104件2354人次，其中盗窃罪1593件1581人、诈骗罪258件373人、抢劫罪143件235人、抢夺罪18件17人、敲诈勒索罪53件87人、故意毁坏财物罪33件54人、拒不支付劳动报酬罪7人。

1. 犯罪人群年段相对集中，以中青年男性为主

犯罪人主要集中在中青年阶段，其次是未成年人。其中，中青年犯罪人（18—59 周岁）共计 2198 人，占总犯罪人数的 93.99%，未成年人（18 周岁以下）共计 120 人，占总犯罪人数的 5.15%，其中涉抢劫罪的未成年人 52 人，占全部涉传统侵财类犯罪未成年人数的 43.33%，居于各类犯罪之首，老年人（60 周岁及以上）仅有 11 人。

传统侵财类犯罪案件中，未成年犯罪人备受关注，其占全部犯罪人群比总体呈下降趋势：2018 年未成年犯罪人共计 22 人，占 5.35%，较 2017 年 7.69%同比下降 30.43%，2019 年占比虽小幅回升但较前年仍同比下降 19.38%，而后三年小幅波动，至 2022 年未成年犯罪人占 1.90%，达近六年来最低。

从性别结构上看，雁塔区 2017 年至 2022 年传统侵财类案件犯罪人主要为男性，少数涉及女性，在 2354 人次中 2234 人为男性，120 人为女性且仅占全部犯罪人数的 5.10%。

2. 犯罪人群学历普遍较低，文化素质不高

行为人文化程度主要集中在初中及以下水平，但其占比逐年递减，至 2021 年仅占 66.02%，犯罪人文化程度系高中至大专与本科及以上占比有所增加。具体而言，初中及以下的有 590 人占 73.38%，高中至大专的有 188 人占 23.38%，本科及以上的共有 26 人仅占 3.23%。综上可见，以盗窃、抢夺、抢劫和诈骗为主的传统侵财类犯罪案件无须较高文化水平即可完成犯罪行为。

3. 犯罪人群单独多次作案占据多数

雁塔区检察院收到的判决书中明确载明共犯地位的有 2346 人，其中，单独作案的 1727 人占 73.61%；共同作案的 619 人占 26.39%，含主犯 560 人、帮助犯 52 人、教唆犯 7 人。犯罪主体单独犯罪自 2018 年起占 78.14%，连续两年下降，至 2020 年共计 230 人占 72.33%，较前年同比下降 5.81%，但仍未改变雁塔区传统侵财类犯罪以行为人单独犯罪为主的趋势。

相较于其他侵财类犯罪，抢劫罪发案呈现出明显的团伙倾向，六年间仅 67 人单独犯罪，占涉抢劫罪人数的 28.51%，即抢劫犯罪人群通常结为纽带，成群作案，日渐形成犯罪团伙。

4. 犯罪人群再犯率高，社会危害难以消弭

传统侵财类犯罪案件因犯罪成本较低，少数犯罪分子出狱后仍管不住“手脚”，继续从事违法犯罪活动，该特征在盗窃罪中表现最为明显。自 2018 年起至 2021 年，累犯与前科人数逐年递增，虽前科人数于 2020 年间略有减

少，但未影响变化趋势。2021 年，再犯率以具有前科人数涨幅 53.44%、累犯人数涨幅 94.55% 的大比例增幅进一步走高，其中盗窃罪再犯人数占全部侵财案件再犯人数的 86.89%。

5. 犯罪人群审前羁押率近年来有所降低

审前羁押率是司法机关落实宽严相济刑事政策的重要抓手。然而，我国现阶段的审前羁押率水平与新时代的发展要求还有很大差距，犯罪嫌疑人在羁押状态下等待审判已经成为我国处理刑事案件的常规模式。判决书中明确载明对犯罪嫌疑人（被告人）适用强制措施情况的有 844 人，其中 747 人业已在审前处于羁押状态，占比高达 88.50%，但是自 2020 年起该指标实现三年连续下降，截至 2022 年 11 月，当年审前羁押率仅占 77.63%，较 2021 年同比下降 14.55%。

（三）对传统侵财类犯罪重点罪名的分析

传统侵财类犯罪以各分罪区别呈现出案发时间与地点、犯罪手段与对象的独有指征。以盗抢犯罪与诈骗犯罪为近六年位居前列的高发性犯罪，更为深层地呈现其犯罪规律，以便针对性地提出防控对策，加强平安建设，构建和谐社会。

1. 盗窃犯罪的特点及其规律

（1）盗窃犯罪案件中特殊犯罪手段占比总体呈下降趋势，以入户盗窃与扒窃作案为典型手段。2017 年盗窃罪中采用特殊犯罪手段的有 267 件占 38.09%，而后两年均呈下降趋势，至 2020 年断崖降至 7.93%。尽管 2022 年盗窃犯罪中运用特殊犯罪手段的案件占比回升至 26.15%，较 2021 年同比增长 20.73%，但较 2017 年同比下降 31.35%（见表 2－1）。

表 2－1

罪名	2017 年	2018 年	2019 年	2020 年	2021 年	2022 年
入户盗窃	99	64	49	15	66	8
扒窃作案	164	166	62	13	45	9
携带凶器	2	5	1	3	0	0
教唆未成年人	2	1	0	2	1	0
一般犯罪手段	434	387	483	383	405	48
特殊手段占比	38.09%	37.88%	18.82%	7.93%	21.66%	26.15%

（2）盗窃犯罪多发于辖区四个街道，且有跨区域流动态势。这四个街道因居住人口较为密集、人员流动较为频繁，加之治安管理可能存在的疏漏，故盗窃行为高发。此外，犯罪人对于犯罪行为地的选择可能也与销赃地点有关，以电子城街道为例，部分犯罪人会选择将违法所得（如手机、电脑等）销赃至此。

入户盗窃作为盗窃手段之一，具有集中发生与跨区域流窜犯案的特点。在171 件涉及 362 起行为中，有 50.68% 的犯罪人会选择在同一时间段同一地域范围内实施入户盗窃的行为，即便犯罪人不在同一时间段作案，也更倾向于在同一地域范围内实施犯罪行为，即入户盗窃行为集中性发生。有 16.44% 的犯罪人倾向跨辖区作案，即犯罪人流窜多地或者窜至某地集中一段时间疯狂快速实施作案，然后迅速逃离。

（3）盗窃犯罪于春夏的案发率最高，冬季的案发率相对偏低，不过概观整体数据，11 月也为小高发期。以入户盗窃为例，每年的第二季度是入户盗窃案发率最高的时期，在 2017 年、2019 年、2021 年与 2022 年，第二季度案发率占当年较大比重。该时间段天气逐渐转暖，居民外出需求增加，入户盗窃犯罪人获得了相对更多的作案时间。同时，温暖的天气也更利于犯罪者实施更为多样的作案手段。

每年春节前后是扒窃作案的高发时段。春节前各家各户开始置办年货，前述提及的小寨街道与电子城街道聚集了相当多的商场、餐饮、酒吧等服务业场所，为扒窃提供了充分的环境。同时，犯罪人或迫于过节需要且手头资金困难等种种原因，更容易在这段时间内行窃。

（4）盗窃的犯罪对象主要为电子产品（含手机、电脑、单反相机等）与电动车、摩托车、三轮车等物品，占全部盗窃对象的 53.88%，其次是日常生活用品，如烟、酒、茶以及现金等物品，占全部盗窃对象的 13.51%。上述犯罪对象均为易变现的物品，犯罪行为人盗窃后通常会选择进行转移藏匿或者变卖销赃。随着信息化、网络化的不断发展也影响了盗窃犯罪的行为模式与销赃方式，即盗窃他人手机微信、支付宝或银行账户内财物的案件不断出现，而传统的线下销赃变得更为隐蔽，而新兴的线上销赃、网络销赃更是难以追赃挽损。

2. 抢劫犯罪的特点及其规律

（1）发案时间集中于年中岁末之际（10 月发案 41 起占 15.24%，7 月发案 32 起占 11.90%，12 月发案 31 起占 11.52%），且每月 11 日至月末（共发案 282 起占 75.40%），每日在人员流动较少，且警力资源投入较少的 18：00 至次日 6：00 实施（共计 311 起，占全部发案数量的 83.15%）。年中之际气温适宜，居民多选择外出，具备抢劫罪近身作案的条件；岁末之际，则因临近年关犯罪人需用钱，被害人因采买年货随身携带较为贵重的财物，作案成功率增加且其可随流动人口返乡而窜至他处。

（2）犯罪手段以持械相胁为主，且暴力程度自疫情后有加重迹象。涉抢劫罪刑事判决书显示，抢劫罪的行为方式主要有以下两种：一是以暴力手段压迫；二是持器械或以言语相威胁。二者于2018年前稳定处于占比相当的状态，并以暴力手段压迫略高一点，直至2019年持器械或以语言威胁的行为方式占比猛增至63.27%后逐年下降，在2021年反而以暴力手段压迫为抢劫罪的主要犯罪手段。抢劫犯罪中使用暴力手段压迫的抬头趋势昭示着社会矛盾积聚期，暴力行为或成为个体的发泄途径。

此外，行为人实施抢劫行为时一般持有作案工具，其中以刀具类、棍棒类为行为人优先选择的工具。其中，携带刀具类进行抢劫的占56.8%，携带钢管、棍棒类的占16.8%，携带其他类诸如枪支、砖头、皮带、胶带的所占比例均较低（见表2-2）。

表2-2

犯罪工具	数量	比例（%）
刀具类	142	56.80%
钢管、棍棒类	42	16.80%
枪支类	2	0.80%
砖头、皮带、胶带等	10	4.00%
其他	50	21.60%

（3）犯罪对象集中于金钱。有效记载犯罪对象的发案中，直接抢劫金钱（含现金及支付宝、微信转账等）的行为共156起占81.25%，其次是抢劫手机、电脑等电子产品的行为共15起占7.81%。抢劫犯罪较其他传统侵财类犯罪更具暴力性与直接性，犯罪人图财的目的更为强烈，故而更倾向于一次性获取财物而非通过二次销赃再行获得财物。此外，近年来随着移动支付的发展与普及，居民外出较少携带现金，多以电子支付为主，这使得犯罪人转走被害人支付宝、微信中财物的方式出现并增加。

（4）被害人少有重伤、死亡，未受伤、轻微伤、轻伤的达65.96%，重伤和死亡的仅 2 起占 4.26%。出现该规律的原因可能有二：一是犯罪人主要采用持械相胁的行为方式；二是犯罪人实施犯罪行为的重心多在于“取财”而非“伤人”。

3. 诈骗犯罪的特点及其规律

（1）诈骗方式从线下方式向线上方式发展。2017 年至 2022 年 11 月雁塔区检察院共计收到 285 件刑事判决书，其中 45 件具备酌情从重情节，该等情节中以“冒充司法机关等国家工作人员”与“通过发送短信、拨打电话或者利用互联网、广播电视、报纸杂志等发布虚假信息”两种为重。其一，“冒充司法机关等国家工作人员”的情形近年来因政府职能部门与司法机关联控反诈已不多见，即反诈宣传取得了一定的实际效果。其二，犯罪人通过移动通讯、互联网等方式对不特定多数人实施诈骗行为的数量波动上升，无论是发送短信或者拨打电话，抑或是利用互联网均系犯罪人倾向采取线上方式，犯罪行为的非接触性使得犯罪人以较低的犯罪成本获取高额收益，犯罪产生的不良影响辐射范围扩大，打击难度增加。

（2）诈骗类型受市场供需影响的领域重心偏移。2017 年至 2022 年 11 月，就业诈骗、学托诈骗、婚恋诈骗、租房诈骗四类系典型常见诈骗案件类型，分别占六年间总发案数的 9.29%、8.06%、6.97%、6.69%。在租房诈骗类案件中以公租房诈骗较多，占总发案数的 4.64%。

其中，婚恋诈骗较多依托线上平台，学托诈骗则因入学择校是每逢升学季必定会面对的问题，发案鲜受时空的约束。就业诈骗案发数占总案发数比例减少，反之租房诈骗占比增加则与经济因素相关。另外，自 2020 年 1 月起新型冠状病毒肆虐，疫情防控物资成为稀缺产品，故而“谎称自己售卖疫情防控物资”成为诈骗的新型手段。

（3）诈骗犯罪通常选择不特定受骗人。受骗人集中于 30—35 周岁的青年人群与 45—60 周岁的中年人群，占总计有效人数的 66.67%，其中男女比例较为均衡，各自占总计有效人数的 59.46% 和 40.54%，且具有一定文化水平，大都完成九年义务教育，这显示出受骗人通常具备认知判断的基础，但容易受到犯罪人言语与表现的影响。

在载明犯罪行为人与受骗人关系信息的诈骗犯罪案件 29 件 37 名受骗人中，诈骗犯罪的行为人选择实施诈骗行为的对象多数为不特定主体，即陌生人与半熟不熟的人占总人数的近七成（67.55%），该特征同时符合前述诈骗方式非接触性的转变。同时，受骗人与犯罪行为人达成谅解的可能性与双方之间的亲密程度成正比，以亲属间诈骗为例，受骗人均表示谅解行骗人（见表 2-3）。

表 2－3

关系	总计数	占被害人总数比	达成谅解人数	谅解人数比
陌生人	19	51.35%	6	31.58%
半熟不熟	6	16.20%	2	33.33%
朋友	10	27.03%	5	50.00%
亲属	2	5.42%	2	100.00%

（4）诈骗犯罪涉案金额的整体降档。雁塔区检察院收到载明涉案金额的诈骗犯罪刑事判决书共计 231 件，金额主要集中在百万元及以下，鲜有金额过千万元的案件。2017 年，万元及以下与十万元及以上至百万元及以下分庭抗礼，发案量分别占 56.52% 与 41.30%，后六年，涉案金额在十万元以下的案件占比走高至 2021 年的 94.44%。该规律或与近年来侦查机关对诈骗案件的快速响应及重点打击有关。

二、传统侵财类犯罪治理现状及问题分析

以盗抢犯罪与诈骗犯罪为主的传统侵财类犯罪案件一直以来都是刑事犯罪的重点领域。该类案件的高发源于经济、社会、文化等多种因素相互作用，其中，以社会财富再分配体制偏差等经济因素为核心，加剧了社会保障体制的缺漏，以致成为犯罪的重要诱因。

（一）贫富差距导致心理失衡

尽管我国打赢了脱贫攻坚战，实现了历史性跨越，但仍存在不少低收入群体与失业者，尤其以文化水平偏低与工作技能缺乏的无业游民为主，其生活在相对贫困中，成为社会保障制度的边缘人群，与积累大量财富的先富人群有着强烈的现实反差，内在地诱发了其相对剥夺感。

任何犯罪行为的发生都是犯罪人主观心理外化的结果。由于上述的客观变化致使部分人群心理失衡。与此同时，物质利益的刺激与盲目地消费攀比热潮加剧了矛盾，传统侵财类犯罪以犯罪成本低与获利空间大成为他们弥补差距的方式。极少数青少年好逸恶劳、不劳而获思想严重，当其畸形的追逐心理在通过正常手段得不到满足时，就会寻求歪门邪道、投机取巧的方式。

（二）公安司法机关打击力度有限

近年来，雁塔区对传统侵财类案件开展了一些专项行动，如开展打击整治

养老诈骗专项行动、“小案当作大案破”，对侵财类案件立案不再设门槛，建立“双快”和“四快一文明”机制，取得了很大的成果。但是，该类案件往往因为案情较为轻微难以引起重视，群众损失亦难及时挽回。针对特殊群体的不法活动处罚仍显不足，例如一些涉罪未成年人利用年龄优势频繁作案，公安司法机关往往反复抓放，治“标”不治“本”。

此外，随着我国进入信息化时代，网络在带来即时通信、数字支付等便利的同时，也因其匿名性、虚拟性等特征为犯罪提供了“温床”，尤其是微信、微博等社交媒体的普及以及支付宝、淘宝等为代表的新型支付方式、网购平台的广泛使用，不仅为犯罪分子联络同案犯、购买作案工具、转移赃款赃物带来便利，也将犯罪空间由现实空间转移到了虚拟空间，给侵财类犯罪案件提供了更为有利的条件，同时该类案件存在各职能部门相互之间各自为战的情况，难以形成严密的防控治理网络。

（三）社会综合防控体系有待健全

传统侵财类案件高发的另一个重要原因是社会防控管理的欠缺。主要表现在以下几个方面：一是治安管理存在盲点。随着时代的发展，传统侵财类犯罪案件具有转向电信诈骗等新型犯罪方式的趋势，该类方式往往案值大且牵涉广，故公安司法机关不免会将打击重心放于此，而忽略或是难有精力落实如值班守护、巡逻检查等简单易行的其他传统侵财类犯罪的防控措施执行，加之未能与其他警种实现协同配合，以致治安管理存在盲点。二是防控基础设施建设水平偏低。“天眼系统”监控点位分布的合理性不尽如人意，监控盲区较多，无法实现最大范围的覆盖。同时，部分小区的监控设备形同虚设，不仅不能定时保养，损坏的设备也不能及时维修。这不仅给案件的侦破增加了难度，同时也给犯罪分子留有可乘之机，一定程度上失去了防范侵财类犯罪的效果。三是传统侵财类犯罪的综合惩戒措施与惩戒体系尚不健全。传统侵财类犯罪案件法律震慑效果不理想，一些犯罪分子虽然遭到多次打击，受到法律惩处，但依然受到金钱诱惑不愿意轻易放弃“老本行”，反而费尽心机研究如何降低作案风险。

（四）法治宣传效果有待提高

近年来，虽然雁塔区检察院将进企业、进社区、进学校等“线下”活动与“线上”普法微课堂相结合，将新媒体单次活动宣传与传统媒体深度宣传相结合，有效提升了法制宣传效果，但普法教育仍不透彻，群众的防范意识与水平仍有待强化。如部分盗窃案件显示，被害人有不安装防盗窗、打开窗户睡觉、财物随意显露等情况；再如部分诈骗案件显示，被害人往往反诈意识薄弱，贪图小利，在巨额利益的诱惑下获利心切；同时实践中不乏被害人由于生活富裕，对轻微财产损失不采取报警处理，也给了犯罪分子再次作案的可能。

三、传统侵财类犯罪治理的总体策略与路径选择

通过源头数据分析与发案原因研究，预防传统侵财类犯罪案件回升刻不容缓。据此，应推动源头治理，既抓末端、治已病，更抓前端、治未病。

（一）坚决打击，加强多部门跨地域协同作战

传统侵财类犯罪作为雁塔区刑事犯罪的重点领域，有必要继续贯彻落实对传统侵财类犯罪的打击力度。

一是推动公安聚力案件侦办，形成有效打击传统侵财犯罪和维护社会和谐稳定的整体合力。一方面，可有针对性地组织工作专班，适时开展联合专项行动。另一方面，针对涉案人员众多的犯罪经会商研判，适时串并案件，揪出余罪及其他犯罪团伙成员。

二是加强跨地域、跨行业协同作战。通过检察机关在办案中主动协同各职能部门，充分发挥各方优势，如在跨区域的重大侵财类犯罪中协调由市公安局统一调配以快速反应。雁塔区人民检察院关于打击整治养老诈骗专项行动中，提前介入 7 件涉嫌养老诈骗案件，与公安局雁塔分局、高新分局多次召开专题会议，对四十余起案件进行研讨。在提前介入工作中，雁塔区检察院充分发挥侦查监督与协作配合办公室同步监督的效能，为后续的诉讼流程提供了先机。

三是设置潜在犯罪人员的“红线”预警。由于传统侵财类案件犯罪人群再犯率走高，且文化程度较低而地缘性较突出的特点，故对该类犯罪人群在刑满释放后仍应以基层社区为定点，定期回访，设置“红线”预警，形成全社会治安综合治理的态势。

四是强化社区矫正监督工作。检察机关需要加强培训，坚持问题导向，与司法行政机关联合开展好社区矫正工作者司法意识、法治思维、廉洁从政等方面法治宣传与教育培训，提升基层司法所司法水平和执法能力。围绕中央“把罪犯改造成守法公民”这一改革目标要求，将协助司法所优化法治宣传和守法教育，做好社区矫正人员的教育、感化和帮教工作，预防社区矫正人员重新犯罪。雁塔区人民检察院与区司法局联合对辖区八个司法所进行拉网式实地巡查，监督司法所监管措施、制定稳控方案落实与执行情况。雁塔区检察院将对各司法所自查和发现的问题认真梳理，摸清底数，找准问题症结所在，形成有针对性、有质量的调研报告，巩固扩大活动成效，并及时通报反馈相关部门，为解决基层实际问题和政府决策提供有力支撑。

五是加强预防谋略研究，提升办案效果。侵财犯罪时刻侵害着公私财产权益，因此政法各部门必须在执法办案的行动上做到“三个结合”，即执法办案与发现隐患、查堵漏洞相结合；执法办案与及时提出治安防范专项建议相结合；执法办案与分析研究犯罪规律相结合。通过侦破案件、审查批捕、审查起诉和法庭调查审理工作，追踪分析把握地区多发性侵财犯罪新特点和活动规律，随时掌控发生此类犯罪的背景资料、原始动机和直接诱因以及犯罪人作案前后的心理变化和屡屡得手却能较长时间逍遥法外的主客观原因等，以此促进公检法机关和有关综治部门及社会各界有针对性地超前谋划防范策略，最大程度上消除徘徊于侵财犯罪边缘人群的“铤而走险”和“侥幸”心理，减少此类犯罪的发生，实现“办理一案，治理一片”的效果，有效维护社会的安宁与稳定。

（二）合理防控，优化治安布局与系统治理

打击同时应聚焦系统的防范治理体系，通过源头防控实现社会治安持续向好。通过严密防控社会治安来防范案件、抓获罪犯，是减少破案成本、降低破案难度的有效路径，也是解决多发性侵财犯罪的根本。加强老旧居民小区、治安复杂地区的基础设施改造建设，有效解决物业管理、监控盲点等突出问题，打击侵财型犯罪空间，同时提高应用效能，促进情报信息研判、视频监控巡航与街面巡防的有机衔接，以图侦手段为依托，实现精确防范、精准打击。围绕车站、旅馆、商场、市场、出租屋以及手机、车辆等二手物品交易市场，进行有效的管控机制，切实堵塞漏洞。

一是调整巡逻时间与改善场所防控，以优化治安布局。第一，针对大唐不夜城、南北广场、小寨商圈等人员密集场所应多借助监控措施，尤其是该街区内的商店超市、旅店、网吧、金融网点、废旧金属收购、居民小区、村镇等场所、区域合理分布视频监控探头，尽可能提高探头高清率及分布密度，并将视频数据云存储，做到交叉路口无死角、主要道路无盲区、人员密集区域无遗漏。第二，针对其他人流量较少但犯罪高发路段，应加强巡逻管理，通过设置必巡点优化巡逻路线。以“社区＋街道”巡逻队伍为主力，沟通治安及内保部门，保证在春夏交接与寒冬岁末之际的18：00至次日6：00有足够的警力与辅助力量巡逻。

二是治安管理部门积极运用大数据平台检测外来人口，协调社区工作人员对外来人员进行登记管理，重点关注无固定住所的人员，加强对外来人员的嫌疑研判和预防管理工作。

三是控制销赃渠道。盗抢犯罪后销赃行为屡见不鲜，因此应重点对车辆修理改装厂、旧货交易市场、手机回收业、二手交易市场、废品收购站、典当交

易行等进行常态化检查管理，严格二手商品交易行业的准入机制与收售实名登记制度。

四是监督各职能部门公开公正履职，打造优质管理。第一，监督行政机关推进决策、执行、管理、服务、结果全过程公开，推动其政策解读，以防止社会公众存在信息差。第二，针对各类新型诈骗，协同打造优质管理。首先是防治婚恋诈骗。要求市场监管部门加强对婚介市场的监督管理，从源头加强管制，适当提高婚介公司或线上婚介平台注册资本的门槛，核实申请人信息，确认其申请材料合法有效。其次是打击学托诈骗。要求联合教育部门、市场监督管理部门，加强对校外民营教育培训行业的治理，重点整治转托中介、收费推荐择校等乱象，从经营者资质认定、行为要求、法律责任等方面进行规范，从源头上杜绝培训机构人员充当“中介”的乱象。再次是应对公租房诈骗。要求住房保障部门严格审查申领条件和办理事项公开力度，对申请条件、办理流程、审批程序等信息在主流媒体上发布。将“摇号配租”的过程和结果对外公示，接受社会监督。最后是攻坚电信诈骗。联合电信部门加强对违法短信、不明来源的电话及网站的监管，群发量巨大的短信内容进行过滤检查，从源头上遏制切断违法短信、网站传播渠道，同时协调金融部门对交易异常的银行账户进行监控与管理。

（三）注重宣传，提高群众自防意识与能力

随着我国改革开放的逐步深入，社会管理体制、利益关系等都发生了深刻的变化，特别是现今社会贫富差距明显，如果不及时进行正确的引导，极易引起人们对社会的仇视和误解，一些人为了发财致富，不惜铤而走险进行违法犯罪活动。通过法制、道德宣传教育，增强群众的法律意识，提高群众分清是非的能力，提高自我保护和防范意识；通过法制、道德宣传教育，调动人民群众的社会参与性、积极性，群策群力共同营造良好的社会环境，使盗窃、抢劫、抢夺等违法犯罪活动没有滋生的土壤。法治宣传是综合治理工作的重要一环，其核心在于高效回应、解决群众法治诉求，需着力增强其针对性和实效性。

一是构建线上线下组合方式进行宣传。线下公安机关可以联合基层社会力量，通过张贴提醒说明、海报宣传、悬挂宣传条幅等方式进行宣传，还可以联合政法高校举办宣讲；线上可以充分利用自媒体的优势，直播介绍各种盗窃手段、诈骗套路与话术、抢劫手段与自救知识，并通过实时互动及时解答人民群众的疑问和困惑。

二是协同司法行政部门做好已犯罪人群的教育宣讲工作。传统侵财案件的犯罪行为人多为惯犯累犯，司法行政部门应充分发挥刑罚预防的主体作用，通过监狱内教育工作与出狱后宣讲工作，使其真正认识到自身的错误，减少再犯

率。雁塔区检察院高度重视守护群众身边安全，2022年深入开展打击整治养老诈骗专项行动，提前介入案件50余件，批准逮捕了全市首例养老诈骗案件嫌疑人，及时为16名被骗老年人挽回经济损失152万元。为有效降低养老诈骗犯罪发生率，深入街道、社区开展线下集中宣传，开通检察官“微课堂”专栏以案释法，全力守护老年人“钱袋子”安全，工作成效被《检察日报》报道。

三是加强对青少年的法律素质教育。青少年是祖国的未来、民族的希望，加强对青少年的培养教育，关心他们的健康成长是全社会的责任，必须把对青少年法律素质的教育与培养放在重要位置，认真贯彻落实。近年来，青少年犯罪日益突出，主要原因就是思想认识模糊、法制观念淡薄、辨别是非和认识事物本质的能力较差，且逆反心理较强。我们不能单纯地进行说教，应当遵循青少年成长的规律，采取多种形式，分层实施，同时提高家长的法制观念和育人水平，使家庭法制教育与学校法制教育融为一体，努力营造各部门齐抓共管全社会共同参与的良好氛围，从而增强青少年自我约束能力。

（四）保障就业、改善环境以实现根源治理

“治罪”转向“治理”实质上意味着刑事司法领域从关注犯罪行为转向关注行为人本身，以促进就业作为重点方向。

一是加强对刑满释放人员的管理，巩固改造成果。有关机关要做好留所服刑罪犯的出监教育工作，并与罪犯原所在地、单位通报其在押期间的表现，为社会帮教做好接茬工作。罪犯原所在地公安机关、单位要尽可能安排好罪犯出狱后的生活出路，真心关注其生计，防止其无路可走而重新犯罪。同时，要及时了解他们的思想状况、行为表现、生活状况、家庭问题、人际交往，有针对性地进行帮助教育，巩固改造成果。

二是重视犯罪人群技能培训。尽管传统侵财类案件的犯罪人群服刑时间较短，但仍可以在服刑期间或社区矫正期间学习部分工作技能，使其在刑满释放后足以在社会生存。可以建议监狱相关部门就职业技能培训与就业服务中心协商，包括但不限于中式烹饪、快递配送、中医理疗按摩等实训科目，让该类人员学到一技之长，有效降低其再犯率。

三是贯彻落实“保民生保就业”。通过增加就业岗位，向吸纳刑满释放再就业人员的企业发放补助、救助等措施，针对性地解决刑满释放人员再就业的困难。同时，对极低收入群体与失业群体发放一定数额的补贴，并做好后续追踪工作，提供有效就业信息资讯，增加就业机会。

第二节　性犯罪态势变化及犯罪治理

性犯罪是一种历史悠久、性质恶劣的犯罪行为，表现出隐匿性、高暗数性等特征，具有显著的社会危害性。遭遇性犯罪行为侵害对被害人心灵的创伤可能伴随其终身，进而对其周遭的社会关系产生连锁恶劣反应。因此，在关注如何惩罚矫治性犯罪行为人时，同样不能忽视性犯罪被害人的身心治愈。通过对西安市雁塔区性犯罪案件的规律分析，剖析案件发生的深层原因，有利于协同各职能部门实现犯罪防控，延续中国特色的犯罪治理模式，推动社会治安持续向好。

一、性犯罪发展态势与趋势预测

本报告旨在通过研究西安市雁塔区辖区内性犯罪的特点及规律，探索出更加科学合理的性犯罪体系。在对性犯罪整体理论体系进行应然探讨之前，应先对雁塔辖区内性犯罪总体特点及规律进行实然分析，发现并且总结出目前雁塔区性犯罪存在的诸多问题，针对现有不足解决相应的难题，优化辖区内性犯罪治理体系。

（一）性犯罪整体情况分析

为进行性犯罪实证研究，必须确定案件样本的收集范围，因实际情况最终确定以雁塔区检察院进入司法环节的所有性犯罪案件为实证样本。性犯罪主要包括强制猥亵罪、猥亵儿童罪以及强奸罪，在 8994 件案件中，有 163 件性犯罪案件，其中，强奸案 113 件，强制猥亵、侮辱案 28 件，猥亵儿童案 22 件。下面以强奸案和强制猥亵案两类案件展开，其中强制猥亵案包括强制猥亵、侮辱案与猥亵儿童案。

1. 性犯罪案件数量变化

对性犯罪案件进行实证研究首先要对其发生数量进行分析，以下从年份和月份两个角度分析性犯罪案件发生的原因。

（1）性犯罪案件发生年份及数量变化

通过对雁塔区检察院 163 件性犯罪案件分析，发现性犯罪案件中强奸罪占据性犯罪案件的 69.33%，这也说明了强奸罪是性犯罪案件预防和关注的重点对象。强奸案件在 2005—2020 年都远多于强制猥亵案件，且强奸案件数量从 1979 年开始缓慢上升，2016 年开始急速上升直至 2019 年逐步下滑（见图 2－1）。

强制猥亵案件在 2016 年前尚未有较多案件，于 2016 年后开始出现，并缓步上升，与强奸案件相同之处在于 2019 年前后案件数量产生较大变化，但强制猥亵案件与强奸案件不同之处在于强奸案件于 2019 年后数量逐步减少，但强制猥亵案件却有缓步上升的趋向。

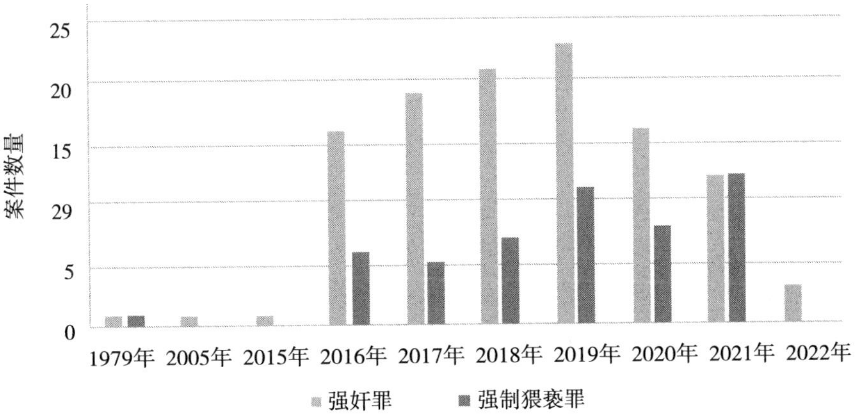

图 2－1：强奸罪、强制猥亵罪案件数量对比

总的来看，性犯罪案件在 2019 年前持续上升，于 2019 年发生转折点，2019 年以后呈持续下降趋势（见图 2－2）。可以说，新冠疫情的暴发抑制了雁塔区性犯罪的发生，其实可以推算，不光是性犯罪案件，其他犯罪案件在 2019 年也呈下降趋势。

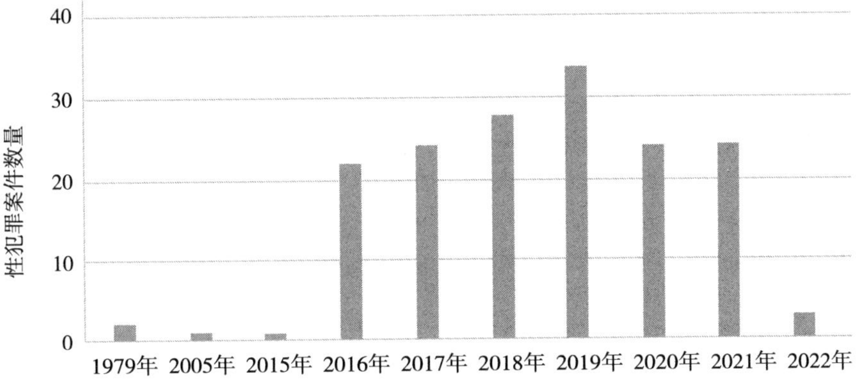

图 2－2：性犯罪案件数量变化

（2）遭受侵害的月份分析

通过对发生的163件性犯罪案件发生的月份归纳发现，性犯罪案件在6月达到顶峰，其次是5月和7月，夏季发生的性犯罪案件占总案件量的41.1%（67件），冬季占17.7%（29件）。

强制猥亵案件发生月份大致与性犯罪案件总体趋势一致，于每年4月份急速上升至5月份达到高峰，随后随着秋冬季节的来临案件数量逐步减少。显然，强制猥亵案件有着较强的季节性特征，夏季案件数量最多，冬季案件数量最少。

2. 行为发生地、空间分布情况

通常人们认为性犯罪大多会发生在户外隐蔽僻静场所，但根据本次统计发现，163名被害人中在户外受到性侵害的仅30人，包括偏僻路段、绿化隔离带中、公厕等，占总数的18.4%，还有40人被害地点位于电梯、楼道口、公司等类户外区域，在宾馆遭受侵害的有25人，有6人在娱乐场所遭受侵害，有17人在自己的住宅遭受侵害，而其余受害人则在己方或性犯罪行为人的暂住地遭到侵害（见图2-3），研究暂住地情况及分布可以发现，这些房子多为农民违法违章搭建的简易房或小区内自行分割出借的群租房（由于简易房与群租房的界限较为模糊，有时甚至两者兼备，故在此未予以区分）。而根据被害人住处（包括固定居所、工棚、宿舍等）的情况来看，被害人居所系案发率最高的场所，占总数的61.11%。犯罪的发生与各地的经济发展、人口流动都息息相关。

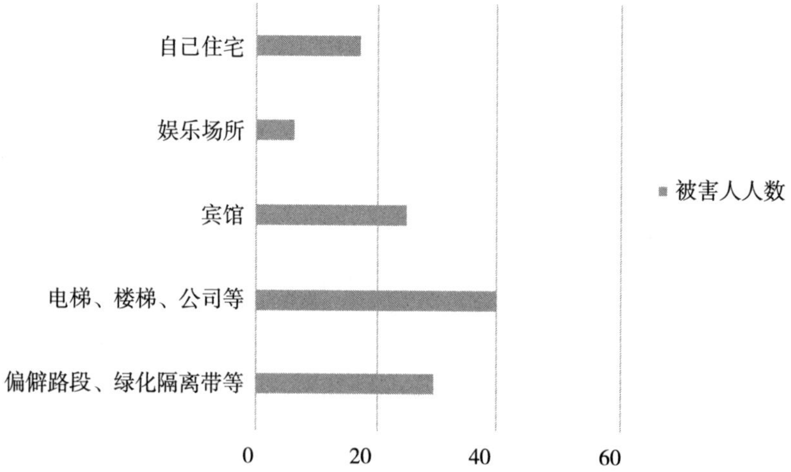

图2-3：性犯罪案件发生场所

3. 被害人与加害人的社会关系

被害人与加害人的社会关系是指在社会框架内，在犯罪发生之前二者的交往关系，一般通过认识时间、密切程度、交往范围等手段进行划分。

在强制猥亵案件中可以看出，在被害人与行为人的关系方面，陌生人占据首位，其次是师生、同事（见图 2-4）。这也与上一部分分析所契合。强制猥亵案件因其多发生于人口流动较大、繁华的商业环境之处，从而使得陌生人和同事能够更有时间和空间实施犯罪行为。

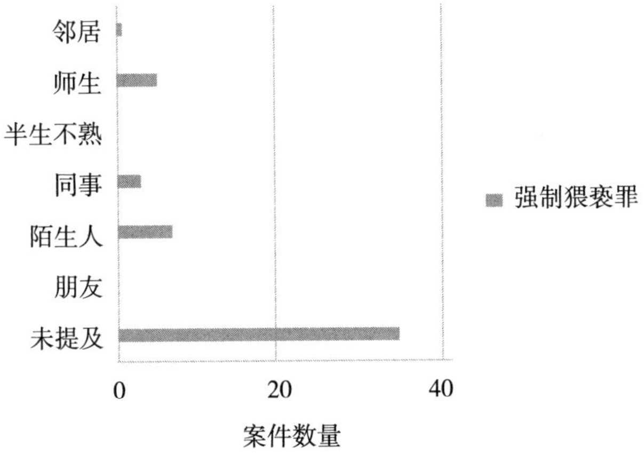

图 2-4：强制猥亵案件中被害人与行为人的关系

强奸罪案件与强制猥亵罪案件不同，强奸罪案件多发于朋友、同事和半生不熟的人之间（见图 2-5），因强奸罪具有结果性特征、隐蔽性特征等要求，所以多发生于熟人之间。

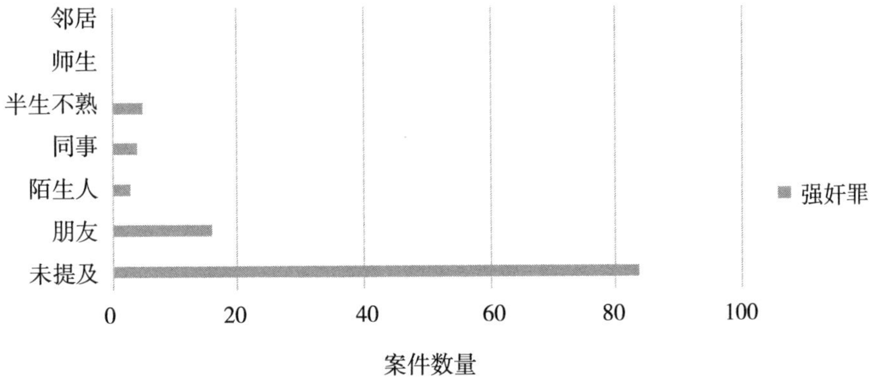

图 2-5：强奸案件中被害人与行为人的关系

通过对调研样本的163件案例分析，可以发现，性犯罪案件中除去未提及到的119件案例，其他社会关系中，朋友成为加害人的共有16件，占据第一（36.36%）；陌生人成为加害人的共10件，占22.73%；被害人与加害人为同事关系的共7件，占15.91%；被害人与加害人之间半生不熟和系师生关系的分别为5件，各占11.36%；邻居关系的有1件，占2.27%（见图2-6）。

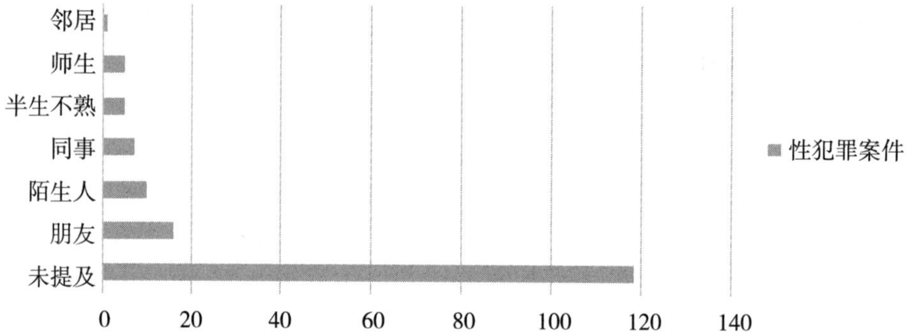

图2-6：性犯罪案件中被害人与行为人的关系

以相熟程度为划分方式，将上述案件划分为密切关系和普通关系。密切关系是指被害人与加害人具有长期稳定的交往，在数据中，主要包括朋友、同事、师生、邻居。普通关系则是指不稳定的、短期的交往或者没有交往的关系，在数据中，主要包括陌生人和半生不熟关系。可以发现，在被害人与加害人密切关系下发生的案件共有29件，占65.9%，而普通关系共15件，占34.1%。传统观念来说，犯罪通常发生在陌生人之间，然而通过上述样本分析可知：性犯罪案件多发于相熟（密切）关系之间，并非是陌生人之间。究其原因，性犯罪案件加害人对于被害人的生活方式、性格特点、家庭住址等个人信息较为熟悉，易于接近、对于作案具有一定“优势”，而且对于被害人来说，因加害人与之相熟，故对其防备较低，更容易使加害人得手。

（二）具体行为及手段

2017—2022年雁塔区检察院提起公诉的163起强奸案件中，暴力手段出现的频次最高，为40次；趁被害人醉酒、昏睡进行强奸的频次次之，为17次；判决书中提及使用诱骗、威胁手段的各10次；轮奸、强奸幼女致孕、猥亵幼女等恶劣性质手段共7次。以上数据说明直接暴力仍然是性犯罪最常见的侵害手段，这与身为男性的性犯罪行为人相较被害人体力、体型上占有优势足以威吓被害人的情况基本相符。随着现代网络发展，在交友软件结识朋友，利用被害人信任或者侥幸心理从而将其约至私密场所进行性侵的行为逐渐增多。统计数据显示，2022年借助网络实施性犯罪行为数量是2016年的两倍之多，在强制猥亵案中尤为突出。犯罪嫌疑人通过QQ、微信等即时聊天工具以及其他网络软件以威胁、恐吓、诱惑、哄骗等强制或非强制手段，通过要求儿童以拍摄照片、录制视频、在线视频等方式展现儿童性器官以及其他敏感部位或者自慰过程供自己观看，或要求儿童观看自己或他人实施上述动作，以此满足自己性刺激、性欲望。

（三）被害人与加害人特征

1. 被害人特征

（1）被害人的年龄与婚姻状况

由于记录缺陷，部分案件的被害人年龄未被记录在案，能明确年龄的强奸案件的被害人为24人，强制猥亵案件的被害人为5人。在强奸案件被害人中，最小年龄为6周岁，最大年龄为34周岁，根据5周岁为一个年龄段的分组方法，将被害人分为6组。其中，11—15周岁的被害人最多，为14人，占总数的58%，超过1/2；其次为16—20周岁的3人，占总数的12%；21—25周岁的3人，占总数的12%；31—35周岁的3人，占总数的12%；接下来是6—10周岁的1人，占总数的4%。在强制猥亵案件中，被害人最小年龄为14周岁，最大年龄为38周岁，根据5周岁为一个年龄段的分组方法，将被害人分为3组。其中，11—15周岁的2人，占总数的40%；16—20周岁的2人，占总数的40%；36—40周岁的1人，占总数的20%。

以14周岁为界限对被害人中的未成年人进行分类，根据4周岁为一个年龄段的分组方法，将被害人分为3组，可以发现未成年被害人共计22人。其中，6—10周岁的1人，占未成年被害人总数的4%，11—14周岁的12人，占未成年被害人总数的55%，15—18周岁的3人，占未成年被害人总数的41%。11周岁以上不满18周岁的未成年女性是受性犯罪侵害的高发人群。

（2）被害人的文化程度与职业状况

就现有样本资料来看，被害人绝大多数系高中及以下文化，本科及研究生以上文化的可谓寥寥无几。在强奸案件中，高中及以下文化的被害人有54人，本科及研究生以上文化的被害人有2人。在强制猥亵案件中，高中及以下文化的被害人有17人，本科及研究生以上文化的被害人有2人。由此可见，受性犯罪侵害的被害人大多文化水平较低。

从职业角度来看，在强奸案件中，2人系公司职员，8人无业，10人系娱乐场所工作人员（KTV小姐、足浴店员工等），6人系从事个体经营活动，其余17人都在工厂、店铺从事打工。在强制猥亵案件中，1人系公司职员，5人无业，2人系娱乐场所工作人员，1人系从事个体经营活动，其余9人都在工厂、店铺从事打工。从这一数据可以得知被害人的主要群体仍是外来务工人员，同时文化程度低的人比文化程度高的人更易受到性侵犯。这也反映出部分被害人可能因为学历较低而缺乏人际交往知识和必要的自我保护意识，同时也反映出性犯罪行为人在选择对象时有意选择与其类似背景的对象（如老乡、同事、邻居等），而类似群体在文化程度上具有普遍共性。

2. 加害人特征

（1）性犯罪加害人文化程度低

性侵害犯罪分子文化程度普遍偏低。其中，除了2%左右的加害者是本科及以上学历外，加害人主要以初中及以下学历为主。在强奸案件中，文盲及半文盲的有14人，小学学历的有18人，初中学历的有43人，高中学历的有17人。在强制猥亵案件中，文盲及半文盲的有3人，小学学历的有6人，初中学历的有11人，高中学历的有6人。且加害者的职业以农民和工厂工人为主，这类人群法律意识淡薄，缺乏法律常识。

（2）性犯罪加害人年龄偏大

加害人年龄跨度大，且年龄偏大，这种现象尤其在强制猥亵罪中表现突出。在统计的数据中，强制猥亵案件加害人年龄最大的为92周岁，最小的为12周岁，平均年龄为48.3周岁，其中41—70周岁的占比高达61%，年龄呈现偏大。在强奸罪中，加害人年龄最大的为76周岁，最小的为16周岁，平均年龄为37.8周岁，其中41—70周岁的占比达43%。由此可见，年龄偏大的加害人可能由于身体素质的原因，更倾向于实施强制猥亵的行为。

从性犯罪的判决结果来看，所有经起诉进入审判环节的案件无一例外全部被判有罪。这或许与我国司法制度有关（证据不足可能被判无罪的案件经过侦查机关和检察机关的层层筛选已经被排除在外了）。其中，被判不满3年有期徒刑的占总数的41.44%，3年以上4年以下有期徒刑的占总数的26.13%，4年以上5年以下有期徒刑的占总数的15.32%，适用缓刑的比例为4.5%。

二、性犯罪治理现状及问题分析

造成性犯罪的原因多种多样。研究犯罪原因，对深入认识犯罪现象及其形成，探索预防、控制和消除犯罪的政策制度是十分必要的。只有“对症下药”，才能提出切实可行的解决办法，从而降低犯罪率。

（一）个体因素

1. 心理因素

性犯罪案件中的加害人往往有一定的心理问题。调查数据显示，对未成年人实施性侵害的加害人 40% 以上在 45 周岁以上，这类人群大多没有接受过系统的文化教育，很多是文盲半文盲，法律意识淡薄。这些人观念陈旧，重男轻女观念严重，不尊重女性，把自己的犯罪行为简单化。还有部分男性婚姻生活不美满，心理扭曲，会寻找防范意识较低的妇女或未成年人实施性侵。

其中部分犯罪人曾有过性犯罪经历，再次犯罪时他们在反侦查手法的运用、犯罪动机的伪装、作案对象的选择、犯罪地点的选择等方面会考虑得比较“周全”。基于此前获得的犯罪经验和违法经验，再次犯罪的性犯罪人对于犯罪对象的选择越来越趋于“专业”。未成年受害人由于缺乏相应的性教育，加之心智发育尚未完全，对于性的认知贫乏，向警方报案的概率较之成年女性受害人要小得多，往往更易成为犯罪对象。

2. 性别因素

女性在生理构造、家庭角色、传统社会地位等方面相较于男性来说处于弱势。从生理构造上讲，男性在力量、体能等各方面比女性存有“优越感”，再加上传统观念“男尊女卑”思想的遗留，更使得女性在社会中受到来自各方面的歧视和伤害，针对妇女的性骚扰、家庭暴力等事件也是层出不穷、屡禁不止。

另外，传统的家庭观念使得女性遭受性侵犯后，出于自己名誉及加害人的补偿等方面的考量，实践中有些家庭选择沉默、不予报案，或是指控强奸后又矢口否认，这样更助长了犯罪分子的嚣张气焰，导致妇女很容易再次受到侵害。

（二）社会因素

1. 刑罚威慑不足

基于立法上的欠缺，对于强奸罪的入罪范围相对较小，加之部分强奸案件由于证据问题而被归入猥亵类犯罪，因此猥亵类犯罪的入罪比例相对较高。我国刑法将强制猥亵罪的基础刑规定为 5 年以下有期徒刑或者拘役。相关数据表明，实践中我国对再次实施猥亵类犯罪的处罚相对较轻。对于实施猥亵类犯罪的，大多是适用基础刑，甚至对实施猥亵儿童的犯罪人也是如此。此外，性犯罪人中无业人员比例较高，限制自由刑对其造成的剥夺感较小，再加之刑释后所面临的种种压力，使此前刑罚对其产生的威慑作用大打折扣。

2. 家庭教育不足

首先，随着社会节奏的日益加快，父母忙于工作，对青少年关注度减少。青少年在成长过程中缺乏家庭教育和关怀，其人生观、价值观还未形成，缺乏辨别是非的能力。有些处于叛逆期、青春期的孩子，由于早早辍学、步入社会，接触社会上的不良分子，诱发其犯罪。此外，家庭溺爱导致一些青少年变成“混世魔王”，在家殴打父母、出去吃喝嫖赌或是心理出现问题，自私冷漠，极易走极端，而女性属于社会弱势群体，更易被攻击。

其次，家庭教育和家庭监护的缺失，使得有些青少年女性误入歧途或遭受侵害。青少年正处在人生观、价值观构建的时期，此时的他们对于世界的纷繁复杂未知懵懂，缺乏明辨是非的能力，需要学校和家庭给予正确的指导。传统的家庭观念使得女性遭受性侵犯后，出于对自己名誉及获得补偿等方面的考量，有的家庭选择了沉默，未能及时正确地维护未成年人权益。

3. 教育部门管理缺失

教育机构是未成年人在家庭之外重要的学习生活场所，理应加强管理，确保未成年人远离犯罪伤害。然而，部分机构疏于管理，如校园（幼儿园、校外培训机构）安全防范不严格、违规聘用有性犯罪前科的人员等，给犯罪人与未成年人接触创造了机会。

4. 社会治理缺位

为实现对未成年人的特殊保护，国家明令要求未成年人不得进入营业性歌舞娱乐场所、互联网上网服务营业场所，在酒店住宿需凭有效身份证件或者经由监护人陪同。部分未成年人随意出入网吧、酒吧、KTV 等禁止未成年人进入场所，或者不经身份登记也无监护人陪同在酒店留宿，为犯罪人实施犯罪提供了便利条件。近年来，旅馆、宾馆、酒店已成为性侵未成年人犯罪高发地。旅馆、宾馆、酒店违规接待未成年人问题突出，一定程度上暴露出社会治理不完善。

三、性犯罪治理的总体策略与路径选择

性价值必须以价值观念的形式出现，它体现为特定社会文化对自身和他人性活动的看法、态度。性风化犯罪相较于普通性犯罪，其偏重于保护社会秩序管理这一社会法益。本报告全面剖析了雁塔区性犯罪的现状及不足问题，通过界定性犯罪的内涵与外延检视公众性权利的刑法保护效用，不断探索保护公众性权利的实践机制，以期实现对性犯罪社会与司法的双重治理。

（一）性犯罪被害人的保护机制

1. 关于成年被害人的保护机制

首先，成年被害人要提高警惕，唤醒自身权利意识，提高自我防卫意识。犯罪防控理论中的“日常活动理论”认为，被害人的越轨行为会增强其被害性，因此女性在日常生活中注意自己的言行、穿着打扮等对于保护自身安全非常必要。夜间尽量避免穿着暴露或者独自外出行走夜路；不要随意和陌生人搭

讪或者接受陌生人的邀请；规范日常活动，不出入不正当的场所或是在外留宿；对于已经觉察到的危险，不要心存侥幸或者大意疏忽，及时防控以免事态进一步发展；独自一人外出乘车要向身边人报备，保留好相关信息，防患于未然，必要时可携带一些防身装备，以备不时之需。

其次，谨慎交友、选择正当职业，以防误入歧途。女性在日常交友方面也应格外谨慎，避免接触社会不良分子，以防误入歧途。对交往对象的选择一定要保持慎重态度，不轻信、不滥交，以免招致杀身之祸。遇有性骚扰等隐性风险及时采取措施制止，防患于未然。此外，职业选择对于女性人身安全也很关键，过早进入社会的女性应尽量避开性侵犯的高危行业，选择安全职业作为自己的发展平台才更有保障。

最后，检察机关应探索建立心理矫正和司法救助制度。“授之以鱼，不如授之以渔”，为使性犯罪被害人尽快走出心理阴影，并引导其正确行使各项诉讼权利，检察机关可以成立专门的心理疏导办公室，由具有相关专业知识的检察干警对被害人进行心理辅导和矫正。另外，检察机关对性犯罪被害人开展辅助性的司法救助工作具有不可替代的优势。公安机关在侦查阶段由于案件事实尚待进一步查清，开展救助工作较为困难，而在事实基本成型之后，会将案件第一时间移送起诉至检察机关。人民法院的审判阶段位于整个诉讼过程的末端，其了解案件情况相对滞后，若等审判阶段再行启动救助程序，则为时已晚。检察机关在整个司法救助体系中肩负着较大的责任。从性侵案件的实际情况出发，被害人的精神救济应作为检察机关特殊救助类型予以考虑。

2. 关于未成年被害人的保护机制

一是加大教育资金和课程投入。提供更多的学习机会，改善更多学校的教学条件，使得学校班级的规模更小，师资力量更齐备，同时建议引入志愿者模式。这些举措，一方面有利于儿童及青年人正确价值观、人生观的形成，另一方面子女就学环境的提升，也有利于增强其父母的归属感。不断有证据证明，加强早期防御项目，可以减少日后不良行为以及其他行为问题。为进一步落实《关于在全省检察机关开展“检爱同行——法治进家庭”专项活动的通知》文件精神，有效推进雁塔区中小学家庭教育、心理健康教育工作，结合曲江教育局未成年人心理健康教育专项工作，充分利用检察机关的法治教育宣传优势，雁塔区检察院、陕西省儿童心理学会提供未成年人权益保护普法课、“女童保护”防性侵（小学版、家长版）课程、未成年人心理健康家庭教育指导课程，由教育局发各学校预约后授课。

二是建立性犯罪未成年被害人的庇护所。建立这些机构，不仅可以为未成年被害人提供申诉的场所（尤其是那些发生在家庭内部的性犯罪），并通过适当心理干预缓解其被害情绪，使其免受二次伤害。同时，亦可作为家庭暴力受害者庇护之所，在使其免受伤害之余，还可以降低子女成长于暴力家庭环境的可能性，以使其免于成为犯罪的牺牲品，或是成年后成为潜在的施暴者。

三是做实未成年人保护检察工作。雁塔区检察院着力推进未成年人全面综合保护。注重打击与保护并重，依法从快从严打击侵害未成年人犯罪。联动公安局高新分局、省儿童心理学会、市检察院建立提前介入引导、心理咨询辅导、专业医疗保障及时介入等机制，建立未成年人“一站式”取证中心，全力保护未成年被害人。全面落实《未成年人保护法》和最高检“一号检察建议”，牵头组织雁塔区 16 个部门，对辖区内 51 所中小学幼儿园进行督导检查，向相关部门发出 27 份检察建议，督促逐一进行整改落实。

2022 年，对辖区教职员工开展入职查询 15101 人次，依法对 2 名性侵犯罪嫌疑人适用了从业禁止令。大力开展“法治宣传进校园”活动，开发的《中小学规范化法治教育课程》已经覆盖全区 237 所中小学 16 万余名学生。11 名检察官任中小学法治副校长，巡回宣讲 30 次，依托未成年人法治教育基地开展未检主题直播及法治宣传 8 次，7 万余名中小学生在线观看。在校园举行“国家宪法日”专题法治教育活动，开展“模拟法庭”“法治情景剧”节目丰富宣传内容，相关做法被阳光网等多家媒体报道。办理的全市首例涉未成年人公益诉讼案件被省检察院评为“公益诉讼典型案例”，未成年人检察业务统一集中办理的经验做法在全省交流推广。

（二）建立健全性犯罪防控机制

国家是个体让渡私权利建立起来的，目的在于为人们提供一个安定有序的社会环境，保护人民生命财产安全，促进个人健康发展。但当个体遭遇危难，私力救济无法有效解决之时，就需要公权力的介入运用国家力量来维护正义，惩罚罪犯，对被害人施以救济。雁塔、高新、曲江三区未成年人法治教育基地建成并投入使用，同时与民政、教育、共青团、妇联等部门加强配合，力争把法治教育基地打造成综合性的司法服务平台，最大限度维护未成年人合法权益。

1. 政府部门的推动支持

我国《妇女权益保障法》第 6 条明确规定了各级政府要重视和加强妇女权益保障工作。因此，政府在防控工作方面可以加大财政投入，划拨宣传组织经费，组织开展相关宣传活动，向广大女性普及防范性侵犯以及家庭暴力的防控知识。同时可以组织国内外交流活动，政府部门组织召开相关论坛，学习研讨借鉴；定期开展女性防范性侵犯和暴力伤害的调查会、讨论会，号召全民共同抵制侵犯妇女人身权利犯罪的行为。对于一些娱乐场所、酒店、茶楼等侵犯妇女人身权利的犯罪高发场所加强监管，规范执业。对内容包含不良信息、色情暴力等影响青少年身心健康发展的网站、视频短片严厉查处，肃清网络环境。此外，政府部门可以为保护妇女人权、促进其身心健康发展的社团组织、基层组织划拨经费，提供救济设施，履行政府职能。例如成立妇女救助站、妇女咨询处以及提供保护妇女设施等，为受侵害的妇女提供心理健康咨询与救济。

一是创造更多就业机会。正如美国著名社会学家埃利奥特·柯里所言："一项完整的合适的雇佣政策依然是所有控制犯罪行为政策中的关键"。雇佣能减少贫穷，特别是在那些经济状况较差的阶层中；雇佣加强了个人与社会的联系及责任；雇佣降低了家庭压力，增加了家庭的功能。如果能创造更多的就业机会，并给予适合的报酬，则人们会更珍惜自己的生活，远离反社会的边缘情绪。

二是提供更多社会救助。对因学历或身体原因无法找到工作的人，提供更多经济上的救助，帮助其维持生活，避免走上极端。同时完善职业培训、继续学历等救助途径，使得被救助者可以掌握一技之长，成功就业。这样一来，这些人的家庭得到保障，其子女也不容易走上犯罪道路。

2. 检察部门的积极作为

一是做好法律监督，维持程序正义。司法实务工作中，一个案件要实现公正裁判，不仅需要做到实体正义，更需要保障案件审理过程的程序正义。侵犯妇女人身权利的犯罪案件更是如此，由于女性本身就处于弱势地位，在司法审判过程中往往由于涉及女性隐私而需要对其进行特殊的程序安排，如强奸案件应避免公开审理，询问女性被害人要有女性工作人员在场，特殊案件中对女性被害人的人身保护等，有些案件由于案情特殊，需要针对女性有专门的诉讼程序和安排，才能更好地保护女性权益，实现司法公正。因此，检察机关明确被害女性应承担的证明责任、确立较为公正的证据规则，对于实现程序正义以及有效维护被害妇女司法权益至关重要。

二是适时介入侦查，指导证据收集。"适时介入侦查"，是指人民检察院应侦查机关的邀请或者根据侦查活动监督的需要，派员参加侦查机关对于重大案件的讨论和其他侦查活动，从而引导侦查机关取证和依法开展侦查监督活动。适时介入侦查是检察引导侦查的有效手段之一。公诉环节是刑事案件在检察机关进行的诉讼程序的关键一步，之前的步骤都是为了使案件质量达到起诉标准，保证公诉环节的顺利进行。由于公安机关与检察机关是不同司法部门，职责和业务也不尽相同，这就使得侦查、起诉对案件标准的掌握不完全一致。

在公安机关侦查性暴力犯罪案件，特别是当案件已经没有了直接证据时，证据采集方向容易发生偏差，可能对公诉造成不利后果。为避免此类情况发生，检察机关适时在侦查阶段介入案件，及时了解案件进展，指导公安机关以公诉证据标准收集证据，对保证诉讼顺利进行是有利的。检察机关在介入案件后应深入了解案件状况，对证据进行全面核查，在对案件有了全面认识后，根据案件实际情况对公安机关提出侦查建议，使证据形成完整锁链。

三是重视防控，加大宣传力度。社会情况纷繁复杂，女性面临的危险猝不及防，而遇害人大多属于刚步入社会的年轻女性，由于涉世未深，对于危险的降临难以预测，且不知如何避免。检察机关对于此类案件应采取相应的补救措施，加强宣传教育力度，防止民众对于此类案件只是了解，却不知如何防范避免。同时，加大社会参与程度，发动广大社会成员积极参与。着重做好未成年人检察工作，组织检察官进学校、进社区宣传。

四是加强与妇联等社会团体组织、社区基层组织预防性犯罪方面的工作联系。检察机关与妇联组织加强交流，组织召开女性权益保护交流论坛、成立反性侵害庇护中心等，推动妇联发挥推动公益、提供社会服务、为广大妇女办实事、解难事的组织功能。加强与社区基层组织之间的交流，社区基层组织可动员社区妇女与居民共同关注社区治安，并积极参与社区安全决策，提高妇女建言献策的积极性；在社区内设置安全爱心站、安全防护中心，提供社区安全服务；实践“社区涵养精神”，通过创造社区就业机会，针对双薪家庭和老龄化家庭、社区问题青少年提供照顾和帮教服务，帮助弱势妇女在社区内就业，同时减少社区隐性危险，实现经济自主、促进两性平等。

第三节　涉赌犯罪态势变化及犯罪治理

1997 年，我国《刑法》在赌博罪条文中纳入了“开设赌场”，《刑法修正案（六）》将开设赌场犯罪行为从赌博罪中抽离，并直接提升了最高法定量刑。伴随着信息技术迭代，网络成为人们的生活平台，这种变革直接影响了网络犯罪的延伸方向，20 世纪初网络型开设赌场犯罪开始登上我国历史舞台，其犯罪的特征在不断更新，类型也在不断的丰富。

2005 年以来，我国先后出台多个司法解释，开始对网络型、赌博机型、跨境型开设赌场犯罪予以刑法规制，但效果始终不显著，尤其是新冠疫情期间，由于居家防疫需要，短短几个月，网络赌博的百度搜索指数上涨百余点，参与网络赌博的人数也有所增加。持续上扬的犯罪态势和一日千里的犯罪科技，加速暴露出当下运行已久的刑法对开设赌场行为定义不清晰、缺少对网络赌场范围的界定、赌博机认定难、网络涉赌犯罪共犯认定难、新型犯罪的类型涵盖不全面、未规定单位犯罪、网络虚拟空间缺乏有力监管等问题。有鉴于此，应当完善利用网络开设赌场罪的法条设置，明确“网络赌场”界定要素，将赌博参与者的参赌行为纳入刑法的规制范围，将单位纳入本罪规制主体范围，细化涉赌犯罪的共犯认定，强调及时收集固定物证、书证、视听资料、电子证据，多部门联动营造拒赌氛围，强化重点网络场所的监督管控机制。

一、涉赌犯罪发展态势与趋势预测

从发案数量来看，与涉黄犯罪不同，涉赌犯罪受疫情影响的变化趋势不大。在涉案主体人员方面，涉赌犯罪人平均学历稍高。受网络技术发展的影响，赌博犯罪也呈现出与网络技术高度结合的趋势，网赌态势迅猛增长，类型繁多。本节主要针对近年来赌博犯罪数据进行分析并作出合理预测，为涉赌犯罪问题研究及提出相关治理路径打下实践基础。

（一）涉赌犯罪案件数量整体较为稳定

2017—2022 年间，雁塔区人民法院共受理 69 件涉赌犯罪案件，涉及 78 名被告人，2021 年所受理案件数量较 2015 年同比上升 30%。除去 2016 年的样本数据不全的情况，2017—2021 年发生涉赌犯罪样本案例共有 57 件，平均每年发生 11.4 件，虽然涉赌犯罪样本案例较疫情前有所波动，但由于数量较少，样本案件波动的幅度很小。2019 年和 2020 年赌博案件数量比照往年呈下降趋势，这与 2018 年我国开展“扫黑除恶”行动存在较大关联，2021 年以后案件数量逐渐反弹，根据 2023 年已有数据来看，涉赌犯罪数量基本回到 2018 年的案件数量水平（见图 2 -7）。涉赌犯罪数量出现反弹的情况与为期 3 年的“扫黑除恶”专项斗争结束，打击力度下降有关。

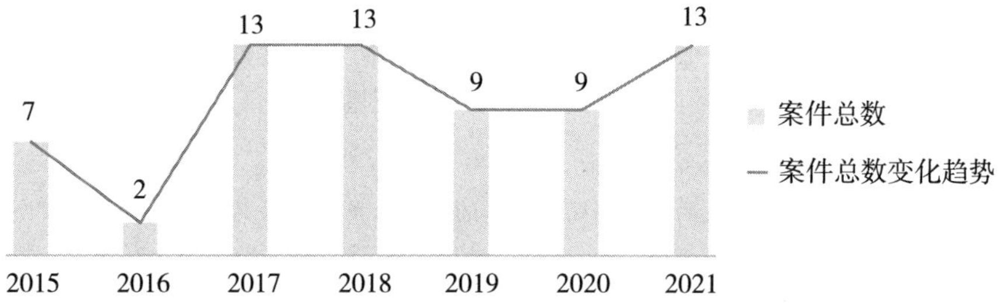

图 2 -7：2015—2021 年涉赌类案件总数对比

结合赌博犯罪的数据图表可以合理预测：“扫黑除恶”专项斗争已经结束，在管控常态化之下，赌博罪发案数量很难出现大幅下降，未来发案数量可能与2021年发案量基本一致。

（二）网络赌博占比增加且犯罪类型多样

在有效的77个涉赌犯罪样本案例中，有11起样本案例涉及网络犯罪，占总样本案例数量的1/7。

根据中国互联网络信息中心发布的《中国互联网络发展状况统计报告》，截至2022年6月，我国网民规模超10亿，互联网普及率达74.4%，这说明我国已然成为网络大国。然而，互联网在便利人民生活、助推经济发展的同时，也催化了大量新型网络违法犯罪，严重危害了国家和社会的安定以及公民的财产安全。①

互联网的高速发展与监管的相对落后为跨境赌博提供了新的犯罪土壤。根据最高人民检察院统计数据，传统犯罪加速向网络空间蔓延，特别是利用网络空间实施的诈骗和赌博犯罪持续高发，2020年已占网络犯罪总数的64.4%。②

网络赌博是利用现代通信网络技术和金融支付手段进行的新型赌博活动，其主要形式有百家乐、21点、老虎机、押大小、赌球、赌马、轮盘赌、六合彩等，其中以赌球最为盛行。目前境内的网络赌博主要是境外网络赌博的渗透，网络赌博的顶级庄家一般都在境外，境内设立“总代理”或“大股东”，再由“总代理”或“大股东”发展地区代理、二级代理或会员，依次发展，扩张迅速，构成“金字塔”结构似的网络赌博组织。③ 网络赌博行为类型由最初的单一形式向多种类型转变，如掷色子、打麻将、玩扑克等方式演变到现在的网络直播赌博、创建网站赌博、微信QQ发红包等方式。当前网络赌博主要包括以下四种类型。

一是代理型网赌犯罪。代理型网络涉赌犯罪行为是指代理人基于非法牟利的目的，通过一系列手段或者措施吸引他人在赌博网站中投注、发展新会员、进行虚拟货币兑换业务、传递赌博信息，并从中获利的行为。代理型网络涉赌犯罪行为往往基于赌博网站而开展相应的代理业务，赌博网站可以是国内建站，也可以是国外建站。此类行为类型涉及的范围较广、人员密度较大、登记

---

① 孙鹏庆、谢昕宜：《跨境网络赌博犯罪的侦查取证困境及其消解路径》，载《网络安全技术与应用》2023年第3期。

② 曾粤兴、孙道镭：《跨境赌博犯罪多元治理路径研究》，载《公安学研究》2022年第4期。

③ 罗开卷：《关于网络赌博的刑法学思考》，载《犯罪研究》2006年第4期。

层级划分清晰。在此种类型的利用网络开设赌场行为当中，赌博网站的建站者和代理人对于赌博活动的扩张有着较大的支配力和影响力。

二是寄附型网赌犯罪。寄附型网络涉赌犯罪行为是指通过合法的社交软件或者游戏平台开展的违法的网络赌博活动。犯罪人员将网络开设赌场行为分解为几个部分，通过日常合法的行为来掩盖非法赌博行为。由于寄附型利用网络开设赌场行为将整个流程当中的行为均合法化，很难通过过程片段来认定整体行为的非法性。在具体案件中，犯罪嫌疑人往往以自身行为属于正常经营活动而加以抗辩。例如，通过微信红包掷色子实现赌大小。如果没有相关人员进行举报或者投诉，公安机关很难注意到这类被淹没在互联网合法行为下的赌博行为，更难以认定此类行为是否属于利用网络开设赌场行为。

三是设立型网赌犯罪。设立型网络涉赌犯罪行为是指通过建立赌博网站的方式吸引赌博用户，犯罪行为人通过控制输赢的方式获利。无论是自己设立赌博网站开设赌场，还是将赌博网站交给他人来进行赌博行为均属于此种类型的涵盖范围内。2010 年"两高一部"《关于办理网络赌博犯罪案件适用法律若干问题的意见》中并没有对建立赌博网站行为进行明确，但是从有关判例来看，认定此种类型主要应考虑三个要素。第一，犯罪行为人是否具有支配赌博网站的能力；第二，是否利用了互联网传递赌博信息或者数据；第三，是否为自己牟利、为他人赌博行为提供了便利。

四是利润分成型网赌犯罪。利润分成型网络涉赌犯罪行为不同于代理型网络涉赌犯罪行为，代理型网络涉赌犯罪行为往往成为赌场的组织者或者实际参与者，而利润分成型网络涉赌犯罪行为则是排除雇佣人员以外的其他人从赌场经营中营利的行为。虽然这类人员表征上与代理人员都是从赌场运营中获得利益，但是依旧存在差别。第一，经销商或者代理人往往是在一定地域、一定时间内在达到一定销售额的情况下才能获得返利或者抽成，而利润分成人仅仅作为股东或者投资人参与到利润分成当中。第二，利润分成人实际没有参与到赌场的运营当中，没有能力控制赌博行为。

结合数据分析，涉赌犯罪与涉黄犯罪相类似，已经与网络技术紧密结合，具有网络犯罪的诸多特点，网络赌博活动将更具隐蔽性、开展便捷性等，同时，跨境赌博的出现也大大提高了赌博犯罪的侦破难度。可以预见，在今后涉赌犯罪中，网络赌博案件量将持续增长。

（三）网络型开设赌场罪呈现新特征

网络时代背景下产生的网络型犯罪社会危害及客观表现均殊于传统型犯罪，据此，开设赌场罪呈现出诸多新特征。

一是犯罪发生地由集中向分散转变。传统型开设赌场犯罪多集中在环境复杂的居民区和城乡接合部、棋牌茶室、宾馆酒店、游戏厅甚至地下室等场所，而网络型开设赌场犯罪突破了传统犯罪限制于空间和时间的特性，辐射面极为广泛，利用网页、应用程序以及社交软件群聊功能，各参与者不需要见面，组织者所在地、平台运营地、服务器所在地均不在一处，甚至分散于域外其他国家，仅通过虚拟平台就能完成赌博活动。

二是犯罪主体复杂。多人合股、分工明细、集团犯罪、涉黑现象突出。传统赌场中存在涉赌和普通劳务人员的分工，而网络赌场中，由于对计算机知识的要求，往往需要各类专业技术人员配合，网站才能正常运营，分工更加精细，网络赌场中有专人负责开发赌博游戏、维护网站运营秩序、管理网站账户等。该类犯罪容易和黑社会、暴力组织相互勾结滋生暴力护赌或追债现象，易诱发故意伤害、非法拘禁等多种类型的暴力犯罪。

三是犯罪成本低。在国外，开设实体赌场的成本比网络赌场高出近百倍，网络赌场的设备及运转费用一般低于150万元。网络赌场不需要赌具和物理赌博场所，仅需支付一定的服务器购买、网站日常维护费用，而担任下线代理并接受投注的，其成本则近乎于零。微信群聊开设赌场犯罪成本更是极低，不需要特殊的物质条件和专业技术，只需要智能手机和微信账号。资金流通也极其方便、成本低廉，不需用现金进行交易，输或赢都只呈现一组组数字，但数字变更的背后却隐藏了一单单网上银行资金结算。还有的通过比特币、游戏装备等虚拟货币支付，有的通过余额宝、花呗、微信零钱包、借呗等第三方平台进行支付。

四是犯罪事实认定困难。如近年来兴起的赌博机型赌博往往通过棋牌室、游戏厅掩护，被查获时如没有发现赌资，经营者便以普通娱乐为借口逃避处罚，或者使用与普通游戏机外观无区别但内部程序却存在退币、退分等功能的赌博机，增加了查处难度，或者不制作书面账目还通过正常渠道转移赌资，造成犯罪金额查控难度较大。在网络赌场中，由于网络用户群体规模巨大，加之网络传播速度极快，且操作简单，很大一部分用户通过点击或扫描赌场投放的网络广告、二维码、群聊分享、盗号链接信息等形式接入外链接，随机参与赌博活动。这些网络赌场程序、名称经掩饰和普通程序相比无任何特点，很难被提前侦破。特别是微信红包赌博，群名称都伪装得平平无奇，如“同事交流群”等，入群需老成员邀请甚至扣缴押金，一旦察觉到异样立刻解散群聊以躲避追查，费尽周折也只能抓捕到部分犯罪人，导致办案人员极易陷入侦查困境。

（四）犯罪主体文化程度偏高、认罚比例偏低

一是犯罪主体文化程度较高，整体集中在高中、大专区域。涉赌犯罪样本

案例犯罪主体多为30岁以上的成年人。在有效的27个涉赌犯罪样本案例中，有2人具备小学及以下文化，7人具备初中文化，2人具备高中文化，2人具备中专文化，具备大专文化的有7人，达到本科文化的也有7人。可以看出，涉赌犯罪样本案例犯罪主体普遍文化程度较高，过半数具备大专以上文化。

涉赌犯罪群体文化水平较高与涉赌犯罪特征有关。其一，参与赌博活动需要一定的资金支持；其二，需要一定的空闲时间。处在专科、本科文化水平的群体，基本可以获得一份稳定的工作，并有一定的资金来源，符合参与赌博犯罪的条件。

二是犯罪主体对量刑建议满意程度低，不认罚比例偏高。在有效的75个涉赌犯罪样本案例中，有19名被告人不认罪认罚，认罪不认罚的被告人有33名，认罪认罚的被告人有23名。通过以上数据分析，可以看出涉赌犯罪中存在较高的认罪不认罚情况，表明犯罪人对量刑存在较大不满，实则也与当前涉赌犯罪量刑幅度较高有关。

如上文所述，涉赌犯罪的特征决定了参与赌博的人员应具有中高层次的文化水平，可以预测未来涉赌犯罪人群的文化水平基本与现状类似。涉赌犯罪中存在较高的认罪不认罚现象，从侧面反映了当前我国涉赌犯罪具有较高法定刑。

二、涉赌犯罪治理现状及问题分析

在雁塔区2015—2021年涉赌犯罪案件样本中，线下涉赌犯罪以“游戏厅”和利用赌博机犯罪的方式居多，11起网络涉赌案件全部是注册赌博网站、获取提成的方式。据此，本研究主要分析在利用赌博机开设赌场类案件和新兴网络赌博类案件中存在的问题。

（一）识赌、拒赌、反赌宣传教育力度不足

赌博行为古已有之。我国虽然长期对赌博犯罪进行宣传教育，但形式固定较为单一，且长久以来一成不变的宣传教育方式已然无法对公众产生较强的警示效果和宣传教育作用，这就导致公众对涉赌犯罪警惕性不够，防范意识不强，甚至出现帮助、协助等行为。例如，有的人认为单纯的提供场地、帮助放哨等行为不构成赌博罪，又能获得经济利益，但实际上该帮助行为也会构成开设赌场罪共犯。对识赌、拒赌、反赌的宣传教育力度不足，公众对涉赌犯罪认识不够充分，涉赌犯罪的治理自然难以取得良好成效。

（二）涉赌犯罪存在法律适用模糊影响效果

1. 主要罪名间界限模糊，实务中具体定罪面临难题

如何界定开设赌场和赌博的行为，不但关涉涉赌犯罪的适用范围和罪与非

罪的界限问题，还关涉到此类罪的概念问题。

开设赌场罪是行为人以营利为目的，为赌博活动提供场所并在其支配下组织赌博活动的行为。赌博罪则是以营利为目的，聚众赌博或以赌博为业的犯罪。其客观方面表现为以赌博为业、聚众赌博的行为。该项罪名属于故意犯罪，过失不构成犯罪。

应当注意的是，聚众赌博和开设赌场罪在实践中较难区分。聚众赌博是指为赌博提供场所、赌具，组织、招引他人参与赌博，从中抽头渔利的行为。开设赌场是行为人为赌徒提供场所、赌具、筹码等多种有偿服务，营运商业性赌场。两罪名都包含有聚集、吸引、组织他人的行为。通说认为两罪的区别主要需考虑以下几个方面的因素：赌场归谁所有、受谁控制；赌博场所是否相对固定；赌场存续时间是否相对稳定；参赌人员是否相对固定；赌博方式由谁设定；赌具由谁提供等。①

但在实践中，尤其当下的网络技术与传统赌博的结合，凭以上观点很难切实区分两罪，如网络赌场往往灵活多变，存在不固定；存续时间也较为零散；参赌人员是否固定也很难获得证据支撑。

2. 缺少对网络赌场范围的界定，造成赌场认定困难

利用网络开设赌场行为实质上是在虚拟网络中开设网络赌场。我国立法中虽然多次运用“赌场”这一名词，但是对于什么是“赌场”，“赌场”应当具备什么要素均没有明确规定。这并非表示对于“赌博”或者“赌场”这些概念没有争议，相反地，恰恰是因为对于“赌博”以及“赌场”很难通过抽象的文字表述加以界定。同时，也证实新型网络赌场和赌博关系的出现增加了对网络赌场的认定难题。从开设赌场罪到利用网络开设赌场行为的立法变迁来看，整体上立法者趋向于将对新型网络赌场的刑法规制纳入现有的开设网络赌场罪的立法和司法解释涵盖范围之内，由此为法官的裁判提供法律上的原因。相关的司法解释的出台也扩张了开设赌场的行为方式，增加了对利用网络开设赌场的规制。

赌场在虚拟网络中早期主要表现为赌博网站或者赌博平台，其基础原理是在网络空间通过域名建立网站，吸引赌博参与者点击链接，通过注册成为赌博网站的用户，利用虚拟货币或者虚拟物品开展赌博活动。网络赌场早期的形态主要表现为设立赌博平台或者赌博网站，其本质是通过网络空间提供一个域名，用户可以通过网址进入网站当中进行注册，换取虚拟货币或者直接利用现

① 张艳：《网络赌博犯罪疑难问题研究》，载《中国检察官》2017 年第 2 期。

金进行赌博。然而，现今网络赌场的呈现方式较多，远远超出了法律、司法解释、指导案例辐射的范围。

3. 开设赌场罪量刑设置不均衡，犯罪人员不认罚比例高

我国《刑法》第 303 条第 2 款规定，开设赌场的，处 5 年以下有期徒刑、拘役或者管制，并处罚金；情节严重的，处 5 年以上 10 年以下有期徒刑，并处罚金。可见目前我国对开设赌场罪的量刑设置以 5 年为界。最高人民法院、最高人民检察院、公安部《关于办理利用赌博机开设赌场案件适用法律若干问题的意见》规定，设置赌博机组织赌博活动，赌资数额累计达到 30 万元以上的，认定为《刑法》第 303 条第 2 款规定的“情节严重”。5 年以上的刑罚设置一般为严重危害人身安全、财产安全等犯罪，可能严重危及人身安全和生命，并造成恶劣社会影响，开设赌场罪与这些严重犯罪相比，存在一定区别，不应简单划分在重罪体系。

在司法实践中，开设赌场罪达到情节严重的量刑档次较为容易，尤其在赌博方式与网络技术相结合以后，开设网络赌场往往能快速吸引较多参赌人员，涉及赌资很容易达到法律规定的“情节严重”档次。与上文中关于犯罪人对量刑结果不满的数据统计结果一致，大部分犯罪人认为自身的行为没有传统的伤害型犯罪影响恶劣，面对如此高的量刑较难接受，不认罚比例较高，实践中 5 年以上量刑的涉赌案件上诉率也较高，开设赌场罪中较高的量刑与犯罪行为本身存在一定的不适应。

（三）涉赌犯罪打击难，效果不尽如人意

1. 涉赌犯罪人员构成复杂，证据缺乏，共犯认定难

“两高一部”《关于办理网络赌博犯罪案件适用法律若干问题的意见》明确了开设赌场罪共犯的认定问题，具体规定了可以构成共犯的五类情形，即提供赌博机、资金、场地、技术支持、资金结算服务的；受雇参与赌场经营管理并分成的；为开设赌场者组织客源，收取回扣、手续费的；参与赌场管理并领取高额固定工资的；提供其他直接帮助的。这些人员明知他人利用赌博机开设赌场，有的为其提供开设赌场的物质技术条件，有的为赌场组织客源并从中牟利，有的受其雇用从事直接帮助行为，都符合刑法关于共同犯罪的规定，应当以开设赌场罪的共犯论处。但在实际办案中，并不是所有人员同时到案，往往老板都在幕后指挥，定期对账、收钱。通常到案的只是些放风、收银、负责上下分的服务人员，他们之间要么相互推诿，要么自称只是打工者，对其他事情一概不知，造成无法确定其在案件中的实际地位及作用。此类案件中共犯认定，目前口供的作用过大，在其他证据缺乏的情况下难以认定。

2. 新型网络赌博类型手段层出不穷，侦破难度不断提升

网络开设赌场犯罪借助于虚拟的网络平台，与传统开设赌场犯罪相比具有明显的隐蔽性优势，反侦查能力更强，犯罪嫌疑人亦更加有恃无恐，这种隐蔽性优势主要是通过开设网络赌场犯罪的“远程虚拟”特性来实现的。一方面，网络开设赌场犯罪天然具有“远程控制”特征，网络赌场的建立者、管理者和参赌人员往往在地理上相分离，借助于网络的通讯技术，其不仅实现了在一国领域内的跨地区犯罪，还可以轻松地实现跨国犯罪，从而使传统的属于国内犯罪的开设赌场犯罪具有了国际化犯罪的属性，侦查难度进一步增大。另一方面，网络开设赌场犯罪本身作为网络行为亦具有网络的“虚拟特性”，网络赌场的建设者、管理者和参赌人员的网络身份都体现为虚拟的“账号”，即便是电子交易支付也可以通过伪造身份证明或者不需要身份验证的第三方交易平台来实现，而查获“虚拟账号”本身却并不意味着能够发现犯罪人员，与传统犯罪经常的“人赃并获”相比，网络开设赌场犯罪的隐蔽性显然更强。①

（四）协同治理存在不足，难控涉赌源头

1. 利用赌博机犯罪的社会管控不力，赌博现象难以禁止

利用赌博机赌博与传统意义上的赌博有所不同，传统上的赌博是通过抽头渔利获得盈利，而利用赌博机开设财场的赌博方式相当于赌博机主利用赌博机与玩家进行赌博，从而获利。此类案件大多都是犯罪嫌疑人（或被告人）从广东、深圳等地，或者向他人购买二手“捕鱼机”“老虎机”“鸟王归来”“金鲨银鲨连线机”等具有退币、退分、退钢珠等功能的机器，放置于开设的游戏厅内，供参赌人员进行赌博。此类赌博机出厂后，根据买主的要求可以自主设置赔率，机主为了盈利一般都设置为稳赚不赔的。利用赌博机开设赌场类案件屡禁不止，究其原因就是一个“利”字。赌博机的经营者通过对芯片“做手脚”，设置程序，来调整赔率大小，确保经营者只赚不赔，最大的赔率高达1∶168。为了吸引赌博者参与，赌博机的经营者前期把游戏难度调低，通过小赢小输，使参与者认为自己玩游戏是靠“运气”和“技术”，诱之上瘾。一段时间之后，赌博机的经营者就会调高难度和赔率，让参与者赢小输大。“利”字当头，很容易让人走上犯罪道路。此类案件办理过程中存在以下问题：

一是场所隐蔽难以发现。经过公安机关多年的严厉打击，利用赌博机开设赌场的嫌疑人（或被告人）纷纷将经营场所从城镇临街门面，转移到了偏僻

① 于志刚：《网络开设赌场犯罪的规律分析与制裁思路——基于100个随机案例的分析和思索》，载《法学》2015年第3期。

的街巷、小区、乡村。同时赌博机的摆放也由之前的公开摆放吸引顾客，变为以“游戏厅”“动漫城”的名义，在外面摆放仅仅具有娱乐性质的电玩设备，而在门厅里面、内厅、包间才摆放赌博机，具有一定的隐蔽性。且多为临时性场所，使赌博的进行更难以发现。为了逃避打击，利用赌博机开设赌场的人员常常几个月就会转移场所。虽然场所较隐蔽，但因为参赌人员较多、环境嘈杂，特点是营业时间多在夜间，时间一长往往会被热心群众举报，出于安全考虑他们常常采用游击战术，不停转移场所。

二是招揽参赌人员的非公开性。从近年办理此类案件可以发现，利用赌博机开设赌场的老板招揽生意的手法已发生了变化。之前为了吸引顾客会采用类似张贴“内有捕鱼机”广告等方式广而告知，而目前常常采用的手段是老板聘请一些社会上人脉比较广的人，通过口口相传，相互邀约的方式招揽相对固定的人群参与赌博。

2. 网络涉赌犯罪社会管控不力，侦破难度不断提升

我国一直对网络开设赌场犯罪的打击工作保持高度重视，开设网络赌场犯罪和网络赌博犯罪却仍是屡禁不止，并且在不断地翻新和升级犯罪方式和手段。

网络赌场的参与便捷性，不仅增加了人们接触网络赌场的机会，同时也加剧了网络赌博成瘾的危险性。一方面，网络赌场通过短信、短视频、网页等途径广泛宣传，并且人们在接触到有关网络赌场的信息后，仅需添加网络赌场客服的社交账号，之后赌客通过点击客服发送的链接即可进入网站或直接下载对应 App，并在客服的指导下进行充值和网络赌博活动，整个参与过程十分简单便捷，并且赌场客服会全程予以耐心解释和指导，甚至有的网络赌场已经将参与赌博活动的全过程录制成短视频直接进行投放以帮助赌客了解赌场规则。另一方面，利用棋牌游戏 App 开设的网络赌场存在于智能手机之中，人们只要在有网络的情况下就可以参与网络棋牌游戏赌博，参与赌博可以不受时间和空间的限制，而且通过网站或手机 App 赌博具有极大的隐蔽性。

另外，网络赌博并不涉及现金的交易，赌资的支付和结算通过支付宝等移动支付软件一键即可操作完成，赌博活动的输赢均只表现为数字形式，极大减轻了参赌人员的心理负担，更容易使参赌人员沉迷于网络赌博。此类案件办理过程中主要存在以下问题：

一是虚拟空间缺乏有力监管。有力的监管是控制和减少利用网络开设赌场犯罪的有效手段，监管控制不足就滋生出更多的犯罪机会，如果监管力量薄弱或者犯罪人能够逃避监管，那么在存在合适犯罪目标的情况下，就会增加利用网络开设赌场犯罪的机会。网络赌场存在于网络虚拟空间之中并借助网站或

App 的外壳作掩护，具有很强的隐蔽性，加上“网络黑产”的技术支持及采用跨境开设网络赌场的方式来规避风险，给网络赌场的有效监管和精准打击带来诸多障碍。

二是部门间缺乏协调沟通。在新型网络赌博案件中，参赌人员对于实体空间的需求不大，只在虚拟空间内活动，可在全球任何互联网接入点参赌，通过网银、信用卡或购买储值卡等方式下注、清算和分割赌资。从近年来查处的网络赌博案件来看，网络赌博犯罪嫌疑人所在地、网络赌博网站所在地、网络服务提供商所在地往往不在同一个省份甚至不在同一个国家，时空跨越性强。①

综上所述，赌博案件破获难度大大增加了，仅靠侦查机关很难完成大型涉赌案件的破获，需要相关单位或部门相互配合，但在实践中存在社会协调配合不到位的情况。首先，外单位协作不到位。公安执法部门与网络运营商、金融机构、第三方支付平台的协作不到位，如有的网络运营商没有尽到安全审查义务，有的网络运营商用户资料登记不全面，给侦查人员查找现场带来难度，移动的 IP 查询落地时效性不高。其次，公安机关之间协作难。网络赌博犯罪具有明显的跨地域性，一个案件往往涉及多个省市，从已破获的网络赌博案件来看，网络赌博的国内组织者大部分位于东南沿海经济发达的省份。面对全国各地而来的协作办案请求，这些省份公安机关的确任务繁重，但也暴露出在协作机制、协作效率、协作层次等方面还有很多需要完善的地方，一些地方公安机关对非辖区网络赌博案件协查深度和效率不够，停留在“重证据提供，轻线索收集”层面上。最后，涉外警务协作受限。我国公安执法部门只能对国内网络赌博的组织者和各级代理商进行处罚，屏蔽此网站；对建立在境外的赌博网站及相关人员无法查处，获得境外警方协助难度较大。②

三、涉赌犯罪治理的总体策略与路径选择

本调研报告在分析涉赌犯罪发案数据，总结案件规律，发现治理中存在的问题并分析背后成因的基础上，拟从以下四个方面提出对策建议：一是拓宽宣传渠道筑牢拒赌反赌思想防线，推广禁赌宣传教育，营造拒赌氛围，为开展禁赌治理工作打下坚实的社会基础；二是完善涉赌犯罪的立法漏洞，主要包括明

① 谯冉、张小兵：《跨境网络赌博犯罪分析与预防对策——以近年来 H 省打击网络赌博犯罪为例》，载《山东警察学院学报》2017 年第 5 期。

② 谯冉、张小兵：《跨境网络赌博犯罪分析与预防对策——以近年来 H 省打击网络赌博犯罪为例》，载《山东警察学院学报》2017 年第 5 期。

确开设赌场罪与赌博罪的界限，优化开设赌场罪的量刑设置，明确网络赌场定义，从法律规制角度全面打击赌博行为；三是提升打击涉赌犯罪质效，贯彻打击常态化思路，注重证据提取固定和部门间协调配合，加强打击力度，发挥法律规制威慑作用；四是强化官民协同合作，加强网络场所监督，源头治理涉赌犯罪。

（一）多渠道宣传筑牢拒赌反赌思想防线

1. 营造全民拒赌氛围

充分运用报纸、电视、微信、微博等各类媒体平台开展禁赌宣传，提高群众对赌博行为危害性的认识，发动、鼓励群众积极提供涉赌犯罪线索，大力营造治赌禁赌的舆论氛围和社会环境。

公安、文化、工商等相关行政执法部门要加强市场监管，定期联合开展治理活动，采用商户承诺、定期排查、突击抽查等形式，强化对经营场所的执法检查，对电子游戏厅、网吧等场所建立诚信档案，发现涉赌情形的，及时作出处理，并限制其市场准入资格。

2. 推广禁赌宣传教育

我国禁赌宣传教育持续多年，已初见成效，但近年来网络赌博的兴起为禁赌宣传教育带来新挑战。在与现实空间平行的虚拟空间中，人们往往容易突破现实社会的法律与道德约束，人们借助网络账号、虚拟身份藏匿其中，做出平时不敢为、不能为之事。同时，由于公众缺乏认知能力，不能清晰界定赌博与娱乐、人际交往、比赛之间的关系，从而被不法分子所利用，在不自知的情况下陷入网络赌博囹圄中。为此，加强网络伦理道德建设迫在眉睫。

应当引导公众正确认识赌博所包含的行为类型与表现方式，正确认识网络赌博所带来的社会危害，正确认识网络赌博与娱乐的关系，正确认识赌博与比赛、竞技的差别。建议由宣传部门和公安机关牵头，组建法律宣讲、道德宣讲、心理知识普及服务队，针对辖区内学校、社区及企事业机关单位人员及农村居民开展网络赌博犯罪防治宣传，引导公众树立正确认知。具体来说，首先要加强法律宣传。宣传网络赌博行为的危害性、网络赌博犯罪的防治措施以及网络赌博的法律常识等。其次要加强道德宣传。宣传网络伦理、赌博行为与娱乐行为之间的区别，告诫公众赌博行为并非人际交往的合理方式。最后要加强心理知识普及。引导公众正确区分竞技与赌博，帮助公众树立网络赌博犯罪的正确认知。[1] 向公众分析网络赌博的心理、原因，让公众建立心理“防赌墙”，

---

① 陈纯柱：《网络赌博的处罚困境与治理路径》，载《探索》2019年第2期。

自觉远离赌博行为。

（二）立足实践明确涉赌犯罪法律适用

1. 明确聚众赌博与开设赌场罪的构成与本质界限

区分两罪的关键在于行为人对赌博活动是否有明显的组织、控制和管理能力。提供赌博场所行为的关键在于其提供的场所应当受提供者实际控制，如果提供人不能实际控制该场所，则该行为就不应认定为提供赌博场所，而应认定为聚众赌博。行为人对赌博活动的控制力主要从三个方面来把握：一是对赌博场所的控制权，如场所内的活动是否受行为人实际控制；二是对赌博内部组织的控制权，如赌场内是否有严密的分工与协作；三是对赌场经营的控制权，如是否提供赌具、制定赌博规则等。①

2. 逐步优化涉赌犯罪的法规设置，完善涉赌犯罪法律体系

首先是在立法上设立专门的禁赌法律规范，将赌博参与者参与赌博的行为纳入刑法的规制范围内，可以有效减少参与者参与赌博的现象，从反面遏制利用网络开设赌场者的不法行为。从定罪处罚来看，赌博参与者参与赌博活动，且赌资数额达到3000元以上，可处管制、拘役，并处罚金；情节较为严重或者数额巨大的情况下，则可处以有期徒刑，并处罚金。这种立法设置不仅提高了赌博参与者参与赌博活动的犯罪成本，还能在一定程度上遏制赌博活动的展开。

此外，还应当完善我国刑法在利用网络开设赌场行为认定处罚上与国际接轨。利用网络开设赌场行为往往具有涉外因素，这涉及与其他国家在调查、侦查、取证流程上的配合与协作。打击具有国际性的利用网络开设赌场行为，还需依赖各个国家网络警察部门的配合。因此，需要完善我国与其他国家在司法协助和引渡上的规则，甚至可以进一步在利用网络开设赌场等犯罪的认定标准、管辖权设置上尽可能达成共识，从而减少查处国际性利用网络开设赌场行为的阻碍。

其次要优化量刑设置，以罪责刑相适应为原则，针对量刑幅度过大的开设赌场罪，可以细化量刑幅度，设置多层次刑档刑期，并对应细化入罪金额、人数等客观判断标准，适度提高“情节严重”的判断标准。

3. 明确“网络赌场”界定要素，合理打击网赌犯罪行为

对于“网络赌场”的界定，应当结合网络赌场的形式特征和实质特征加

---

① 张艳：《网络赌博犯罪疑难问题研究》，载《中国检察官》2017年第2期。

以展开。

首先，从形式上分析，网络赌场一经形成则会为赌博参与者提供参加赌博的固定场所，且这个场所向不特定多数人开放，参与人数将凭借互联网的特定而呈现指数级增长，赌场的规模也将壮大。因此，从形式上来看，对于网络赌场的判断包括是否依赖网络技术、是否有注册会员、是否存在投注行为、是否存在资金支付和兑换功能等。具体来说：一是网络赌场应当具有经营性。对于经营性的判断应当满足“开设”这一要件。即网络赌场不仅需要真正的被建立，同时还需要犯罪人的后续经营。犯罪人对于网络赌场具有一定的控制能力和经营行为。从控制能力的角度来看，犯罪人对于赌博活动开展的时间、方式、规则等具有一定的决定能力，甚至犯罪人可以决定什么样的赌博参与者能够参与到网络赌场的赌博活动当中。从经营行为的角度来看，这要求网络赌场本身的存在应当以一定的持续性为特征，犯罪人通过雇佣管理人、代理人、技术人员、财务人员等完成网络赌场的日常经营活动。这也是利用网络开设赌场行为与聚众赌博行为最大的差异。二是网络赌场的开设人、经营人、管理人应当从网络赌场的运营中获得一定利益，具体方式包括收取服务费、从赌资抽头抽水等。

其次，需要结合实质解释判断规则。一是应当对网络赌场侵害的法益进行判断，即网络赌场的存在是否侵害了我国社会管理秩序。只有侵害了利用网络开设赌场罪所保护的法益，才能够受到本罪的规制。二是是否基于营利目的开设网络赌场。无论以什么形式开展的网络赌场，本质都是希望通过开设赌场行为获得一定的利益。根据开设赌场罪的构成要件来看，并没有将“以营利为目的”作为构成要件，但这并不意味着本罪不需要审查是否具有营利目的，而是网络赌场本身是否营利并不在定罪的考察范围之内，是否想要营利也不影响对利用网络开设赌场行为的定性以及处罚。三是应当判断网络赌场的活动是否属于赌博行为。我国对于“赌博”的概念没有明确规定，但是从司法实践以及我国立法来看，赌博行为与娱乐行为存在本质区别。赌博行为需要具有四个特征，即运气、冒险、竞技及赌注。赌博活动是对于不确定的结果，凭借运气获得赌注的一个过程。因此，满足上述四点特征就可以认定为属于赌博行为。微信红包、虚拟物品买卖等方式，只要具有上述特性就能够认定为属于赌博行为。四是判断是否存在赌博利益链条，这是判断是否构成网络赌场的关键。赌场的运营包含三个特征，即赌博行为存在抽水、下注不存在封顶以及可以将筹码兑换成货币。因此，赌场之所以受到抵制，在于其内部形成的赌博利益链条。

（三）有效打击涉赌犯罪发挥威慑作用

1. 践行打击常态化策略，防止案件出现反增态势

细化涉赌犯罪行为的共犯认定，审慎认定本罪共犯。具体来说涉及四个方面。

第一，对于网络运营商共犯的认定，应当细化对客观要件和主观要件的认定。对于网络运营商的理解应当作扩张理解，包括虚拟平台场所的提供者、物理网络的运营者、具体服务的接入者、网络技术服务提供者、中介服务提供者等。只要这些主体对利用网络开设赌博行为提供了有效网络资源或者提供了网络运营，则满足客观要件的要求。对于“明知”的理解可以以《关于办理网络赌博犯罪案件适用法律若干问题的意见》中对于“明知”的规定而推定。例如，在接到相应主体警告通知后依旧实施相关行为、提供的服务与收取的费用金额明显不匹配、通过技术手段帮助网络赌场规避检查、向网络赌场通风报信、明知网络赌场的具体经营项目等均属于“明知”的范围。

第二，对于第三方支付平台共犯的认定，应当对收入服务费和收取赌资进行严格解释。第三方支付平台服务费的收取应当是超出正常情况下的服务费收取，例如微信支付对所有用户同样的服务费收取就不能认定为本罪的共犯实施的行为。只有带有明确帮助网络赌场运营、资金周转的服务费收取才满足共犯的要件。关于服务费和赌资的收取不应当是单向的，而应当是多向且循环流动的。在本罪中，赌资的流动往往不是自上而下或者平行流动，而是在代理人与管理人、赌博者与网络赌场之间互相流动的。除此之外，第三方支付平台帮助网络赌场兑换法定人民币、提供贷款等帮助也属于共犯行为。虽然不能依据《关于办理网络赌博犯罪案件适用法律若干问题的意见》中对于共犯的规定进行规制，但是可以按照《刑法》总则第 25 条定罪处罚。

第三，对于广告宣传平台共犯的认定，应当对广告内容进行细化。《关于办理网络赌博犯罪案件适用法律若干问题的意见》对广告进行了明确，包括赌博广告应当载明赌博网站的网址、赌博规则等具体信息。利用微信、微博等社交媒体通过发布信息的方式进行宣传，虽然具有上述条件，但是从实际效果来看，其依旧是在某个特定范围内，这种局限性不符合广告特性，因此不能认定为本罪的共犯。

第四，对于雇佣人员共犯，应当综合判断，准确认定。受雇人员并非一定会参与到赌博犯罪当中，应当结合其在网络赌场当中实际参与程度、对危害结果的发生等进行综合判断。例如，纯粹的后勤人员、修理人员等与网络赌场运营没有直接关系的人员，则不宜认定为本罪的共犯；但是如果雇佣人员实际参

与到网络赌场的运营、收取赌资等行为当中，则应当认定为本罪的共犯。

除了上述四种情况，为网络赌场提供贷款或者承保的公司在其明知钱款用于开设网络赌场的情况，则可以认定为共犯。但是应当按照《刑法》总则第25条制度规定处理，而非依据《关于办理网络赌博犯罪案件适用法律若干问题的意见》当中对于共犯的规定来处理。因此，对于本罪的共犯认定应当结合当事人在利用网络开设赌场行为的地位、参与程度、贡献度等综合判定。

2. 加强证据提取固定，为案件审理打好证据基础

办案人员要在查处窝点的第一时间做好现场勘查、扣押工作，通过拍照、录像等方式直接体现案发地点情况，明确向何人扣押赌博机，确定当场扣押赌资的数额，明确参赌人数。之后再集中力量向证人、参赌人员询问参赌人数、参与次数、金额及上下分级情况，现金交换情况，赌场日常经营情况，赌场管理者情况等与案件相关情况，对涉案重要证据进行全面收集。收集证据时首先要确保程序合法，注意将证据制作过程进行充分说明，注明调取时间、调取人、程序步骤等；其次应注意提取要及时、完整，避免原始证据因保存时间有限无法调取或灭失等情况发生；最后要求证据转化时应当将原始数据一并提交，并予以说明，转化使用时应当由持有人进行核实。

3. 加强部门间协调合作，提高侦破能力

一是充分发挥网安、技侦、治安、情报中心、经侦、法制等警种的特长，加强警种之间的协作。各警种要按照职能分工同步上案，各司其职，各尽其责，充分发挥治安部门信息来源广、经侦部门查账能力强、网侦技侦部门技术手段强、法制部门法律支持强的优势，合成作战，做好网络赌博犯罪的查处工作。二是尽快搭建“全国公安机关跨区域办案协作平台”，解决查处网络赌博犯罪贯通难、阻塞大的问题，形成信息共享、整体联动、高效率、低成本的跨区域“空间作战”运行模式。三是强化国际合作机制，加强国家司法的协作和交流，建立健全完善与其他国家和地区的司法协助机制和引渡条约。[①]

（四）加强协同治理扼制涉赌犯罪源头

1. 加强官民协同合作，扩大涉赌犯罪监管群体

在加强公民拒赌反赌思想防线的基础上，加强官民协调配合和沟通，扩大监管面。涉赌场所往往存在较强的隐蔽性，隐藏在公众生活场所内，仅仅靠侦

---

① 谯冉、张小兵：《跨境网络赌博犯罪分析与预防对策——以近年来H省打击网络赌博犯罪为例》，载《山东警察学院学报》2017年第5期。

查机关日常巡逻和巡查很难发现，提高公民反赌意识和法律知识水平，发动群众力量，对赌博场所和赌博行为进行无死角监督管控，既能节省侦查机关的资源投入，避免无效巡查行为，也能提高对涉赌行为的发现和查处概率，形成全社会管控局势。

2. 加强网络场所监督管控，突出溯源治理

加强网络通信监管部门对利用网络开展赌博行为的监控，全面、迅速清理与赌博团伙勾结发布的赔率信息、涉赌网址信息以及网站，及时向公安机关提供网络赌博犯罪线索；加强网络安全警察队伍建设，建立一支精通网络技术、侦查能力过硬、责任心强的高素质网络安全警察队伍，为打击网络赌博犯罪提供人员保障。

近年来，中国周边国家和地区纷纷推行博彩合法化，争相开设赌场，短短20多年时间，周围赌场林立，形成严密的"博彩包围圈"，目标直指中国客户。我国为此出台诸多限制公民以旅游方式赴境外赌博的政策，众多赌场因客源不足关闭，取得较大成效。此外，国内形形色色的地下赌场也是遍地开花。业界普遍认为，中国目前合法彩票收入与非法赌资之比为1∶10，其中非法赌资高达1万亿元左右，其中有数千亿元的资金通过各种渠道流向国外。因此，我国必须权衡利弊，进行有效制度安排，规范与引导合法博彩业的发展，总结与反思当前非法博彩业的法律规制与应对策略的不足，引导博彩业发挥作用，更好地抑恶扬善，服务社会。

第四节　危险驾驶犯罪态势变化及犯罪治理

作为交通类犯罪中最频发的两个罪名，交通肇事罪和危险驾驶罪在我国交通犯罪中占比较大，犯罪形势也日益严峻。鉴于此，本书在第五节、第六节以2017年至2022年雁塔区人民法院办理的1868起危险驾驶案件和195起交通肇事案件为样本，对两罪的总体发展态势进行提炼，同步结合办案检察官的访谈记录总结出犯罪治理面临的挑战，并从犯罪诉源治理角度出发提出完善路径。

综观四种危驾行为，司法实践中查处到的主要行为方式是醉酒驾驶。此外，醉酒驾驶行为不仅制造了法所不容许的风险，而且升高了法所不容许的风险，具有相对更为严重的不法程度。[①] 因此，本报告以醉驾作为突破点，以雁

① 梁根林：《"醉驾"入刑后的定罪困扰与省思》，载《法学》2013年第3期。

塔区人民法院近六年来受理案件的相关数据为蓝本，围绕醉酒类危险驾驶犯罪总体态势变化与犯罪特征展开研究，反映司法实务当中犯罪治理所面临的挑战，进而提出可行性对策。

一、危险驾驶犯罪发展态势与趋势预测

2017—2022 年，醉酒类危险驾驶罪案件数量快速增长，且在六年中持续保持高位，据数据统计，在这六年间，雁塔区人民法院共办理醉酒类危险驾驶案件 1868 起 1868 人。本节将综合所抓取的案件信息，对醉驾类危险驾驶的犯罪主体、犯罪客体数据等进行归纳，以期得出该类犯罪的总体发展态势。

（一）案件数量增长

受新型冠状病毒疫情影响，整个犯罪环境发生了较大变化，这也直接影响了危险驾驶犯罪的部分行为态势。据数据统计，2017—2022 年间，雁塔区人民法院一审共审理危险驾驶犯罪 1868 件，从总体的发案数量来说，危险驾驶犯罪数量始终保持高位。2020 年 5 月 25 日，时任最高检检察长张军在向十三届全国人大三次会议报告最高人民检察院工作时指出，从 1999 年至 2019 年，“醉驾”已经取代盗窃成为刑事追诉第一犯罪。[①] 最高人民法院公布的数据也表明，“醉驾”已经取代盗窃成为刑事审判的第一犯罪。

但就危险驾驶犯罪每年发案量而言，呈现出以 2020 年为分界点，2020 年之前逐年递增，而 2020 年之后逐年递减的趋势（见表 2－4）。

表 2－4

年份	2017	2018	2019	2020	2021	2022
案件数量	173	189	480	310	429	287
百分比	9.3%	10.1%	25.7%	16.6%	23%	15.3%

2020 年之前的三年里，危险驾驶罪一直处于低发阶段，2017 年、2018 年两年间，尽管危险驾驶罪增率较为缓慢，但其案件数量开始逐年上升，2020 年之后，危险驾驶罪的案件数量起伏相对较大，案件数量总体减少，占比有所下降，2021 年又有所反弹，而截至 2022 年 11 月数量再次下降，成为新冠肺炎疫情后三年中案件数量最少的一年，交通犯罪呈良性化发展。可见，疫情的

① 张军：《最高人民检察院工作报告——2020 年 5 月 25 日在第十三届全国人民代表大会第三次会议上》，载《最高人民检察院公报》2020 年第 3 期。

暴发以及对应的防控措施在一定程度上抑制了犯罪的发生。

（二）案发客观特征明显

本报告以雁塔区人民法院受理的1868起危险驾驶案例为蓝本，除去其中的943起并未提及案发地点，对于醉酒类危险驾驶罪进行分析，发现从案发地点特征来看，涉案地点大致可分为三类，分别是普通道路（410起，占44.3%）、城市快速路（204起，占22%）以及高速公路（287起，占31%）（见图2-8）。

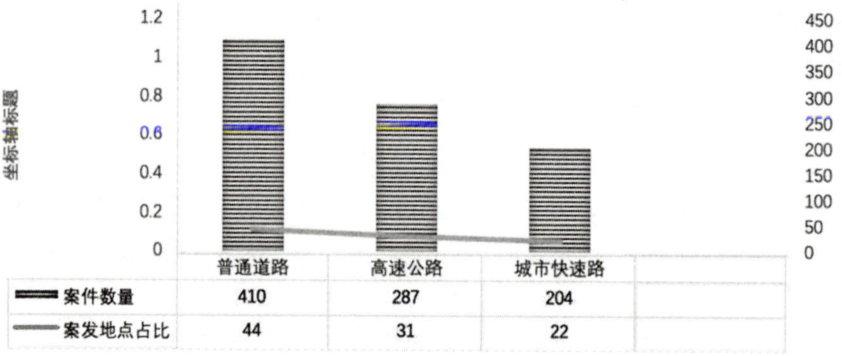

图2-8：危险驾驶罪案发地点数量及其占比

通过上述数据分析可以看出，驾驶人员危险驾驶罪的高发地段往往系普通道路，相反，在高速公路该罪发案率相对较低。相较于普通道路，虽然高速公路驾驶人员车速更快，但由于交警部门设置的检查站并不多，查处力度低于普通道路；而且，在高速公路上行使的成本也要高于普通道路。基于以上两点原因，可以看到危险驾驶罪的发案地点主要集中于普通道路。

危险驾驶犯罪的案发时间特征也比较鲜明。结合一天的时间规律，本报告整理出六个时间段，并就每一案件大概的案发时间进行了统计，发现在黎明、清晨、上午、傍晚、深夜、拂晓这六大时间段内，发案时间主要集中于深夜、傍晚、拂晓。依据数据显示，在深夜、傍晚、拂晓三个时间段，18—24时约占56.7%、24—6时约占38.3%；相比之下，黎明、清晨、上午的发案量很低，6—12时约占0.8%、12—18时约占4.2%。

分析上述数据可以看出，醉驾类危险驾驶案件案发时间主要集中于晚上，白天发案率较低。夜晚醉驾率高有两方面原因：一是与中国传统的饮食文化有关，中国人更倾向于在晚上与亲戚、朋友、同事等聚餐，而饮酒则是聚餐的必备流程，这就在一定程度上增加了醉驾的可能性；二是与交警的查处时间相关。

（三）犯罪量刑轻缓但附随后果影响较大

本部分以危险驾驶犯罪案件判决书中记载的对被告人所采取的强制措施种类、量刑情节以及犯罪附随后果为统计单位，分析我国对于危险驾驶被告人的打击力度，得出如下结论：

1. 取保候审适用率较高，刑事强制措施采用的种类相对集中

在五类刑事强制措施中，除拘传外，取保候审的惩罚力度最轻，而在雁塔区人民法院审理的危险驾驶案件中，案件的取保候审适用率要远远高于其他几类强制措施，稳居首位。据数据显示，2017—2022 年，雁塔区人民法院一审审结的危险驾驶案件中，除去适用但未在判决书中提及的，被告人被采取取保候审的案件占67%，被拘留的占28.5%，被监视居住的占2.7%，被批准逮捕的占2.1%。

分析上述数据可知，人民法院在治理轻微犯罪时更倾向于对被告人适用较为轻缓的强制措施，而这种治理方式难以体现不同的行为人造成的损害情况和社会危害性的区别。[①]

2. 对被告人判处刑罚时从轻情节过量，量刑较为集中

以裁判文书的内容为统计单位，抓取危险驾驶案件中被告人具备从轻处罚情节的案件数量，经统计发现超过七成被告人具有从轻处罚情节。从量刑结果来看，有 95% 的案件，被告人被判处拘役，而在这 95% 中，过半数被告人最终刑期仅为 1 个月。依据刑法相关规定，危险驾驶罪的法定刑为拘役并处罚金，在雁塔区人民法院近六年所受理案件中，有 85% 的被告人判处罚金金额在 1000 元至 10000 元之间，所判处的罚金数额比较低。

综上可见，我国在治理危险驾驶犯罪时，就被告人的从轻情节考虑过多，且量刑主要以拘役为主，导致该罪的刑罚处罚较为轻缓。加之危险驾驶犯罪成本相对较低。这种治理方式，既不利于对情节轻微醉驾案件从轻量刑，也不利于对情节恶劣的醉驾案件从重刑罚，没有体现“轻轻重重，罚当其罪”的宽严相济刑事司法政策。[②]

3. 刑事制裁与社会制裁并行，犯罪附随后果影响较大

一旦构成危险驾驶罪，行为人不仅要接受刑罚制裁，还会遭受多重社会负

---

① 张雪琦：《醉酒型危险驾驶犯罪刑事治理问题研究》，河北大学 2022 年硕士学位论文。

② 龚军辉、王海明、黄明雪：《醉酒型危险驾驶案实证研究》，载《中国检察官》2018 年第 13 期。

面评价，对承担一定社会职能的人员，影响尤其突出。例如对于国家工作人员、非国有公司企事业单位人员、教师、医生、律师等，依据相关规定，一旦因“醉驾”犯罪被移送审查起诉，他们将面临接受开除公职、吊销职业资格、影响个人征信等一系列的“社会惩罚”。庞大的罪犯基数扩增社会对立面，就业安置、人员管控等社会治理风险激增，并且会随着时间的推移不断积聚。此外，“醉驾”行为所造成的“罪犯”身份还会影响到其子女的升学、就业、入伍等。①

可见，在现有的惩戒体系中，司法处罚趋于轻缓，个案量刑区分度并不高，司法威慑力被大大降低，但是犯罪的附随后果因其影响面比较大、涉及人员范围比较广，使得被告人较为忌惮。

（四）犯罪主体特征鲜明且构成较为复杂

1. 涉案人员年龄段分布较为集中，年轻化趋势明显

统计显示，2017—2022 年西安市雁塔区人民法院一审共审理醉驾案件 1868 件，涉案人员共计 1868 人，从年龄结构来看，涉案人员总体呈现年轻化趋势，以中青年为“主力军”。尤其是 18—59 周岁的驾驶人员，属于醉驾案件的高发人群，占比接近 99.5%。反观 18 周岁以下的未成年人群体和 60 周岁以上的老年人群体仅占 0.5%。除因大部分涉及未成年人犯罪的案件由检察院的未检部门统一办理外，在我国年龄不足 18 周岁的未成年人无法申请驾驶证也是导致未成年人酒后驾驶概率极低的重要原因之一。而对于 60 周岁以上的老年人，其孩子均已长大成人，一般其醉酒后多是由亲友开车，因此其酒后驾车的概率也非常低（见图 2-9）。

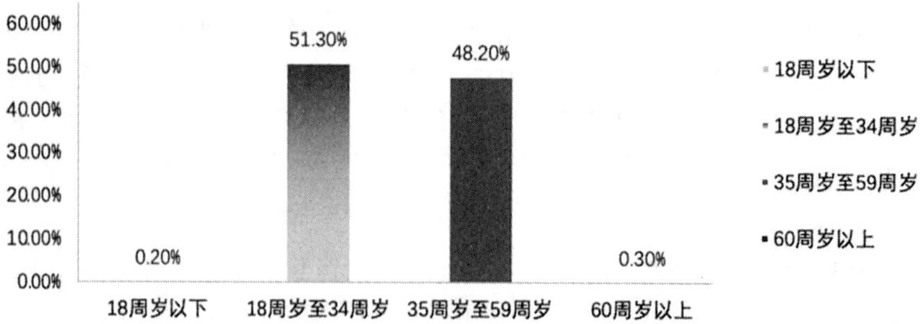

图 2-9：危险驾驶罪行为人年龄分布

① 王敏远：《“醉驾”型危险驾驶罪综合治理的实证研究——以浙江省司法实践为研究样本》，载《法学》2020 年第 3 期。

分析上述数据可以看出，醉驾类危险驾驶犯罪涉案人员的年龄特征十分明显，以中青年为犯罪主力军，多集中于18—59周岁之间。对于这一年龄分布规律，在访谈中办案检察官提到，与驾驶人员的心理态度有一定的关联。驾驶人员心理状态一般都会经过几个时期：刚刚拿到驾照的谨小慎微期、熟练之后的盲目自信期以及发生交通事故后的沉着冷静期。而比照这一心理变化规律，18—59周岁正处于两大过渡期，这也是导致事故高发的原因之一，因此既要重视驾驶人员知识技能方面的培训考核，也要同步关注驾驶人员的心理素质与情绪调解能力，尽量降低心理状况、情绪起伏对驾驶行为的影响。

2. 涉案主体文化程度高低不一，职业涵盖面广泛，社会背景复杂

在对涉案主体的社会背景进行抓取时清晰地感觉到，涉案人员的社会背景非常繁杂，本报告以犯罪主体的学历背景、职业身份以及犯罪前科为研究内容进行分析。依据数据显示，就有效案例记载的内容来看，涉案人员学历分布较为均匀，小学及以下文化为14人，占0.8%；初中、高中文化为121人，占6.5%；专科文化为58人，占3.1%；本科及研究生以上文化为40人，占2.1%。从上述数据可以看出，涉案主体的文化水平并未呈现出特别的集中趋势，但整体而言，以高中学历为分界线，高学历人数占比低于低学历人数，说明文化程度的高低对醉酒驾驶行为的认识程度有一定影响，但影响不大。

相较于犯罪主体的学历，职业类型使其对犯罪的危险性认知影响更大。经统计发现，大多数醉驾者没有固定工作单位，文化程度偏低，对交通法规和刑事法律知之甚少，其中一些人甚至不知道醉驾行为已触犯刑法，一些人对危险驾驶没有清晰的认识，认为没有发生事故就不构成犯罪。① 相较于上述群体，公职人员对于该罪的认知要清晰一些。一方面是由于公职人员所接受的教育相对多一些，另一方面是由公职人员的工作性质所决定的，一般在公职人员入职前需要进行政审活动，对这方面的内容把控较为严格。

在一个相对稳定的社会中，犯罪的发生概率与犯罪性质是密切相关的，并且总是呈现出与社会发展相匹配的态势，在某一具体时点某种犯罪的发案频率会出现波动，但是长期来看类型化的犯罪在整个社会的犯罪数量当中应当会占据稳定的比例。② 正如有些学者所主张的，在全面依法治国的时代，中国刑法正在告别重罪重刑的小刑法，逐步走向犯罪圈扩大而刑事制裁日渐轻缓与多样

① 陈兴联：《新时期“醉驾案件”的综合治理研究》，载《法制与社会》2021年第10期。

② 刘春园：《危害行为入罪的程序性标准——以“毒驾入刑”之技术障碍、介入程序与司法效率为视角》，载《法律科学（西北政法大学学报）》2017年第5期。

的大刑法。目前我国犯罪内部结构呈现“双降双升”[①] 的趋势，在这一背景下，轻罪新罪俨然成为犯罪治理的主要对象。[②] 近年来，西安市雁塔区人民法院危险驾驶犯罪案件数量持续高位运行，犯罪对应的刑罚种类呈现单一化、轻缓化特征，面对这一犯罪趋势，雁塔区检察院须相应调整犯罪治理的战略策略、体制机制和方法手段。

二、危险驾驶犯罪治理现状及问题分析

据统计，自 2017 年至 2022 年 11 月，雁塔区人民法院一审共审理 1868 起酒驾、醉驾案件，占雁塔区刑事案件总数的 25% 以上。尤其是近一两年来，危险驾驶罪早已超过盗窃罪，居雁塔区法院审结的刑事案件首位。面对持续高发的犯罪，我们要反思其内在原因，并找出犯罪治理过程中所面临的问题。

（一）社会治理力度与公民守法意识不足

1. 普法宣传力度不强，公众安全驾驶意识淡薄

“醉驾”入刑几年来，案件数量不降反而逐年增长，既与执法部门加大打击力度有关，也反映出前期法律宣传效果不够明显。普法宣传工作落实不到位直接导致两大后果。

首先，犯罪主体对醉驾责任认识不清，心存侥幸心理。公民对酒驾会被查处持有侥幸心理，具体表现为：一是对发生危害结果存在侥幸，行为人往往盲目相信自己的酒量和驾驶技术，认为不会出事；二是对被查获的可能性存在侥幸，醉酒驾驶的行为人往往认为驾驶距离较近、交通线路熟悉，“偶尔一次不会被查”，或者曾经酒驾没有被查处，认为“遭遇检查的可能性不大”，从而冒险为之。究其原因在于行为人没有认识到酒后驾车的危险性，对危险驾驶罪的认识存在误区，有人认为驾驶机动车出现事故才构成犯罪，也有人认为休息几小时后酒精就会分解消失，或者酒后多喝水就能稀释酒精含量，酒后骑摩托车不算酒驾等。上述错误认知往往是可以通过事前的普法教育进行弥补的，而正是由于普法宣传工作不到位，才放纵了此类错误认知。

其次，行人的安全意识逐步被淡化。2017 年西安市推行“车让人”政策，

---

① 双降双升指的是对应犯罪指标的升降趋势。“双降”指近年来八类严重暴力犯罪的犯罪率逐年下降，其在全部犯罪总量中的占比也在下降；重刑率下降。“双升”指轻微犯罪大幅度上升和轻刑率稳步提升。参见卢建平：《轻罪时代的犯罪治理方略》，载《政治与法律》2022 年第 1 期。

② 卢建平：《轻罪时代的犯罪治理方略》，载《政治与法律》2022 年第 1 期。

像陀螺一样在全市不留死角地全面实施“车让人、人守规”文明交通实践活动。为此，西安市迅速建立了文明交通联席会议制度，相关市级部门和各区县、开发区条块结合、各负其责，形成了“一盘棋”格局，确保了工作的常态长效开展。为了加大整治不良交通行为，西安还加大曝光力度，利用“西安发布”和“西安交警”双微平台，先后曝光交通违法行为4000余例，处罚车不让行人30万余例，真正做到违法必究、执法必严，在全市产生了广泛影响。公交、出租车企业也建立了对驾驶员“车让人”的考核评价制度，增加了“车让人”在企业和从业人员信誉评价中的权重，完善了激励政策与惩罚措施。[①] 在严格的监管下，“车让人”已经成为西安司机驾驶的基本共识，但这也正是问题的症结所在。“车让人”政策将主要倡导对象选定为驾驶人员，殊不知，在“车让人”政策为行人带来“红利”的同时，也带来了隐藏问题，市民的安全防护意识在“车让人”这一保护政策下逐渐被淡化，这在无形之中也提高了危险驾驶罪的发案率。

2. 代驾行业整治缺位，从业行为缺乏规范

代驾行业和人员在不断壮大，但是始终没有形成一个成熟的、规范的市场，各种乱象丛生。透视代驾乱象产生的背后，可发现其存在以下问题：一是代驾行业门槛过低，从业人员并未接受系统的培训、考核，因而驾驶水平参差不齐，部分代驾人员素质较低。二是代驾行业的管理缺乏应有的规章制度，尤其是监管主体，处于缺位状态，这直接导致管辖权模糊不清。不少代驾人员钻法律空子，随意收费、任意调价，甚至还有一些没有资质的“黑代驾”，也进入这一行业。三是对代驾司机缺乏必要的职业培训和操守规定，尤其是缺乏对遵循交通规则的再提醒和恪守道德自律的再教育，违章行驶导致事故频发。

（二）实体法规定不周延导致行刑衔接不畅

结合《道路交通安全法》和《刑法》的规定和当前的实践情况可以发现，两法在行刑衔接上出现了真空地带，不能简单地推定“醉驾入刑后醉驾者必然受到刑罚制裁、刑罚制裁在遏制醉酒驾驶方面必然优于行政处罚”[②]。

《道路交通安全法》自2003年出台伊始就明确了醉酒驾驶机动车的行政责任，但是2011年《刑法修正案（八）》将醉驾入刑后，《道路交通安全法》

---

① 《西安：“车让人”让出温情“人守规”守住文明》，载 https：//difang. gmw. cn/sn/2022 -08/11/content_ 35948105. htm，最后访问日期：2023年6月24日。

② 陈灿平、温新宇：《醉酒型危险驾驶罪争议问题的法律与经济分析》，载《西北师大学报（社会科学版）》2023年第2期。

旋即删除了关于醉酒驾驶机动车的规定。司法实践中开始出现通过援引《刑法》但书条款或发挥检察机关酌定不起诉裁量权免于追究醉驾者刑事责任的案件。然而，醉酒驾驶毕竟属于不法行为，即便不追究行为人的刑事责任，出于维护公共安全之考虑，仍有必要追究其行政责任；但当执法者准备追责时，却出现了“于法无据”的困境。更为尴尬的是，《道路交通安全法》仅仅删除了醉驾的规定，却保留了普通酒驾的规定，这就导致普通酒驾者一旦被发现便会受到行政处罚，而醉驾者却可能因为最终被酌定不起诉或被认定为不构成犯罪而完全逃脱追责。

（三）犯罪治理轻缓化削弱司法威慑力

一方面，随着刑事和解程序、认罪认罚从宽制度、宽严相济等刑事政策的贯彻落实，交通肇事罪、故意伤害罪以及危险驾驶罪作出裁量不起诉的比率激增，社会矛盾趋于缓和。基于上述制度与刑事政策的要求，雁塔区检察院以不起诉将此类轻微犯罪从程序中分流出去，将司法机关的精力更多地放在案情重大、复杂的刑事案件上。这就导致相较于其他构罪的轻罪案件，危险驾驶罪的刑罚趋于轻缓化，刑罚处罚的威慑力被大大淡化。

另一方面，当今社会中部分公民仍存有“只要不被捕”事态就不严重的心态，并未对法律责任形成正确、清晰的认知。在这一错误认知影响下，伴随着我国刑罚轻缓化，危险驾驶罪涉案被告人大量被不起诉或判处罚金，易于诱发其“有钱不怕酒驾”的想法，不但会使公众丧失对法律的敬畏，也会使其放松安全自律，即使案发也不真心悔过。

三、危险驾驶犯罪治理的总体策略与路径选择

醉驾入刑是国家对交通肇事行为的理性约束和必然选择，但我们也要清楚地看到，随着机动车、驾驶人数量持续高速增长，酒驾、醉驾仍具有长期性、反复性，治理形势仍然严峻，持续整治、严格执法、广泛宣传是司法机关的职责所在，但更需要广泛凝聚社会力量，积极探索构建酒驾醉驾治理长效机制。

（一）加强普法宣传，提高公民守法意识

机动车驾驶人在醉酒的状态下驾驶机动车，很大程度上存在侥幸心理，一定程度上也与其缺乏法律意识有关。虽然“醉驾入刑”在规制醉酒驾驶机动车、维护社会安全稳定、维护法律权威等方面产生了巨大的作用，而且社会中普遍宣传“开车不喝酒，喝酒不开车”的观念，但是这些法律规定和社会观念还没有被每一个驾驶人转化为自身的自律意识。

我们认为，减少甚至杜绝醉酒型危险驾驶案件，关键还在于通过宣传教育

增强驾驶人不酒后驾车的规则意识，如充分利用社交媒体、公共传媒等的宣传和监督作用。目前，随着经济社会的发展与互联网的普及，越来越多的人都在使用抖音、快手等短视频 App 浏览视频，越来越多的官方自媒体进驻这些短视频平台，借助网络进行文化与思想的传递。一是通过微博、微信公众号、抖音、快手、今日头条等各种类型的 App，利用图文、视频等多种形式，将醉酒型危险驾驶罪的危害公之于众，使人们深刻认识到酒后驾车的危险。二是通过普法宣传栏、社区内张贴宣传海报等静态的载体进行介绍。三是通过开展法制宣传进社区（单位）、法制宣传听证等线下人员聚集的形式进行面对面介绍等等。

（二）科学适用刑罚，实现量刑规范化

根据前文数据统计可知，危险驾驶犯罪治理主要存在司法处罚较为宽缓，刑罚种类较为单一，且集中表现为对被告人判处拘役或罚金刑的问题。虽然在轻罪时代对于轻罪案件，我们要转变犯罪治理思路，提倡小而轻的刑罚体系，适用轻缓的刑罚措施，但是过于轻缓的犯罪处理，可能会降低司法的震慑力，进而与立法的教育、惩戒目的背道而驰，因此要科学适用刑罚，注重量刑的合理性，严格贯彻宽严相济刑事政策。

1. 严格落实宽严相济的刑罚政策，统一量刑标准

2021 年，最高人民法院和最高人民检察院印发了与危险驾驶罪相关的司法解释，《关于常见犯罪的量刑指导意见（试行）》和《最高人民法院关于常见犯罪的量刑指导意见（二）（试行）》相继出台。从这两个指导意见可以得到以下信息：其一，对醉酒型危险驾驶案件可以不予定罪处罚或者免予刑事处罚。其二，醉酒型危险驾驶案件在审理时须考虑多重因素。其三，对于构成醉酒型危险驾驶罪的行为人，可以在一个月至二个月拘役的幅度内确定量刑起点，在此基础上，根据被告人的危险驾驶行为等影响犯罪构成的犯罪事实，遵循罪责刑相适应原则，增加刑罚量，从而确定基准刑。

根据数据分析可知，危险驾驶罪不起诉率持续走高，涉案被告人多被判处拘役且期限较短，罚金数额也比较低，难以区分犯罪的危害程度。对此，可以对醉酒类危险驾驶犯罪确定量刑起点，同时结合个案考虑行为人的各种犯罪情节，对基准刑进行调节，借此来增强醉酒类危险驾驶案件量刑的精准化和规范化，减少产生量刑偏差，同时也能避免批量化量刑的情况。[1]

---

① 张雪琦：《醉酒型危险驾驶犯罪刑事治理问题研究》，河北大学 2022 年硕士学位论文。

2. 综合个案情况，科学适用罚金刑

依据前文统计数据可知，在危险驾驶犯罪案件中，人民法院对于被告人所判处的罚金数额较低，八成被告人需要支付的罚金数额处于 1000—10000 元之间，为解决罚金过低，对被告人惩戒、教育作用不强的问题，笔者认为在醉酒类危险驾驶案件中确定罚金刑数额时应当综合考虑各种因素。

（三）规范执法行为以提升执法质量

司法实务中交警在查处酒驾、醉驾行为时，蹲守娱乐场所附近等行为使得执法存在瑕疵。实务中，对此类醉驾案件大都持不起诉的态度，抑或在起诉时将上述情形作为减轻处罚的依据。国家逐步加大酒驾治理力度，不仅是对人民生命财产安全更负责任的做法，也是司法的进步、管理的进步。而存在瑕疵的执法方式使得认同感较低，执法效果大打折扣。为规范相关主体的执法行为，可以从以下几个方面展开：

1. 加大监督力度，对违法执法行为追究到底

首先要强化检察院主导责任，发挥检察监督功能。认罪认罚从宽制度推行后，检察官的主导责任愈加凸显。检察机关应充分履行法律监督职能，一方面要加强对“醉驾”案件侦查、审判的监督，不断延伸对醉驾型危险驾驶案件刑事拘留适用等方面的监督工作；[①] 另一方面要加强对执法人员执法行为的监督力度，坚决避免执法过程中人情、利益、绩效等外界因素的干预。

其次应加强社会和舆论的监督力度。社会舆论和媒体覆盖范围广、影响力大、传播速度快，加强各种新媒体对执法行为的监督，能够有效减少执法瑕疵。动员广大群众积极参与，保证监督渠道畅通，尊重公民的言论自由权，制止打压正常舆论的行为，拓宽反馈渠道。

最后应建立严格的事后责任追究机制。若因执法行为对公民、集体或者国家的利益造成损害的，应当按照相关法律规定予以处罚。这就要求要建立严格的责任追究机制，提高执法人员的违法成本，从制度层面规范执法行为，督促执法人员依法执法，公平、公正、透明、公开执法。

2. 多部门联动，提高执法水平

雁塔区检察院高度关注危险驾驶罪的治理问题，连续多年召开“交通类刑事案件办理专题座谈会”，进行多主体联动管控，多次与雁塔区交警大队、

① 王敏远：《“醉驾”型危险驾驶罪综合治理的实证研究——以浙江省司法实践为研究样本》，载《法学》2020 年第 3 期。

雁塔区法院就执法办案中存在的突出问题沟通交流，解决危险驾驶类案件的疑难症结。并从执法队伍建设出发，提出提高执法人员准入门槛，严格考试标准，坚决杜绝“人情”执法人员。对执法人员要进行长期、系统、全面的法律知识培训，提高执法人员的法律素养。同时注重提升执法人员职业道德水平，树立为人民服务意识，做到依法行政、合理执法。

（四）构建犯罪综合治理体系以实现共建共治共享

1. 推进社会整治，规范代驾行业

自2011年酒驾入刑与交通法规的出台，酒驾得到明显改善。从酒驾治理的角度，代驾行业契合治理理论多主体、多手段之面向，不失为完善酒驾治理体系的重要一环。但由于目前尚无完善的针对代驾行业的管理规范，代驾行业乱象丛生，纠纷不断，同时由于“黑代驾”的大量出现，为盗窃、敲诈勒索等犯罪容留空间，因此非常有必要引导和规范代驾行业。

首先，加强代驾人员的考核评选，完善代驾准入机制。一方面，应加强对代驾公司及人员的资质审核。对代驾人员的资质审核应该结合其有无醉酒驾驶犯罪记录、交通肇事逃逸犯罪记录，对符合代驾资质的人员建立代驾档案，定期考核，并将代驾公司和人员的资质在网站予以公开，让消费者放心。另一方面，完善对代驾人员的培训考核机制，将宣传教育工作落实到位，要求代驾人员必须亲自提车，禁止因网络信号差或不熟悉路况等而要求醉酒人员挪车，从源头上遏制执法瑕疵的出现。

其次，加强重点领域提示、服务义务，发挥其沟通、协调功能。据数据反映，60%的当事人是在酒店等地饮酒后发生酒驾行为的，餐饮企业作为酒驾的“主产区”，应转化为代驾的起点。作为餐饮服务合同的延伸，餐饮企业具有宣传、配套代驾服务的积极性，其在顾客与代驾行业间扮演着“桥梁”角色。建议可通过安排内部员工抑或与代驾公司合作，为消费者提供代驾服务，抑或是在醒目位置提供代驾信息、联系方式等。①

最后，推动代驾行业合法化进程，促使企业合规化运营。加强代驾行业的合法合规发展，使代驾有法可依、可责可追，依法保护代驾行业健康有序发展。特别是应加强对“黑代驾”市场的打击。代驾市场庞大，其中一些黑代驾、非法代驾拉帮结派，严重损害了正规代驾公司的合法权益。目前代驾行业还缺乏统一、规范的行业服务标准和收费标准，代驾人员的来源、从业资格、

---

① 高飞：《危险驾驶犯罪的实证研究——以上海市某区人民检察院办理的1148起案件为例》，载《上海公安高等专科学校学报》2017年第1期。

管理和培训都缺乏严格审核和管理。虽然市场有巨大的潜在需求，但人们对代驾行业的安全性、规范性、收费的合理性等问题不能完全放心，需要交通主管部门加强监管，以利于代驾行业的长远发展。①

2. 创新“非刑”治理，拓宽治理途径

应当充分发挥创新思维，找准刑事处罚与非刑事处罚的结合点，可以从两方面入手：一是为被追诉人提供可替代刑罚的社会化修复、矫正服务。二是构建多样化处遇机制，除要求相对不起诉人亲身参与公益活动外，丰富惩罚措施。

一方面，以政府购买服务等形式强化对案后行为的约束与教育。从程序上，在实务中可以增设不起诉考验期，在考验期内要求犯罪嫌疑人进行社会公益服务、接受安全驾驶教育，考察其认罪悔罪态度，以此作为不起诉决定的先决条件。② 为依法规范醉酒型危险驾驶犯罪不起诉案件办理，有效惩戒和教育拟相对不起诉人员，提升醉酒驾驶社会治理综合效果，依据相关法律、司法解释和规范性文件，结合工作实际，西安市雁塔区检察院、西安市公安局交警支队雁塔大队、西安市公安局交警支队高新大队、西安市公安局交警支队曲江大队、西安市公安局交警支队高速大队制定了《关于醉酒型危险驾驶犯罪案件拟相对不起诉人员参与社会公益服务工作意见》。在具体操作上，可由被考察人担任交通劝导员等方式提供交通志愿服务，依据血液乙醇含量、醉驾车型等情节梯度设置志愿服务时长标准，设置考察情况评价表，以积分制对服务情况进行评价，考察内容包括志愿态度、工作纪律、着装规范、志愿服务时长、工作效果等。雁塔区检察院将交警出具的评分作为案件处理的重要依据，全过程实现检警密切合作、双向监督，确保制度依法有序开展、有效落实。同时，完善醉驾案件信息通报制度，实现醉驾案件信息共享，引导社会力量参与醉驾治理，推动建立醉驾人员信用惩戒制度，多途径完善醉驾社会治理体系。③

另一方面，除让危险驾驶罪相对不起诉人提供交通志愿服务外，雁塔区检察院还不断拓展多样化的警戒机制，例如对涉案企业，可要求其利用自身企业资源，提供更多的公益性岗位，为社会作出更为长远的贡献。同时，鼓励涉案

① 高飞：《危险驾驶犯罪的实证研究——以上海市某区人民检察院办理的 1148 起案件为例》，载《上海公安高等专科学校学报》2017 年第 1 期。

② 董玉庭、张闳诏：《醉酒型危险驾驶罪量刑实证研究》，载《时代法学》2023 年第 1 期。

③ 王莉：《醉驾型危险驾驶行为治理模式的改进与优化》，载《人民检察》2022 年第 11 期。

企业设置公益性基金会，主要对标未成年人帮教工作，与高校合适成年人服务机构合作，为基金会提供流动资金，设置未成年人观护基地等，对社会做贡献。

3. 增设相应行政处罚措施，畅通行刑衔接

对于醉酒驾驶机动车在道路上行驶，因情节显著轻微不作为犯罪处理、决定不起诉或定罪免于刑事处罚的，公安机关可以依据《道路交通安全法》第 91 条第 2 款、第 4 款或第 5 款的规定对行为人作出行政处罚，具体包括约束至酒醒、吊销驾驶证、5 年或 10 年内不得重新取得驾驶证三种类型。行政处罚的种类过少，缺乏教育改造类型的处罚措施，尤其在不作为犯罪处理、决定不起诉或者定罪免处的情况下，现行规定的行政处罚措施缺乏处罚的教育作用，并且与刑事处罚缺乏衔接。

因此，可以增加行政处罚措施，如强制进行安全驾驶学习、参与交通志愿服务和一定时限的社区公益服务等措施，以及对行为人予以训诫，或者责令赔礼道歉、赔偿损失等，[①] 应充分发挥行政处罚与刑事处罚的互补作用。实践中，可考虑对以下两类醉驾行为予以行政处罚：一是情节显著轻微危害不大的；二是依法适用酌定不起诉和免于刑事处罚的。其中，前者是通过“但书”出罪后的当然要求。因为，对普通的酒驾尚需进行行政处罚，而醉驾要重于酒驾，所以，对通过“但书”出罪后的醉驾行为，更要进行行政处罚。[②] 而后者是根据刑事诉讼法的规定，对被不起诉人需要给予行政处罚的，人民检察院应当提出检察意见，移送有关主管机关处理。

4. 调动社会力量共同参与醉驾治理

在治理醉驾类危险驾驶犯罪时，要注重全方位防控，推动犯罪治理从“后端”处罚转为“前端”预防。调动全社会力量，将犯罪治理的中心下放到基层，充分发挥社区的基础治理功能。发挥社区调和矛盾的功能，通过派员巡逻、文明劝导等自治形式，将交通规则带入社区，化解醉驾犯罪风险。同时发挥社区潜在的教化规则功能。将“不饮酒后驾车”“不对驾驶员劝酒”“不出借机动车给饮酒者”“不要求或请求饮酒者开车”等内容内化并体现于当地的民风民约，实现自治、法治、德治的“三治”融合。[③]

---

① 董玉庭、张闵诏：《醉酒型危险驾驶罪量刑实证研究》，载《时代法学》2023 年第 1 期。

② 刘仁文、敦宁：《醉驾入刑五年来的效果、问题与对策》，载《法学》2016 年第 12 期。

③ 王敏远：《“醉驾”型危险驾驶罪综合治理的实证研究——以浙江省司法实践为研究样本》，载《法学》2020 年第 3 期。

第五节　交通肇事犯罪态势变化及犯罪治理

我国现行《刑法》第 133 条关于交通肇事罪的规定是对 1979 年刑法作出吸收修改后的新内容，该规定将犯罪情节具体化，提升了法定刑，并将犯罪主体规定为一般主体。2000 年最高法出台《关于审理交通肇事刑事案件具体应用法律若干问题的解释》对交通肇事罪的适用情形作出具体规定，为交通肇事案件的办理提供指导。

2020 年 9 月 22 日，最高人民法院、最高人民检察院、公安部发布《关于依法办理“碰瓷”违法犯罪案件的指导意见》第 6 条对“碰瓷”案件适用交通肇事罪作出指引性规定，即实施“碰瓷”，驾驶机动车对其他机动车进行追逐、冲撞、挤别、拦截或者突然加减速、急刹车等可能影响交通安全的行为，因而发生重大事故，致人重伤、死亡或者公私财物遭受重大损失，符合刑法第 133 条规定的，以交通肇事罪定罪处罚。随后，2021 年最高法、最高检发布的《关于常见犯罪的量刑指导意见（试行）》对交通肇事罪的不同情形规定了不同的量刑起点，交通肇事犯罪量刑更加规范化。

通过统计雁塔区人民法院 2017—2022 年交通肇事犯罪案件相关数据，分析行为人与交通肇事案件的特征，发现高发路段集中、交通设施并不完善、与被害人达成和解协议占比低等一系列问题，而针对这些问题，制定出行之有效的办法和措施对策，及时清除道路安全隐患，实现防控交通肇事犯罪的根本目的，维护社会安全稳定，对改善雁塔区的交通问题具有重要的意义。

一、交通肇事犯罪发展态势与趋势预测

交通肇事罪，是指违反道路交通管理法规，发生重大交通事故，致人重伤、死亡或者使公私财产遭受重大损失，依法被追究刑事责任的犯罪行为。每年我国都会因为超员、超载、超速、酒后驾驶、疲劳驾驶等严重违法行为而发生特重大交通事故而造成数万人死亡，因此规范交通行为，有针对性地提出预防方针尤为重要。[①] 交通肇事罪是我国刑事立法条文中具体明确规定的一种普遍存在而又具有多发性的犯罪，是一种过失犯罪。2017—2022 年，雁塔区交通肇事犯罪案件的基本情况如下。

---

① 冯金银：《交通肇事罪认定中的几个问题》，载《政法论坛》2004 年第 4 期。

（一）案发时间和地点较为集中

笔者以案发地域为统计单位，就雁塔区人民法院所受理的195起交通肇事罪进行数据抓取，可以看出交通肇事犯罪主要有两大犯罪地，分别是雁塔区外的高速公路以及雁塔区内人流量、车流量较大的街道。就雁塔辖区范围而言，交通肇事犯罪高发于丈八街道、长延堡街道、电子城街道以及等驾坡街道，发生在上述街道的交通肇事案件共计63起，占总体有效数据的31.5%。发案量主要与路况以及车流量、人流量大小相关联，上述街道人流量、车流量较大，堵车的概率较高，这导致部分驾驶人员在长时间的堵车中产生消极情绪，而不良情绪会影响到驾驶人员的专注力。另外，路况的好坏对于车辆的安全驾驶至关重要，雁塔区内上述街道交通肇事案件高发反映出这些路段道路设计可能存在一定的问题，比如道路建设不合理、布局混乱等。

在对案发地域数据进行抓取时，我们还同步调取了2017—2022年的逐年发案情况，并以2020年为时间坐标，比照疫情前三年与后三年的数据变化，发现相比较疫情前三年，疫情这三年呈现事故高发地段从雁塔区外的高速公路等向城区内转移的趋势。可见，疫情的暴发以及后续的防控措施降低了市区居民外出的意愿，致使主要的犯罪地点由市区外转向市区内，但市区内的犯罪高发地仍然较为集中。

在总体数据中随机抽取100个数据分析得出，40%（共40起）的交通肇事发生在凌晨0时到6时，30%（共30起）发生在早高峰时间段，22%（共22起）发生在晚高峰时间段，只有8%（共8起）的交通肇事发生在中午12时到18时（见图2-10）。依据数据可以看出，交通肇事案件发生时间主要集中在早、晚高峰以及夜间这些较为特殊的节点。而夜间交通肇事犯罪发案率也高达40%，这说明可能存在疲劳驾驶的问题，夜间疲劳驾驶，驾驶人员精神状态较差，驾驶的专注度也比正常状态要差，再加上夜间受制于视野、环境等因素，交通肇事的可能性要高一点。

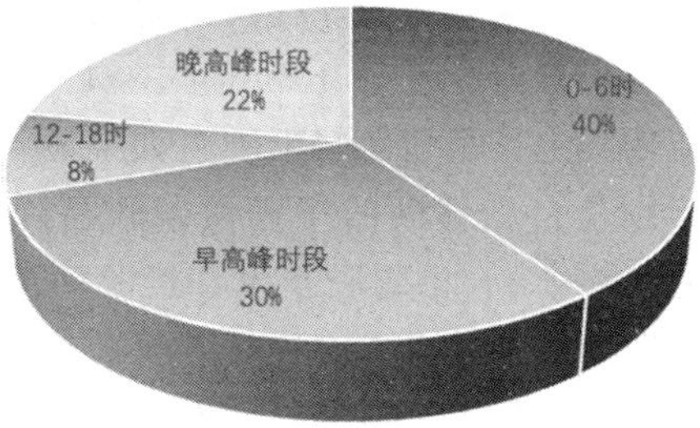

图2-10：危险驾驶罪案发时间

（二）刑事和解程序适用率较低

根据近六年的数据显示，交通肇事罪中犯罪嫌疑人与被害人达成和解协议的占14%（共27起），占总体案件数的1/10，多数情况为未提及或是未达成和解协议。达成赔偿的占13.6%（共27起），被害人谅解的占14.5%（共28起）。相比较疫情前的数据，疫情后被害人达成和解、赔偿的占比有一定变化：达成和解协议从12.7%（共25起）增长至15%（共29起）；被害人谅解从10%（共20起）增长至17.7%（共35起）；与之呈反向相关的赔偿被害人从19.8%（共39起）降到了10.7%（共21起）。

（三）刑罚处置不均衡现象凸显

根据统计，出现被害人死亡的案件数量高达170件，占85.5%。在195个案件中，被判处缓刑的案件为107件，占总量的53.8%，其中，判处1年以上2年以下缓刑的占85.1%，判处2年以上的仅有5.6%。在交通肇事罪中，犯罪嫌疑人通常在交通事故责任认定中承担主责或全责，与危险驾驶罪相比，目前并没有法律明文规定交通肇事罪的处罚中需要吊销行为人的驾驶证，这与危险驾驶罪的刑罚措施相对比并不平衡，也与造成严重后果、致使被害人死亡的案件严重情形不相适应。

（四）犯罪的主体特征较为鲜明

1. 涉案人员呈现年轻化趋势

交通肇事罪的行为人以中青年为主。年龄在18—34周岁的青年占49.2%，35—59周岁的中年占50.3%，中年人数占比略高于青年人数，这两类人群基本构成了交通肇事罪的全部年龄结构。18周岁以下的未成年人以及60周岁以上老年人极少，在近六年来的199件交通肇事罪中仅有1起案件行为人在60周岁以上，仅占0.5%。

根据数据分析可以看出，交通肇事犯罪的主要群体为18—59周岁的中青年，占到案件总数的99.5%。这主要和驾驶人员的心态有很大的关联。一般来讲，很多刚拿到驾照的年轻驾驶人，往往会有争强好胜的心理，而且年轻驾驶人员性格比较容易冲动，自控力差，开斗气车、飙车的情况屡见不鲜，做不到自觉遵守交通规则。现实中，很多年轻驾驶人如果被其他车辆超车时，往往会产生比拼的念头，特别是自己驾驶的车辆性能和品牌较好时，更容易产生“试一试”的心理，但是又因为自己驾驶技术和经验的不足，极容易引发交通事故。而一些具有一定驾龄的驾驶人，往往仗着自己技术娴熟，往往不规范驾驶，如开车不系安全带、不按规定车道通行、右侧超车等。此外，驾驶人身体状况也直接影响到驾驶安全，对于中年群体，随着年龄的增长，一些身体问题逐渐暴露出来，如高血压、心脏病等，一旦在驾驶过程中发病，交通肇事风险较高。

2. 涉案人员社会背景复杂，发案情况广泛

首先，行为人学历普遍偏低。初中学历占比最高，为16.6%，小学及以下学历占6%，高中学历占3.5%，高中以上学历仅占5%。其次，从涉案人员从事职业来看，行为人职业为在家务农、做生意的极少，职业不稳定的居多。最后，行为人有前科的为少数，占1.5%，在199份数据中，只有3份数据的行为人有前科，绝大多数行为人没有前科，占到98.5%。

依据上述数据可知，交通肇事罪的行为人社会背景较为复杂，发案涉及情况较为广泛。交通肇事罪发案与涉案人员的学历程度有关联，但是影响较小，而与其职业关联度较大，多为务工人员，这反映出很多普通公众对于交通安全方面的知识所知甚少，安全意识和自我保护意识普遍不高。

二、交通肇事犯罪治理现状及问题分析

人、车、路是构成现代道路交通的基本因素。本报告在前文分析了2017—2022年间雁塔区交通肇事犯罪的发展态势，下面拟从各个角度剖析交通肇事犯罪的特征，以期把握犯罪规律，提出有效对策。

（一）加害人与被害人的风险意识不强

人是交通肇事案件中的至关重要因素。作为加害人的驾驶员的安全意识是关键因素，其次作为被害人的行人、自行车驾驶人、电动自行车驾驶人等的安全意识不足，甚至存在一定过错，与加害人的过错交互之后极易引发事故。

1. 驾驶人员安全意识有待加强

部分驾驶人员漠视交通安全规则，缺乏自律意识，时有违章开车、超速占道、不注意避让行人、夜间行驶不降速、不注意会车安全等问题。并且，人们的驾驶行为具有模仿性和导向性，是否遵守交通规则容易受到周围驾驶人员行为的影响。比如，前方车辆不遵守通行规定时，紧跟在后面的车辆驾驶人很容易效仿，增大了事故风险。

2. 驾驶人员的负面情绪容易影响其专注力，“路怒”族出现交通肇事的比例较大

“路怒”即怀着怨愤、恼怒情绪驾驶车辆的行为。中科院心理研究所抽取900位司机开展问卷调查显示，约35%的司机承认自己属于“路怒族”，在驾车时出现过强行变更车道、强行超车、争道抢行、连续鸣笛催促前车等行

为。公安部交通管理局数据显示，因“路怒症”引发的道路交通事故呈逐年上升趋势。在不良情绪的影响下，驾驶人的专注度必然会下降，驾驶行为容易失控，乃至于违反交通规则，进而造成事故。

3. 短驾龄人员数量增多，发案风险上升

随着经济的持续发展和人民生活水平的提高，人们对机动车的消费需求不断提升。截至 2022 年 11 月，全国机动车驾驶人数量已经超过 5 亿人，机动车保有量达 4.15 亿辆。其中，汽车驾驶人员数量达到 4.63 亿人，汽车保有量达到 3.18 亿辆。据统计，目前西安市汽车保有量超 400 万辆，雁塔区作为西安市最大的核心区，经济总量较大，汽车保有量已经突破 130 万辆。伴随着机动车数量和机动车驾驶人数量的增长，大量短驾龄人员出现，给道路交通事故的发生埋下隐患。[①] 实质意义上的短驾龄人员既包括持有驾照时间较短的人员，也包括已多年持有驾照但上路次数有限的人员。此类人员在度过“新手”的紧张期后，对自身的驾驶技术和对交通规则的掌握有一定自信，警惕意识有所放松。面对驾驶中的突发状况时往往心理素质不稳定，应对经验和能力不足，发生交通事故的概率增加。

4. 受害人的安全意识通常也较为淡薄，被害人存在一定过错的比率较高

部分受害人缺乏交通安全意识和防范意识，强行横穿马路、违章骑车带人、随意占用机动车道等行为时有发生。尤其在西安大力推行“车让人”政策的大背景下，政策的良好初衷变成了车辆的无条件避让，导致行人、自行车驾驶人、电动自行车驾驶人员等的安全意识弱化，不仅将自身陷于险境，也容易导致或加剧交通堵塞，触发驾驶员的“路怒症”，受害人与加害人的共同过错交互作用下进一步推高了交通肇事的风险。

（二）交通配套设施不完备

一方面，复杂的路况为行车安全带来不小风险。雁塔区是西安的中心区域，人口密集，小学、中学较多，人流量较大，而且虽然道路宽阔，但岔道较多，许多岔道口是交通事故的主要发生地。各个地方的路面情况则更加复杂，交通设备不够完善，通行能力差，部分路段存在一定安全缺陷，给行车安全带来很大隐患。

另一方面，电子监控设备配备不到位，直接导致对交通事故多发的重点地段、危险路段的监管不强，难以及时有效处罚、教育违法行为人，客观上助长

---

① 房崇、梁国武、杨娜：《关于交通肇事案件的分析与思考——以河南省镇平县三年间的 285 起案件为例》，载《检察调研与指导》2019 年第 5 期。

了驾驶人员和行人的侥幸心理。同时，部分地点，例如车库出入口处的路标、绿植等设置不合理，导致驾驶人员在出入车库时存在视觉盲区，给事故的发生埋下隐患。

（三）刑罚处罚相对不均衡

1. 交通肇事罪缓刑适用率较高，量刑轻缓，难以体现宽严相济的刑事政策

交通肇事罪缓刑适用率较高与原刑法对缓刑的模糊性规定不无关系，在《刑法修正案（八）》之前，缓刑的适用条件是“根据犯罪分子的犯罪情节和悔罪表现，适用缓刑确实不再危害社会”，这里没有说明行为人犯罪情节的轻重和悔罪的程度，如果交通肇事后行为人具有自首、立功等法定从轻或减轻情节，同时又有积极赔偿被害人、取得被害人谅解等行为，即使有逃逸情节，宣告刑也有可能为3年以下，适用缓刑似乎成为必然。

相关数据显示，有76.4%的案件有自首情节，34.7%的案件有坦白情节，逃逸情节极少，占比为6%，这些都在一定程度上影响了交通肇事罪的量刑。受宽严相济刑事政策的影响，交通肇事罪为过失性犯罪，法益侵犯性并不大，只要行为人具有从宽情节，根据宽严相济的刑事政策，就应当“当重而轻或当轻再轻”。

法院的判决具有终局性的意义，法院对赔偿到位的交通肇事案件一律宽缓处理，这种做法虽然能快速实现案件的审结，并使交通肇事案件受害人及其家属及时获得救济，快速恢复受损的社会关系。但是从交通肇事犯罪的社会预防角度来看，这种“唯赔偿论”的做法会使得交通肇事刑事处罚的威慑力丧失，这样必然会在社会上形成“钱可赎刑”的错误观念，助长社会大众对交通规则和生命的漠视，又引发新的交通肇事案件，这样会使广大的社会公众面临越来越大的遭遇交通事故的危险。宽严相济要做到该宽的时候宽，该严的时候必须严，适当使用，慎重使用。①

2. 实体法就交通肇事罪与危险驾驶罪的处罚并不均衡

依照我国现行刑法的规定，针对交通肇事者的处罚相对较轻，一般只有在情节特别严重，且赔偿不了被害人及其家属经济损失的情况下才会处以实刑，绝大部分只要积极赔偿取得谅解，符合法定条件，大多会适用缓刑。更为重要的是，交通肇事罪与危险驾驶罪属于同类型罪名，但是法律中并未提及吊销驾驶证这一处罚措施，这使得一部分人对此存在认识误区，认为交通肇事只是轻

---

① 钟哲：《刑事政策视野下的交通犯罪研究——以交通肇事罪和危险驾驶罪为例》，载《洛阳理工学院学报（社会科学版）》2020年第1期。

罪无须受到实质性的处罚，不但对法律缺乏敬畏，也放松了安全自律。

（四）司法救济途径不畅通

从统计数据可见，被害人的经济水平多处于中等偏下，在无法取得赔偿的情况下，会使原本不富裕的家庭雪上加霜。法律明确规定因道路交通事故等民事侵权行为造成人身伤害无法通过诉讼获得赔偿，造成生活困难的，检察机关依法予以救助。但实务中司法救助途径并不畅通。

一方面，检察官较少主动启动司法救助。雁塔区检察院第五检察部有办理国家司法救助案件的职责，但因其不办理具体交通肇事案件，对案件被害人的情况很难及时掌握，特别是对符合国家司法救助条件的被害人不能第一时间提供帮助，而刑事案件具体办理检察官由于案件量大及对司法救助流程不熟悉，往往也不会主动提出救助建议，同时与社会其他救助方式的衔接不通畅更使得被害人及其家庭陷于无助。

另一方面，司法救助资金的申请条件非常严格，对于被害人或其家属具有贫困、残疾等要求，而且审批手续、流程较为复杂，存在司法救助审批周期长、资金数额较低，难以真正帮助被害人解决困境等病症。

三、交通肇事犯罪治理的总体策略与路径选择

由于社会的纷繁复杂多样，一切治理应对的措施方法均存在无效的可能，因此面对治理问题时应采取多元主体合作治理的方式，才能经得起有效性的检验，防止机会主义的危害。社会综合治理的显著特征是治理主体的多元化，治理主体不局限于政府，还包括社会组织、自治组织以及参与公共生活的公民，通过他们彼此间的分工协作、沟通配合，结成社会治理的立体型交叉网络。这种理念为交通肇事犯罪案件的治理与预防提供了多种途径。

（一）全方位树立公民规则意识

交通肇事犯罪的发生往往是由于交通安全意识不强，因此，对社会公众的交通安全教育就显得尤为重要，这也是治理交通肇事犯罪的关键因素。对此，一方面要充分发挥和整合各部门的力量，另一方面要创新宣传方式，充分利用各类资源，建立全面多元的交通安全教育体系。

1. 各部门联动，在各自职权范围内加强交通安全教育力度

首先，教育部门应当发挥源头作用，学习要“抓小抓早”，我们要推进交通安全教育工作走进校园，走进课堂，将学校打造成为开展全民交通安全教育的重要平台。由于学生在不同阶段认知水平不同，因此教育部应当与学校沟通，设置阶梯式的交通安全课程，将交通规则引入课堂，并采取课内课外相结

合的方式，在课堂上为学生讲述理论知识，在课堂外创新教学方式，在把控风险的前提下，带领学生到现场开展教学。

其次，交警车管部门应强化驾驶考核机制。在我国，在驾校学习、通过驾校考试是驾车上路的前置程序，而驾校也是驾驶人员学习驾驶技能的唯一场所，因此各级车管部门在设置驾驶人培训项目时，应要求驾校在培训时加入复杂路况的培训，比如冰雪路行车、隧道路段行车、夜间行车的培训。交警车管部门还要从初始阶段培养驾照申请人的安全意识。除了知识与技能培训之外，依据前面数据统计，驾驶人员的情绪，也是造成交通肇事的原因之一，因此交警车管部门还应当对驾照申请人的性格以及驾驶适应性进行检查，对于那些存在重大心理缺陷、性格极度偏执的学员，尽可能通过科学的筛选方式，将其排除，严把驾驶人员的门。

2. 创新宣传手段，充分利用社会资源

在教育宣传方面，各有关部门应合力运用全方位的综合宣传平台，从报刊、车载广播、电视等传统宣传方式到微博、微信等新兴媒体，实现宣传手段的多元化、宣传范围的广泛化、宣传效果的可视化，增强全体民众交通安全意识。①

对此，雁塔区人民检察院调动各类资源，向公众进行普法宣传，例如通过典型案例上网的形式，将部分交通肇事案件传上网，供社会公众查阅，以案释法，进行普法教育活动；抑或是鼓励检察官与各大高校合作，通过排练情景剧等方式，走进社区、走进学校开展模拟法庭、庭审观摩活动，生动宣传交通规则，呼吁更多公众主动学习交通规则，遵守交通规则。

除此之外，还可以向重点领域、针对重点人群开展宣传活动，例如可以对外卖员、摩托车驾驶员等进行重点普法。相较于普通汽车，摩托车的防护措施较为简陋，且由于车型小巧，驾驶员在上路时往往车速很快，极易造成事故。而这类群体往往对交通安全知识、规则等知之甚少，应当列为重点宣传对象。

3. 广泛听取意见，提高规则的科学性

雁塔区交通肇事发案率高的原因之一是交通规则合理性有待提升，且不同行政区之间的交通规则不一致，存在冲突。针对这一问题，可以从立法源头出发，构建共建、共治、共享的机制，在制定交通规则时注入多方智慧，调动全社会的力量，面向广大群众广泛收集意见。在实践中，制定规则的毕竟只是小

---

① 上海市高级人民法院发展研究中心、上海司法智库学会：《关于上海涉交通肇事案件大数据分析》，载《信访与社会矛盾问题研究》2019 年第 3 期。

部分群体，其具有社会大众所不具备的专业知识，但社会大众作为社会中的一分子，其对于交通规则的适用更有发言权。因此在立法层面，有关部门在制定交通规则时，可以在官网上开放民意沟通平台，拓宽社会大众发表意见的渠道，群策群力，提高交通规则的科学性、合理性。

（二）多主体联动改善驾驶环境

交通秩序是由我国道路交通行政机关管理的一项行政事务，受国家行政法规的调整，对一般违反交通法规的行为，由道路交通行政管理机关依照行政法规作出行政认定与处罚。① 面对目前交通设施不够完备、驾驶状况混乱等问题，应当联合其他相关机关与社会公众，共同治理。

1. 多部门联合，强化综合治理模式

通过对交通安全隐患开展“大调查、大清理、大整改”专项行动，按照以事故防事故、以打促防的工作模式，公安、政府、路政管理、安全监督等多个部门联合实施重点路段综合管理，采取多种措施消除交通安全隐患。及时排查、发现和整改电子监控不完备的复杂路段、监控死角以及道路交通安全管理中存在的隐患，有针对性地采取相关措施。例如，联合交警大队、市政单位等相关主体，对设计不合理的路段进行改造，在事故多发路段增设警示标志和防护标杆，在交通流量较大路段、情况复杂路段、视线不良位置配备电子监控、设置信号灯、警示标志，必要时增加防护栏、减速带、减速震荡线等安全措施或者增强执勤力量等。②

此外，为了防止涉及车辆和道路的案件发生，建设一个预防和控制治安巡逻的“铁桶工程”，由公安机关牵头，在雁塔区重点道路重点路段建设新型智能化卡口，具有车辆监控、人脸识别等功能，使其成为巡逻、防控、侦查破案、维护秩序、事故预防的前沿阵地，这在其他工作中也将发挥重要作用。

2. 加大查处力度，优化行车环境

最大限度预防事故发生，规范行人道路行为，禁止闯红灯、随意横穿马路；加大对非机动车载人、占用机动车道的监管；强化对摩托车、轿车乱停乱放、随意调头、任性超车、不按规定变更车道的打击力度。严控各个重点时段的执勤秩序，保证在节假日、休息时段交警的管事率。从近年来交通事故的成因分析，多数交通事故与违反交通法律法规有关，因此，公安交警要加大对上路车辆的查处力度，处罚到位并常抓不懈，切实优化行车环境，减少事故的

① 张卫彬、叶兰君：《交通肇事罪中的责任认定》，载《法学》2012 年第 11 期。

② 蔡仙：《反思交通肇事罪认定的结果责任》，载《政治与法律》2016 年第 11 期。

发生。

（三）丰富刑罚措施提高科学性

与其他刑事犯罪相比，交通肇事罪的刑事和解更有普遍性和特殊性，究其原因有三：一是交通肇事被告人的主观心态绝大多数是过失，能够主动悔过和理解被害人的感受，也容易落实到赔礼道歉和金钱补偿的行动上；二是交通事故发生后，被害人更需要的是精神安慰和金钱补偿，而非对肇事者给予刑法处罚；三是交通肇事罪数量较大，更贴近生活，如果加大刑事和解的应用，对社会产生的正能量也是巨大的。

1. 明确交通肇事罪刑事和解的条件

明确规范交通肇事罪刑事和解的程序，建立交通肇事罪刑事和解的监督机制，充分发挥检察机关的监督职能，建立刑事和解听证制度等。同时，刑事和解还应当受到检察机关的法律监督，检察机关要切实履行法律监督职责。如公安交通管理部门在主持刑事和解时，检察机关应当实施监督；案件移送起诉后，对全案进行审查，符合刑事和解条件的，依法不起诉；在公开审查中听取当事人、办案机关和相关部门的意见；在审判阶段，检察机关应参与监督调解协议及协议履行情况的审查，切实发挥检察机关在刑事和解中的监督作用。

2. 探索尝试赔偿保证金制度，最大程度保障交通肇事案件被害人权益

对于交通肇事刑事和解后当事人反悔的，在公安机关或者人民检察院履行职责后仍无法结案的情况下，可以启动交通事故社会救助基金进行弥补，给予受害方适当的经济补偿。赔偿保证金数额确定的程序可以采取听证模式，由司法机关邀请具有资质的鉴定人员、专家咨询委员、人大代表、辩护人等进行公开论证，确定相对科学、合理的赔偿保证金数额范围。犯罪嫌疑人可以在这一范围内根据自身悔罪程度和经济状况选择能够承受的数额缴纳。确定金额的方式需要兼顾科学性、灵活性和程序正当性，从而保证这项制度的正确实施。

对此，雁塔区人民检察院正在探索建立“赔偿保证金预存制度”，对于轻伤害案件、交通肇事案件所遇到的少数被害人“漫天要价”及缠访闹访等严重影响审查逮捕、审查起诉工作的情况，引导犯罪嫌疑人缴存适当的赔偿保证金，视为认罪认罚真实意愿的表示，不影响对其适用相对从宽的处理决定。

（四）建立多元化涉罪司法救助机制

司法救助是由司法机关代表国家对遭受犯罪行为侵害的不幸者给予适当的救助，使其能够顺利渡过难关，体现了国家对生活面临急迫困难群众的人文关

怀，其并非国家赔偿、国家补偿，具有辅助性特征。[①] 针对近年来被害人因道路交通事故造成人身损害，无法经过诉讼获得赔偿造成生活困难的情况，雁塔区检察院正在探索“主动发现线索、主动告知申请、主动调查核实”的办案模式，不断拓宽司法救助案源，积极调整司法救助工作思路。由第五检察部牵头制定文件规范司法救助线索挖掘，其他部门积极配合，多措并举开展司法救助工作，进一步加大涉案特殊人群等重点救助对象的司法救助案件办理力度，形成多元化司法救助模式。

应当注意的是，交通肇事的发生往往伴随着双方的人身损害，尤其是严重的交通肇事事件，不仅受害者需要大量的医疗费用和其他损害赔偿，若肇事者本身因就医也担负着高昂的医药费用，受害者将陷入赔偿不能的困境。此时，就可以发挥社会救助的功能，通过类似“经济杠杆”的正面引导作用，设立道路交通事故社会救助基金，解决没有投保交强险的机动车致人损害以及肇事者逃逸又无法查明等情况下受害人的保护问题。[②] 江苏省道路交通事故社会救助基金运转良好，成效明显，最大限度发挥了“应垫尽垫、应救尽救、应追尽追”救助功能。可以借鉴这一成功经验，即采用政府购买服务模式，由雁塔区人民政府牵头，成立救助基金协调小组，协调小组内含雁塔区财政局、雁塔区公安局、雁塔区金融办、雁塔区人民法院、雁塔区人民检察院等部门，并由协调小组聘请保险公司作为救助基金管理人，每三年签订一次购买服务合同。在合作机制框架下，双方共同制定配套制度，明确各自责任，细化操作流程，实现救助基金有序高效运营，形成“集中统筹，协调联动”齐抓共管的格局。

交通类犯罪的治理是一个长期而复杂的工程，应当与社会经济、政治的发展相适宜，解决上述问题不能一蹴而就，需要反复的论证和实践才能趋于完善。我国交通类犯罪问题之所以频发，很大程度上是由于长期以来对治理工作的重视不够，加之相关的治理对策也不完善。本报告立足于实务，以实际问题为导向，以现有理论作为参考，综合梳理出一些行之有效的治理对策，以期研究成果能够为实际所运用。

---

① 何君、秦新举：《国家司法救助目的论》，载《法律适用》2019 年第 13 期。

② 何君、秦新举：《国家司法救助目的论》，载《法律适用》2019 年第 13 期。

第三章　重大刑事犯罪态势变化及犯罪治理

第一节　暴力犯罪态势变化及犯罪治理

我国刑法在危害国家安全罪、危害公共安全罪、侵犯公民人身权利、民主权利罪、侵犯财产罪、妨害社会管理秩序罪、危害国防利益罪这六类犯罪中均规定了暴力犯罪。其中，故意杀人、抢劫、强奸、绑架、放火、爆炸等常见严重暴力犯罪在近几年，尤其是在新冠肺炎疫情期间总体呈现持续下降趋势，但在新冠肺炎疫情影响下，也出现了由于新冠感染、下岗失业、就业困难、减薪欠薪、经济纠纷、生产生活压力、家庭矛盾纠纷等原因所引起的个人极端暴力事件、冲突犯罪、家庭暴力等暴力犯罪的反弹。暴力犯罪作为具有严重人身侵害性和社会危害性的犯罪类型，一直是政法机关重点打击、治理的重要社会问题。雁塔区检察院在办理暴力犯罪案件中，依法能动履职，运用“检察+网络”工作机制，致力于开展暴力犯罪专项治理。

一、暴力犯罪发展态势与趋势预测

2019年全国公安机关刑事案件立案数持续下降，严重暴力犯罪案件连续减少，社会治安形势持续向好。2020年新冠肺炎疫情的暴发和蔓延改变了社会运行的正常轨道，犯罪现象也发生了前所未有的变化。疫情蔓延期间犯罪数量大幅减少，但是与疫情防控相关的犯罪行为有所增加。暴力犯罪给被害人的身心造成巨大伤害，严重扰乱社会生活。最新调查显示，现阶段遏制恶性暴力犯罪的有效措施仍有待完善，引起社会广泛关注的惨案时有发生，给民众的生活带来了极大的不安定感，为社会治安埋下严重隐患。基于上述背景，本调查报告以雁塔区检察院办理的暴力犯罪案件刑事判决书为基础，研究分析当前暴力犯罪总体特点及规律。

（一）总体特点

1. 案件起因和动机多源于普通生活纠纷

暴力犯罪行为的发生具有突发性，潜在犯罪人员隐蔽性较强，偏向于熟人作案。

故意伤害罪是案发数量最多、案件行为模式最为典型的暴力犯罪。大部分故意伤害犯罪案件的发展过程为："因经济纠纷而发生厮打""因劳动纠纷而发生厮打""邻里纠纷发生争吵进而厮打""因就餐过程中与别人发生口角而发生肢体冲突""因琐事争吵继而相互厮打"等。由此可见，暴力犯罪的起因大多源于普通的生活纠纷，即由日常生活中交往受挫而引发，熟人作案情况频发。在现实生活中，人际交往冲突有一部分属于长期矛盾积怨所致，主导犯罪发生的不满情绪得不到有效缓解，这种不满情绪持续积累，在特定事件的催化下急剧"爆发"，最终导致极端犯罪。促使行为人犯罪的导火索往往具有偶然性和不确定性、不可预料性，许多是因遇到突发矛盾纠纷暂时失去理智导致情绪冲动而瞬时爆发，其行为具有临场性，没有预谋，就地取材或利用手中的工具，随机发起攻击，因而导致暴力犯罪行为的发生具有临时性和突发性。

2. 作案方式简单、直接

总体而言，收集的数据显示，暴力犯罪作案工具简单易得，作案地点分散多元，个人极端暴力案件极少。

在作案工具上，大部分故意伤害案件的犯罪人都使用简单易得的作案工具。有记录作案工具并经人民法院生效判决的465件故意伤害案中，以"刀"作为关键词进行检索，共有156件案件的作案工具中提及刀具，包括但不限于菜刀、砍刀、弹簧刀、水果刀、折叠刀等各种生活中随处可见的刀具，占比高达33.55%；使用啤酒瓶作为作案工具的案件共27件，占5.8%；使用棍棒作为作案工具的案件共58件，占12.47%；使用拳头等身体部位直接殴打被害人引发故意伤害罪的案件共42件，占9.03%。在有记录作案工具并经人民法院生效判决的318件抢劫罪案件中，共有160件案件的作案工具中提及刀具，占50.31%；使用电棍、甩棍等棍棒作为作案工具的案件共42件，占13.21%。从故意伤害案、抢劫案这两种典型暴力犯罪的作案工具中可以看出，行为人在实施犯罪时的作案工具简单且随手可得，这也是由于暴力犯罪案件起因和动机多源于普通生活纠纷，暴力犯罪行为发生具有突发性导致的，案件的突发性决定了行为人在使用作案工具时的简单易得。

犯罪人的行为模式简单、直接。故意伤害案中行为人的行为模式大多为由于纠纷或者口角引发厮打，随即行为人使用唾手可得的作案工具将被害人打伤引发故意伤害案。犯罪人仇视社会、源于发泄私愤的报复性个人极端暴力伤害极少。在抢劫案中，行为人的行为模式多为以非法占有他人财物为目的，持刀劫取他人财物或者以暴力相威胁劫取他人财物。

暴力犯罪的突发性导致犯罪地点较为多元。以典型的故意伤害罪为例，故意伤害案通常由当事人双方的纠纷或者口角所引发，因此案件的发生地点多集中于餐馆、酒吧、KTV、停车场等随处可见的场所，这些场所基数较大，遍布各地，且人员流动性极强。

3. 犯罪主体无组织性，具有复杂性与流动性

此类案件的犯罪人是基于个人目的以个体形式实施作案，极少存在犯罪组织幕后策划、指使，一般不会结伙作案。犯意的产生、犯罪工具的准备、犯罪着手以及犯罪的实施主要都由犯罪人自身个体来完成。即使在暴力犯罪案件中出现共犯，也只是一般意义上的共同犯罪，而非“有组织的犯罪”。

暴力犯罪案件的实施主体通常是个人，行为人作案过程都是单独完成，作案过程迅速，持续时间短暂，具有作案时间、地点的不确定性，规律性不明显。犯罪地点多为餐馆、酒吧、KTV、停车场等随处可见的人员密集场所，这些场所基数较大，且人员流动性极强，行为人涉及多个社会阶层，身份具有复杂性。

4. 罪犯文化程度总体不高

一方面，低学历群体对于事物认知和判断的水平相对有限，不能正确全面了解自己的行为性质以及有关政策法规；另一方面，这类群体的法律意识较为淡薄，经常以自己的主观性判断作为自身行事的依据，无法充分认知自身行为的违法性和可能导致的严重后果。经统计分析，疫情发生前三年（2017—2019 年）和后三年（2020—2022 年），实施暴力犯罪的罪犯人文化程度为小学学历的占比分别为 16.98% 和 7.41%，初中学历的占比分别为 43.4% 和 46.3%，高中学历的占比分别为 18.87% 和 22.22%。

在涉案人从事的职业方面，以农民、务工人员以及无固定职业为主，这类人群在前期学业就业投入的不足以及有利社会职业和地位的缺失的情况下，更容易做出“犯罪收益大于犯罪损失”的选择，加之疫情对社会经济的较大影响，就业形势更为严峻，因而农民和无固定职业人员的犯罪数增多。

（二）规律分析

以雁塔区检察院录入系统暴力犯罪案件（已判决）为样本，疫情发生前三年案发 399 件，疫情发生后三年案发 136 件（因疫情原因，案件侦办、强制措施实施、审理程序等受到影响，该数字无法反映实际案发情况）。

当前，我国经济社会发展面临着前所未有的风险挑战。随着全国疫情政策逐步放开、社会生产生活的持续恢复和强劲发展，2023 年后暴力犯罪形势预计会呈现与经济形势正相关的趋势，因而短期内暴力犯罪数量将回升甚至可能保持高发态势。

个人极端暴力犯罪行为或有抬头迹象。在全国命案数量持续下降的情况下，易肇事肇祸人员的极端暴力行为、因矛盾纠纷引发的极端报复行为、“社会归因缺陷”极端心理人员的泄愤或报复社会行为等成为严重影响社会稳定和群众安全感的主要因素。疫情导致的各类不稳定因素与既存的社会矛盾问题交织叠加，社会安全领域风险积聚，社会治安防控形势复杂，与疫情、疫情防控相关的社会问题——“疫后综合症”会逐步显现，违法犯罪问题作为疫情引起的主要次生社会问题之一，应引起社会的关注。

二、暴力犯罪治理现状及问题分析

现今社会的暴力犯罪时有发生，影响人民的人身、财产安全，给公众的日常生活造成很大困扰。尽管各部门实施了多项举措，致力于遏制暴力犯罪，也在一定程度上缓解了暴力犯罪问题。但近年来，暴力犯罪依旧是一个亟待解决的社会问题。要找到行之有效的方法遏制暴力犯罪，首先要分析暴力犯罪的成因。

（一）社会矛盾凸显，利益诉求表达渠道不畅通

改革开放以来，我国进入一个急剧变化的社会转型期，经济体制深刻变革，社会结构深刻变动，利益格局深刻调整，思想观念深刻变化；同时，还存在社会建设不足、城乡分化、统筹级别不高、地区差异巨大等突出问题，社会矛盾纠纷不可避免呈现高发态势。当前我国正处于改革攻坚期，在经济稳中向好、社会总体稳定的同时，各种风险挑战也不断显现，主要矛盾已发生转变，经济贫富差距悬殊、利益分配不均依然存在。特别是疫情出现后，社会矛盾凸显，各类利益诉求、矛盾纠纷增长。犯罪作为社会关系的极端表现，亦隐含着突出的社会矛盾。

个别地区、基层组织以及部门对于维权的呼声重视不够，矛盾纠纷无法彻底化解，群众维权难，处处碰壁，预期效果无法达成。当他们的合法权益遭到侵害且维权渠道不畅时，小矛盾、小纠纷不断积累引发从量变到质变的转变，造成巨大的隐患。相对于人民日益增长的利益诉求和对公平正义的期待，少数基层组织对群众矛盾纠纷反应迟滞，矛盾化解乏力，甚至拖拉推诿，存在偏重群体性纠纷、社会面矛盾纠纷，对于婚恋纠纷、家庭纠纷、邻里纠纷等个体

性、小众性及隐性矛盾纠纷重视不够，矛盾排查化解工作走形式、走过场，致使大量本来能及时发现并化解的小矛盾、小纠纷积累激化成大矛盾、大隐患，少数极端者在诉求得不到有效回应时往往诉诸犯罪、加害无辜。

（二）特殊人员管控存在漏洞，弱势群体帮扶政策匮乏

就特殊人员类型来看主要包括：婚恋变故心态扭曲者、原发性心理障碍暴力倾向人群、意欲自杀人群、过激讨薪和工残索赔人群、依法强征强拆依然强烈抵制的人群。以上所述的特殊人员不是必然会实施暴力犯罪行为，但若受到外界的足够刺激就可能引发严重后果。对于进城务工人员、农民和城市边缘人群这类弱势群体，大都存在经济贫困、无稳定职业、亲友支持度低、被社会漠视的生存状态、情感受挫、精神心理障碍等多种或全部的负面因素。当个体不能实现经济、地位等目标，失去物质财富以及遭受家人、朋友等消极对待而又缺乏社会对于弱势群体的帮助和扶持政策时，会产生强烈的消极情绪，进而演化为犯罪。

加强对产生违法犯罪源头因素或潜在风险的大数据分析研判和预测预警，是防范化解社会安全风险的第一道防线，是防风险、保安全、护稳定各项工作的基础。对于特殊人员及弱势群体可能波及的违法犯罪和社会稳定问题以及社区和家庭矛盾纠纷及时监测、排查和化解，避免因人际冲突、经济纠纷、家庭矛盾等引起的暴力犯罪的犯罪风险源头监管缺失，导致暴力犯罪预防和处置难度进一步提升。

近年来，中国社会治安整体防控水平能力明显提升，但一些公共场所、公共设施以及学校、车站、机场等一些重点单位的安全防范措施还存在诸多薄弱环节，安全制度不落实，防范措施跟不上，监管责任不到位，客观上为犯罪嫌疑人实施作案提供了条件。总的来说，政府部门、社会组织、重点行业、区域之间防控暴力犯罪的合力不够，综合治理的能量未能充分展示出来，市域社会治理的理论优势未能充分发挥，暴力犯罪防控的后劲明显不足。

三、暴力犯罪治理的总体策略与路径选择

社会转型是社会结构、社会体制、经济发展等方面全方位的转型，由此带来一系列社会矛盾，暴力犯罪随之增多。社会转型时期暴力犯罪的发生具有多方面原因，既有犯罪人对挫折的错误认知、对他人或社会的积怨情绪等主观原因，又有当前社会管理中存在的问题和不足，如法治与个人权利保障机制不健全、社会贫富差距大等客观原因。暴力犯罪的危害性及其发案特点决定了预防这类犯罪的艰难性和必要性。由于目前刑罚对暴力犯罪的威慑效应有限，加之

刑罚自身的局限性和滞后性，给防治此类犯罪提出了新的挑战。在转型时期，需要社会全面参与，多管齐下，共同治理。

（一）完善社会保障机制，构建社会矛盾综合治理机制

1. 完善社会救助制度

相关部门应当紧密联系群众，扎根到群众的生活中去，通过亲自走访调查、鼓励群众提供情况并予以核实等方式，切实了解社会低收入人群以及困难人群的实际生活处境和所面临的最大困难，再针对其具体情况提供相应的社会救助，如医疗救助、教育救助、住房救助、生活救助等。及时发现并最大限度解决社会低收入人群以及困难人群所面临的实际问题，可以化解可能因为贫困、被忽视、被边缘化所带来的矛盾，进而提升民众的安全感和幸福感。建立社会帮扶机制，大力发展经济，积极促进就业。政府通过政策引导、直接购买等方式来鼓励社会组织为待业人员提供专业的就业培训和就业指导。努力构筑融物质帮扶、思想引导与心理救助为一体的社会支持网络，使社会边缘人群摆脱被抛弃感、无助感，从而融入主流社会。

2. 全方位排查矛盾纠纷隐患，坚持和发展新时代“枫桥经验”

对于婚恋纠纷、家庭纠纷、邻里纠纷等个体性、小众性及隐性矛盾的排查与化解能力薄弱，基层组织矛盾发现能力不足，亟须总结隐性矛盾的排查工作方法，畅通矛盾纠纷多元化解渠道。一是针对家庭、情感纠纷以及个人矛盾纠纷，需要建立健全基层民间矛盾调处组织，社区、居委会、村委会等单位承担起发现个人纠纷和处理职责，对基层矛盾纠纷进行深入排查，做到及时排查、及时干预、及时调解。二是对于在单位发生的矛盾纠纷，相关领导要负起监督调解职责，积极调解，缓和员工关系。三是对于基层群众合法权益遭受侵害投诉无门，屡次上访未果，利益诉求渠道不畅的，政府相关部门应加大沟通协调，疏通利益诉求表达通道，整治基层单位“不作为、慢作为”的情况。四是完善底层人员社会保障制度，帮助他们解决民生问题，逐渐化解、消除社会矛盾与社会不稳定因素，减少暴力犯罪的发生。

雁塔区检察院与区委社会治理办联合出台《雁塔区检察业务与社会治理融合试点工作实施方案》，合作推动检察业务与社会治理融合发展工作，雁塔区检察院8个内设机构精准对接8个街办综治网格中心，建立信息共享、线索移送、舆情通报等工作制度，把法律监督的触角向前端移、向基层延，对工作中发现的法律监督、公益诉讼、司法救助案件线索及时调查办理，第一时间回复群众诉求，真正推动诉源治理。

3. 整合社会资源，重塑诉讼格局

面对人民群众日益增长的纠纷解决需求，2019 年初，最高人民法院创造性地提出一站式多元解决纠纷的工作模式，源头防控、多元解纷社会治理理念的提出，回应了新时代我国社会主要矛盾变化的现实需求。坚持把非诉讼纠纷解决机制挺在前面，把诉讼作为纠纷解决最后防线，加快构建衔接顺畅、协调有序的多元化纠纷解决体系成为新时代政法改革的重要内容之一。形成“遇事找法、解决问题用法、化解矛盾靠法”的法治思维，并不意味着任何纠纷都要“打官司”，而是应当激发社会自治、自主、能动力量，畅通诉讼外解决纠纷的渠道，为当事人提供更便捷、更高效、低成本、跨地域的多元解纷方式，保障人民群众在解纷方式上的参与权和选择权。推动更多法治力量向引导和疏导端用力，加强矛盾纠纷源头预防、前端化解、关口把控，完善预防性法律制度。

检察机关应主动关口前移，积极参与矛盾纠纷化解。充分发挥乡镇检察室的作用，形成“设置一点，管辖一片”的布局，与村委会、派出所实行联动，及时关注、关心舆情民意，建立敏感突发事件的预警机制和应急机制，将各类隐患消除于萌芽状态，防止纠纷转化为刑事案件甚至大规模群体性暴力事件。积极参与基层调解，化解矛盾纠纷，引导双方当事人通过法律途径解决问题，使矛盾纠纷在“升级”前得到及时化解，降低“民转刑”案件的概率。

（二）构建数据化管控体系，加强重点人员、重点地区管控

1. 运用大数据信息技术，构建数据化管控体系，消除突发性暴力犯罪在先期预防、中期研判以及现场处置的滞后性

基于暴力犯罪的突发性、偶然性特征，无论在先期预防、中期研判还是现场处置等方面都存在滞后性。对此，警务信息化、数据化建设为改变公安机关应对暴力犯罪的被动局势提供了有效路径。依托警务大数据平台对风险信息进行收集整合，构建多层次、全方位的社会治安防控网络。运用大数据对重点家庭及潜在犯罪人员进行监控，发现苗头及时上报社区民警，完善以公安机关为核心力量，社区居民、治安志愿者、保安等为辅助力量的社会安全预警系统。

2. 加强重点人员管控措施，实现动态管控与对比分析相结合，及时发现犯罪动向，做好超前预警工作

重点关注社会上生活失意、家庭失和、情绪失控、行为失常、务工失业等经历生活挫折较大的人员，并将他们的个人信息纳入数据库，加强数据整合，实现信息一键共享，对其中失意情节严重、债务缠身、婚恋受挫、内心封闭等人员进行动态管控，尤其要加强对具有暴力倾向的精神病人以及具有吸毒

等前科人员肇事肇祸的服务管理工作。利用大数据技术对重点人群进行分类分级管控，搭建重点人群分类分级管控平台，切实做到立体防控，以发现犯罪线索和动向，做好超前预警，提高对犯罪的态势感知。

3. 加强重点场所管控，构建并普及社区网格化管理模式

重点关注学校、医院、KTV、停车场、酒吧等暴力犯罪频发场所，普及建设社区网格化管理平台。社区网格化管理平台是以居民需求为服务导向，通过数字化的方式，整合社区居民的基础数据，并依托对基础数据的研判和与社区居民的互动，及时了解和掌握社区居民的诉求、社会问题以及不稳定因素。同时有针对性地对特定人群，如长期失业人员、长期非正常上访人员、家庭突遭重大挫折的人员、吸毒人员、精神病患者、有前科劣迹的人员等进行预防控制和监督管理，必要时，可提供相应的心理疏导以及医疗救助。

4. 加强法制宣传，增强公众法律意识

法律意识薄弱是导致暴力犯罪频发的重要因素，而部分受害人安全意识不强，则给犯罪留下可乘之机。除了在法定宣传日进行法律和相关的安全知识宣传外，要使宣传教育常态化，进学校、进村镇、进社区，不断扩大法制宣传教育重点区域、高危人群的覆盖率。通过微信、网络视频、广播、电视、讲座等方式宣传法律知识，讲述典型案例，教育和引导人民群众自觉学法、守法、用法，提高安全意识，强化防范措施，降低暴力犯罪发生率。

（三）检察机关积极作为，主动参与社会综合治理

1. 积极参与社会治安综合治理，助力“打、防、管、控”一体化

有效防范和打击暴力犯罪行为，需要加强各部门之间的协作，明确规定各部门的权力和义务，杜绝部门间推诿扯皮的现象。公安机关、人民检察院、人民法院应当明确各自职责，高效协作与配合，检察院对公安机关办理的个别极端暴力案件提前介入，依法快捕快诉，法院在审理期限内仔细、快速审理案件，及时做出合法合理的判决、裁定，使犯罪分子得到应有的法律制裁。提高基层干部准入门槛，引导干部牢固树立“执政为民”的思想理念，鼓励干部贯彻“群众路线”的根本工作方针，深入人民群众中去，关心人民群众生活，及时解决人民群众的问题。

检察机关认真落实检察环节综合治理的各项措施，配合有关部门加强对高危人群、复杂场所、重点区域的“打、防、管、控”，促进社会治安防控体系建设。对于社会上长期存在的毒瘤，重拳出击，严厉打击，最大限度促进社会和谐。坚持宽严相济，对在案发后积极赔偿被害人且认罪、悔罪态度较好，在取得被害人谅解后，依法从宽处理；对作案手段残忍、社会影响恶劣的案件，

依法严厉打击，快捕快诉，尽快平息群众的不满、恐慌情绪。

雁塔区检察院严格落实宽严相济刑事政策。对初犯、偶犯、未成年人犯罪等情节较轻、社会危害不大、悔罪表现较好的犯罪嫌疑人，落实宽缓刑事政策，聘请专业调解员积极促成刑事和解，融法理情于执法办案全过程，宽严有据，罚当其罪。

2. 切实加强法律监督，规范量刑确保打击效果

一方面，检察机关要用好量刑建议权，根据暴力犯罪的事实、性质、情节及犯罪人的人身危险性等，向审判机关提出是否适用缓刑的量刑建议。另一方面，要在强化审判监督的基础上，对于量刑偏轻，达不到抗诉条件的轻缓刑案件，加强与法院的沟通联系，通过联席会议统一暴力犯罪认定标准和缓刑适用条件，建立暴力犯罪人人格调查制度，以准确评估和预测再犯罪风险，降低不当缓刑比率，强化暴力犯罪打击和震慑力度。

雁塔区检察院坚持强化监督与化解矛盾并重，2022 年受理各类民事监督案件 66 件，发出检察建议 64 件，3 件民事再审检察建议均被法院采纳。开展民事检察支持起诉工作，联合区妇联出台《关于开展民事支持起诉工作实施意见》，办理 2 件涉妇女儿童民事支持起诉案件，与区法院等单位合力共筑弱势群体“保护墙”。

第二节　毒品犯罪态势变化及犯罪治理

毒品犯罪是经济社会健康发展的毒瘤，必须依法予以严厉打击。一直以来，禁毒工作事关国家安危、民族兴衰、人民福祉，厉行禁毒是党和国家的一贯主张。近年来，雁塔区检察院忠实履行检察职能，严厉打击毒品犯罪，为法治建设提供了坚实司法保障，禁毒工作取得明显成效。但是毒品犯罪随着社会发展和科技进步也衍生出了新的犯罪方式和犯罪手段，为进一步打击毒品犯罪，雁塔区检察院对 2017—2022 年度全区毒品犯罪情况进行了专题调研，结合对雁塔区毒品犯罪现状的充分调研，并与办案检察官直接对话，旨在通过研究当前毒品犯罪态势和毒品犯罪出现的新问题，剖析其原因，研究毒品犯罪治理形势，为减少涉毒人员重新犯罪提供相应的对策和建议。

一、毒品犯罪发展态势与趋势预测

自 20 世纪 80 年代末期，伴随着改革开放的浪潮，毒品及其引发的犯罪问

题迅速蔓延，这也大大刺激了毒品市场，使得毒品体量迅速增长。当前，由于雁塔区属于西安核心区域，经济发展环境优越，人口流动性大，毒品犯罪问题也日益明显化，且不断呈现出新特点。综合2017—2022年雁塔区人民法院审理的毒品犯罪案件基本情况，结合各年度毒品犯罪案件数据，本报告从几大角度分析六年来雁塔辖区内毒品犯罪案件的特征趋势。

（一）疫情期间毒品犯罪呈现下降趋势

本研究以新冠疫情对犯罪行为的影响为视角，对2014—2022年雁塔区检察院办理的毒品犯罪案件进行系统分析，故以2020年1月1日为分界线，2014—2019年在下文中统概为“疫情前”，2020—2022年则统概为“疫情后”。

以案件数量为基准，共333个作出有罪判决的案件；以行为数量为基准，共576个犯罪行为。考虑到本次数据分析重点考察疫情对犯罪行为的影响，故以576个犯罪行为为基础数据，以333份的案件数量为辅助进行分析。2014—2022年毒品犯罪数量变化如图3-1所示：

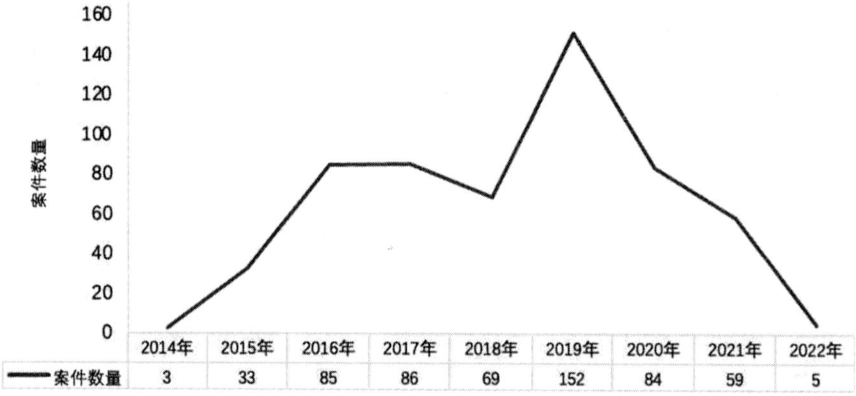

图3-1：2014—2022年雁塔区检察院起诉毒品类犯罪行为数量变化

以雁塔区人民法院有罪判决为前提，各类毒品犯罪数量如下：

表3-1

发案数	总数	贩卖毒品罪	运输毒品罪	贩卖、运输毒品罪	容留他人吸毒罪	非法持有毒品罪
2014年	3	3	0	0	0	0
2015年	33	31	0	1	1	0
2016年	85	47	6	0	26	6
2017年	86	38	7	0	27	14

续表

发案数	总数	贩卖毒品罪	运输毒品罪	贩卖、运输毒品罪	容留他人吸毒罪	非法持有毒品罪
2018 年	69	31	2	0	32	4
2019 年	152	84	4	4	52	8
2020 年	84	49	0	1	32	2
2021 年	59	45	2	0	12	0
2022 年	5	3	0	0	2	0

根据上述图表显示数据可见，自疫情暴发以来的三年，我国毒品犯罪的形势发生了重大变化。以 2020 年 1 月 1 日为疫情前后划分界限，疫情前案件有 428 件，占 74.31%。疫情后案件有 148 件，占 25.69%。2019 年达到 26.16%，为近九年最高。疫情三年分别为 14.58%、10.24%、0.87%，呈现出明显下降趋势。

同时，根据国家禁毒办近几年发布的《中国毒情形势报告》显示，在禁毒高压政策和疫情防控的严峻形势之下，毒品犯罪大幅减少。2022 年公布的《2021 年中国毒情形势报告》中毒品犯罪的数量相比 2019 年公布的《2018 年中国毒品形势报告》中少了一半还多。[①] 全国毒品案件由 2017 年的 14 万起下降至 2021 年的 5.4 万起，连续五年年均降幅在 20% 以上。

随着疫情管控政策的放松，正如疫情的到来对毒品犯罪的形势造成了重大影响一样，疫情的过去也必然会对毒品犯罪的形势造成重大影响。随着疫情的过去，边境口岸的开放、人员流动量的增加，国内的毒品犯罪可能会大幅回升，这将给禁毒机关带来很大的压力，未来三到五年内毒品犯罪态势依旧不容乐观。

（二）毒品犯罪案件类型呈现集中态势

从雁塔区检察院起诉的毒品类犯罪案件的罪名看，主要集中在贩卖毒品罪、容留他人吸毒罪、运输毒品罪这三个罪名。其中贩卖毒品罪最为集中，占总案件数的 57.47%，贩卖毒品罪又大多以消费端的小克数零包贩卖为主，大宗毒品买卖较少。由于西安不属于毒品制造地，制造毒品罪以 2020 年 1 月 1 日为疫情前后划分界限，疫情前后雁塔区毒品犯罪案件罪名差异并不大。容留

---

① 《2022 年中国毒情形势报告》，载中国禁毒网，http：//www.nncc626.com/2023-06/21/c_ 1212236289_ 2.htm。

他人吸毒罪由于犯罪场所稳定、较好打击，犯罪数量在本院常年处于次多位置。受影响最大的是运输毒品罪，疫情发生后三年分别为0件、2件、0件，几乎消失。

综上可见，加强对贩卖毒品案件、容留他人吸毒案件的打击力度依然会是未来几年雁塔区禁毒工作的重中之重，而在几个主要犯罪类型中，贩卖毒品罪对证据的充分性、证明力要求往往最高，这对证据的收集和固定工作形成了一定的挑战，同时未来工作中还要谨防疫情后随着社会活跃度的恢复，走私、运输类毒品犯罪行为的反弹，加强监测预警。

（三）涉毒案件犯罪主体特征较为明显

通过大量新型毒品犯罪的案例收集与数据分析，明确毒品犯罪人特征，有利于更加具体、细致地了解该类犯罪现象，为长效治理新型毒品犯罪奠定基础。根据2017—2022年雁塔区毒品犯罪案件数据分析，本报告从受教育程度、涉案人员年龄、性别比例、涉案人员地缘、再犯率五个角度对毒品犯罪人特点进行剖析。

1. 涉毒犯罪人受教育程度普遍偏低，高学历涉新型毒品犯罪现象凸显

文化程度和职业选择在某种意义上反映了个体受社会控制的程度和自我意识的高低。犯罪人的文化程度即犯罪人接受教育的程度，通常与犯罪人的知识储备、法律素养、职业状况关系密切。[①] 本次样本统计除去未知和未标记的396件，共180件。以180件为总数进行分析，其中文盲1件，占0.56%；小学及以下学历23件，占12.78%；初中学历102件，占56.67%；高中学历31件，占17.22%；中专学历8件，占4.44%；大专学历14件，占7.78%；本科学历1件，占0.56%。由此可见，初中学历最多且占比一半之多，其次是高中学历，再次是小学及以下，无研究生及以上学历。

若按照我国九年义务教育标准，即认定初中及以下为低文化，那么低文化程度人数占毒品犯罪总人数的比例高达95%。究其原因，文化水平高的人员比较少触及毒品犯罪，是因为这部分人员基本能够清晰认识到毒品的危害，而且对法律常识也有一定的了解。因此，预防治理毒品犯罪，发展教育事业，尤其是农村、乡镇的基础教育事业，是极其重要的一个环节。

应当注意的是，随着新型毒品犯罪向网络化、智能化趋向发展，近几年K粉、合成大麻素等新型毒品常见于留学圈等高学历圈层，高学历者对于新型毒

---

① 唐伟庭：《新型毒品犯罪的特征及矫治对策——基于150个样本案例的分析》，载《犯罪与改造研究》2022年第9期。

品接受渠道多、接受程度高，毒品犯罪将逐步向高学历人群蔓延。

2. 涉毒犯罪人以青壮年居多，不同年龄层涉及毒品种类差异明显

年龄既可以反映出个体生长发育的一般规律，也能体现与个体年龄相对应的行为差异。对于吸毒女性毒品犯罪研究而言，尽管年龄与犯罪之间并不存在必然的因果关系，但可在一定程度上反映出吸毒女性毒品犯罪人体力条件、心理压力、经济状况等方面的特征。

对 2017—2022 年提起诉讼的 332 名被告人年龄进行分析可知，1980 年代生占比最高，其次是 1990 年代生，最后是 1960 年代生和 1970 年代生。即中青年犯罪占比最多。说明涉毒人员年龄结构年轻化趋势越来越明显。进一步探究其原因，发现该类青年存在一些共性：文化水平较低，读到初中就辍学；家庭关系一般，父母疏于管教，较常与社会闲散人员接触；精神世界空虚，日常空余时间多混迹于各大夜场，过着昼伏夜出的生活。在这样的情况下，接触的圈子中若是有吸毒人员，往往难以抗拒毒品诱惑，且很快被吸毒人员同化，走上毒品犯罪道路。因此，对于这一年龄段的毒品犯罪嫌疑人，应当重点监控防治，做到事前预防与事后治理相结合。

从与办案检察官的访谈得知，目前不同年龄层涉及毒品种类存在显著差异。其中，青年犯罪群体多涉及氯胺酮、合成大麻素等新类型毒品犯罪，中老年犯罪群体多以海洛因、冰毒等传统类型毒品为主。究其原因，一方面是因为新型毒品相较于传统毒品，价格较低，伪装也更有迷惑性，年轻人分辨能力较弱，更容易误入新型毒品的陷阱；另一方面，部分年轻人时常出入酒吧、夜店、KTV 等娱乐场所，出于追求新潮、刺激或者好奇心，更愿意“尝鲜”，又“好面子”“讲义气”，容易误认为新型毒品“不会成瘾”，殊不知新型毒品一旦沾染就难以戒断，对年轻人的身心造成重大不良影响。因此，在未来毒品犯罪防治工作中应当针对不同年龄层群体犯罪类型特点制定有针对性的防治、打击策略。

3. 女性犯罪人数量少但增长迅速，尤其在涉新型毒品犯罪中较为突出

2017—2022 年，共起诉 332 名被告人，其中女性 41 位，占 12.35%，男性 291 位，占 87.65%。相比男性犯罪人数量，女性犯罪人数量占比极低。男性犯罪人多于女性犯罪人是各类犯罪的普遍现象，赫希在社会控制理论中将男女暴力犯罪比例差距解释为，男孩比女孩受到更少的社会控制。①

---

① ［美］乔治·B. 沃尔德等：《理论犯罪学》，方鹏译，中国政法大学出版社 2005 年版，第 350 页。

虽然绝大多数毒品犯罪被告人是男性，但是女性作为重要组成部分，在毒品犯罪中的地位越来越凸显。从20世纪80年代开始，毒品犯罪在女性犯罪中的排名逐步向前。从1986—1988年间的第五名，到1989—1990年间的位居第四，再到1991年女性毒品犯罪跃居第三。[①] 2004年，运输、贩卖毒品罪在女性毒品犯罪中增长速度最快。[②] 在2003—2006年间，北京市第一中级人民法院一审审理的女性毒品犯罪案件上升了115%。[③] 2008—2013年温州公安局的统计数据显示，该市女性毒品犯罪案件数量逐年增长，其中2008年女性涉毒犯罪主体人数为86人，占4.9%；2009年占6.12%，人数为124人；2010年，女毒犯增长到159人，占总数的8.6%；2011年继续增长，人数为180人，占10.6%；2012年228人，占总数的12.52%；到2013年女性毒品犯罪主体人数已经达到281人，比例也升高到13.29%。[④]

同时值得注意的是，在新型毒品犯罪领域，女性犯罪人数量呈现明显上升趋势。在对相关办案检察官访谈中知悉，目前海洛因获取渠道窄，价格高；而新型毒品制作方法简易，私密手工作坊也可以制作，成本较低。因此，女性毒品犯罪人自己吸食或贩卖给他人的毒品大部分以新型毒品为主，且占比越来越高。

4. 涉毒犯罪被告人中本地人犯罪居多，毒友圈相对固定

以犯罪嫌疑人身份为基准，删除一人数罪的情形，共332个案件。经常居住地为安徽省的2人，犯罪行为地与犯罪结果地均在陕西；经常居住地为河北省1人，犯罪行为地为云南省，犯罪结果地为陕西省；经常居住地为河南省的3人，犯罪行为地与犯罪结果地均在陕西；经常居住地为湖北省的1人，犯罪行为地与犯罪结果地均在陕西；经常居住地为新疆的1人，犯罪行为地与犯罪结果地均在陕西；经常居住地为陕西的112人，犯罪行为地为陕西的7人，犯罪结果地为陕西的7人。

剔除未提及常住地及犯罪行为发生地的案件，其余总计213件案件，其中毒品犯罪流动作案数量比率常年较低，疫情期间基本下降到10%以下。不同年份毒品犯罪流动作案具体数量如图3-2所示：

---

① 王金玲：《社会转型中的妇女犯罪》，浙江人民出版社2003年版，第135页。

② 王金玲：《犯罪中的热岛：妇女犯罪》，载《观察与思考》2004年第Z1期。

③ 宋浩波、靳高风：《犯罪学》，复旦大学出版社2009年版，第442页。

④ 张勇：《试论女性涉毒犯罪的若干问题及其防治对策》，载《延安职业技术学院学报》2016年第4期。

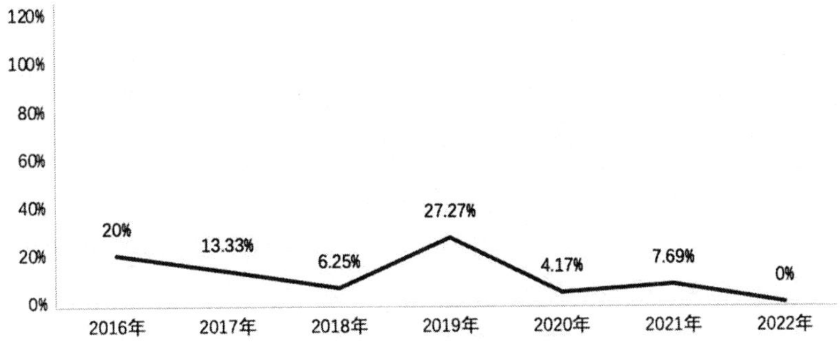

图 3 -2：毒品犯罪流动作案比率变化折线

以 2020 年 1 月 1 日为分界可以看出，疫情前 2019 年为流动作案的高发年，疫情后流动作案数量明显减少且在 2022 年没有出现流动作案情形。但同时辖区之间流动作案的案例仍层出不穷，受指定管辖的影响，雁塔区检察院受理其他辖区毒品犯罪案件数量较多，故虽然雁塔辖区毒品案件相较于其他区县院较多，但部分案件案发地并非在本辖区，不能直接以毒品案件起诉数、判决数判断辖区毒品案件发案量。预期从 2023 年疫情因素消退后，毒品案件数量会明显反弹，应提前部署应对措施。

5. 涉毒品犯罪被告人累犯、再犯比率高，打击治理难度大

分析再犯时以案件数量（333 件）为准，除去 148 件未知案件，共 185 件。构成累犯的有 22 件，占 11.89%；不构成累犯的有 163 件，占 88.11%。不同年份毒品犯罪具体再犯率如图 3 -3 所示：

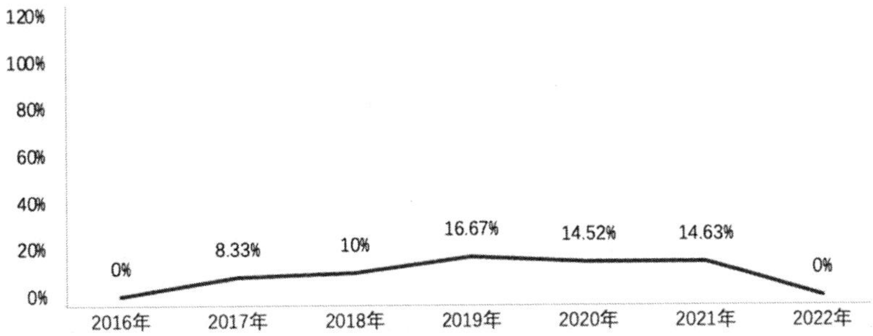

图 3 -3：毒品犯罪案件再犯率变化折线

为保持高压态势，我国刑法针对毒品犯罪特别规定了毒品再犯，犯罪分子只要曾经有过走私、贩卖、运输、制造、非法持有毒品的犯罪记录，被判过

刑，就会作为毒品再犯处理，不受累犯时间间隔限制，均从重处罚。毒品犯罪分子普遍无业且文化程度低，又急于改变自己的命运或者自己本身就是吸毒者，为了维持高昂的吸食毒品费用，不惜铤而走险，多次作案，社会危害性大。[①] 根据调研结果，涉毒犯罪的累犯、再犯一般都有多年吸毒史或曾多次实施其他种类犯罪，且没有固定职业，文化水平偏低。这类人员的共同特点在于刑满释放回归社会后很难找到合适的工作，主观恶性大，极易再次犯罪，给毒品犯罪防治工作造成巨大困难。

（四）新型毒品犯罪种类繁多、层出不穷

新型毒品是相对于鸦片、海洛因等传统毒品而言的，主要是指国际禁毒公约和我国法律、法规所规定管制的，由人工化学合成的，直接作用于人的中枢神经系统，能使人兴奋或抑制，连续使用能使人产生依赖性的一类药品（毒品）。[②] 近年来，随着经济社会的快速发展，全球化发展浪潮不断冲击，受利益驱使和追逐刺激的生活以及消费方式等异化思想带来的影响，新型毒品的滥用问题越来越严重，新型毒品犯罪问题越来越突出，引起的社会危害也越来越明显。我国毒品犯罪开始从传统毒品犯罪向新型毒品犯罪过渡，甚至新型毒品犯罪已占主流，已成为我国毒品犯罪发展的主要趋势。

在本次统计 300 份有毒品种类记录的数据中，海洛因出现 107 次，频率为 35.67%；冰毒（甲基苯丙胺）出现 142 次，频率为 47.33%；大麻出现 14 次，频率为 4.67%；七唑仑出现 1 次，频率为 0.33%；K 粉（氯胺酮）出现 9 次，频率为 3%；其他麻醉药品或精神药品出现 40 次，频率为 13.33%。

整体上雁塔区毒品类犯罪仍呈现毒品数量、种类相对集中的态势，毒品种类集中在甲基苯丙胺和海洛因上，但新型毒品，如氯胺酮等新精神活性物质冒头显著。新精神活性物质作为近年来出现的新型毒品，其滥用逐渐增多。

随着打击毒品犯罪力度的加大，新型毒品的伪装也体现出日新月异的变化。近年来出现的变异新型毒品种类繁多、千奇百怪，在一些沿海发达城市常见的主要有：邮票（英文简称 LSD，主要成分麦角酸二乙酰氨糖果）、糖果（摇头丸伪装）、卡哇潮饮（俗称神仙水）、烟油（大麻伪装）、彩虹糖（多种毒品混合物）、奶茶包（作用与冰毒相似）、可乐（氯胺酮伪装）、跳跳糖

① 石魏：《刑事审判庭调研毒品犯罪案件特点并提出建议》，载北京市东城区人民法院网 2019 年 6 月 27 日，https://dcqfy.bjcourt.gov.cn/article/detail/2020/01/id/4767124.shtml。

② 骆光业：《新型毒品的整治和社会帮教的思考》，载《中国药物滥用防治杂志》2016 年第 6 期。

（多种毒品混合物）、小树枝（主要成分 MDMB - CHMICA）、巧克力（主要成分含有大麻酚）、曲奇饼干（主要成分含有大麻）。[①] 新型毒品各种各样，具有迷惑性和隐蔽性的名称和外形，使得禁毒工作更难开展，禁毒工作者往往很难辨别出一个看似平日常见的物品是否为新型毒品，也为毒品的检测和鉴别工作增加了难度。

近年来，随着禁毒力度的不断加大、禁毒能力的不断提升，在依法从严惩处毒品犯罪的高压态势下，传统毒品销售渠道日渐收窄，部分国家规定管制的麻醉药品、精神药品却流入非法渠道，部分医疗从业人员在管理、使用麻醉药品、精神药品过程中违法犯罪，导致麻醉药品、精神药品管理失控，甚至流入制贩毒渠道。不法分子将麻醉药品、精神药品作为传统毒品的替代物进行贩卖、吸食。麻醉药品、精神药品被作为毒品替代物滥用的情况呈频发态势，且相关案件增长较快。相较于近年来毒品犯罪案件数量逐年下降，涉麻醉药品、精神药品犯罪案件数量逆势上升。

最高检在 2023 年 6 月 26 日制发一批麻醉药品、精神药品涉毒典型案例。5 件典型案例分别是：孙某贩卖毒品、强奸、传授犯罪方法、巫某文贩卖毒品、对非国家工作人员行贿案；张某诈骗、周某等人非法提供麻醉药品、精神药品案；方某等人贩卖毒品案；李某君等人贩卖毒品案；肖某锋等人贩卖毒品案。这批典型案例呈现出三个特点：一是犯罪主体多为医疗从业人员。他们熟知麻醉药品、精神药品的属性，但为了牟取非法利益，通过各种非法手段将麻醉药品、精神药品套出，贩卖给贩毒、吸毒人员。二是检察监督办案力度持续加大。办理这类案件时，检察机关注重提前介入、引导侦查，依法全面收集、固定证据。坚持引导侦查与自行侦查相结合，完善证据链条，夯实证据基础。三是推动源头治理效果显著。检察机关在依法惩治犯罪的同时，坚持治罪与治理并重，依法能动履职，督促有关部门加强麻醉药品、精神药品管理监督。[②]

（五）非接触式毒品交易已成重要方式

随着信息网络时代的高速发展，毒品犯罪与网络虚拟世界的衔接呈进一步加剧态势，网络在新型毒品犯罪中的作用也越来越明显。近年来，诸如网络兜售毒品、网络传播制毒方法等一系列毒品违法犯罪案件频发。在“互联网 +”大时代背景下，网络毒品犯罪不仅具有传统毒品犯罪的特点，还兼具了网络虚

---

① 刘谋斌：《我国新型毒品犯罪发展趋势预测》，载《浙江公安高等专科学校学报》2007 年第 4 期。

② 《最高检发布惩治麻醉药品、精神药品失管涉毒犯罪典型案例》，载央视网 2023 年 6 月 26 日，https：//news. cctv. com/2023/06/26/ARTIeHhYqp5XEhap4bkCykYF230626. shtml。

拟空间犯罪的新特点，即网络空间涉毒犯罪所突出的隐蔽化、智能化等特点。[①] 据统计，2021 我国破获网络贩毒案件 0.5 万起、抓获犯罪嫌疑人 0.8 万名、缴毒 0.5 吨，分别占全国总数的 9.2%、10.4% 和 2%。毒品市场继续向线上延伸，更多采用钱毒分付、人物分离交易模式，“互联网 + 物流寄递”非接触式贩毒手法增多。[②]

近年来，新型毒品犯罪也利用互联网信息交流渠道，对买家所需的新型毒品的种类、数量、纯度和价格等条件谈妥后，由买家直接通过互联网转账或利用购物平台购买其他合法物品的方式进行支付，后由卖家对新型毒品进行隐秘包装，通过邮寄、跑腿或者“埋雷”的方式将新型毒品送到买家手里，整个毒品交易过程买卖双方和毒品互不接触，有效地隐藏了毒品和买卖双方信息，使得侦查人员很难开展线上追查。[③] 实施新精神活性物质犯罪的犯罪人呈现出年轻化趋势，他们对互联网利用率极高，很多人为了逃避打击选择使用“翻墙”软件或使用不易被掌握的新型聊天工具进行涉毒活动，甚至有人通过暗网购买毒品，给打击毒品犯罪增加了难度。

二、毒品犯罪治理现状及问题分析

毒品问题源于历史遗留问题，在全球化的今天，很难得到根本解决。我国司法机关对于现行毒品犯罪治理模式仍然以“严打重刑”为主，尚未针对毒品犯罪的新特点、新业态做出有效的应对调整。当下应及时反思，找到制约毒品犯罪治理工作的关键问题。[④]

（一）禁毒宣传持续开展但警示效果有待加强

毒品宣传预防是指在道德教育过程中引入对毒品犯罪的宣传防范。早期，我国毒品预防教育在短时间内快速走进了大街小巷，有关毒品的一些基础信息被广大人民群众所熟知。这一方式在实践中取得了一定效果，但也暴露出形式单一、内容枯燥等问题，特别是在青少年毒品犯罪预防宣传方面更为显著。青

① 彭伟：《论“互联网 +”时代毒品犯罪防控策略》，载《江西警察学院学报》2017 年第 6 期。

② 《2017 年中国毒品形势报告》，载中国禁毒网 2018 年 6 月 25 日，http://www.nncc626.com/2018-06/25/c_129900461.htm。

③ 王维民：《广东沿海遏制新型毒品犯罪问题研究》，载《中国公共安全（学术版）》2018 年第 1 期。

④ 李涛、赵慧洁：《我国毒品犯罪社会治理范式的反思与前瞻——以 272 份裁判文书为实证样本》，载《河南警察学院学报》2022 年第 6 期。

少年群体对社会整体认识不够全面，没有健全的社会责任感，难以通过毒品危害宣传让其产生相应的责任感和认同感。[①]

同时，对于新型毒品的预防教育工作是管控毒品的重要环节。未列管新型毒品借助“合法外衣”吸引大众，新型毒品具有很强的迷惑性，常以看似合法的药品出现在人们的视野中，给人以服用后不会有任何副作用的虚假印象。而且，此类毒品外观变化多端，伪装性极强，常混入巧克力、茶叶、饮料、饼干等物品中，不易被人察觉，甚至有的人在不知不觉中已经沾染了此类毒品。新型毒品花样繁多且难以识别，但当前禁毒宣传工作中大部分地区都是以传统毒品为宣传重点，对于新型毒品的宣传严重缺位，这显然无法满足现实中禁毒实践的需要。现实生活中大部分的民众尚不知悉新型毒品为何物，自然也就无法做到积极主动地抵制毒品。就算是北京、上海、四川等宣传教育工作开展得较为成熟的地区，对新型毒品部分的宣传也较为欠缺，大部分都仅限于列举少数被列管的毒品。对于新增的被列管的毒品和未列管但风险较高的毒品也难以做到有效宣传。

长期以来的禁毒宣传教育工作都比较偏重于宣传各类毒品的危害性，而未能重视毒品的识别教育，特别是对于毒品的制造、贩运等方面的宣传教育也不到位，宣传工作不够深入。对于新型毒品的制造、贩卖运输等环节的宣传教育，有助于人们认识到毒品的危害性，抵抗毒品利益的诱惑，从源头上减少相关产业的产生。所以，各级政府应该将毒品预防内容的更新提上日程，对现有的宣传教育体系查漏补缺，及时更新，推进新型毒品的预防教育工作的开展。[②]

（二）毒品立法滞后难以应对新型毒品更新迭代

虽然近年来我国不断出台相应的法律法规、政策文件以应对毒品变化新趋势，但面对我国毒品犯罪所呈现的新变化和新问题，现有法律仍然存在一定的空白和漏洞。新型毒品更新换代速度快、衍生物替代物品类繁多。一旦某种物质被列管，新的物质很快就会被制造出来，而且新的物质的产生方式简单、技术要求低、生产成本低、生产条件要求也低，甚至在实验室就可以制造出一种新的毒品。

面对如此快速的演变频率，我国的立法速度必然无法达到如此快速的地步。《非药用类麻醉药品和精神药品列管办法》中一次性增列 116 种新精神活

---

① 李晨：《国外毒品预防教育经验及其对我国小学高年级毒品预防教育的启示》，载《教育与教学研究》2018 年第 3 期。

② 应培礼：《中国犯罪治理现代化研究》，商务印书馆 2022 年版，第 362 页。

性物质，到2017年2月公安部、国家食品药品监督管理总局和国家卫生和计划生育委员会决定将卡芬太尼、呋喃芬太尼、丙烯酰芬太尼、戊酰芬太尼4种物质列入非药用类麻醉药品和精神药品管制品种增补目录，将我国列管的新精神活性物质增至134种。在短短的16个月里我国将18种新型毒品纳入管制范围，这种纳管速度应对传统毒品绰绰有余，但是应对新型毒品仍显得捉襟见肘。相比已经被纳管的新型毒品，更多的是尚未被纳管的新型毒品。总之，我国目前存在着立法管制新精神活性物质的规范性文件法律层级低、配套措施不完善、办理新精神活性物质犯罪案件的法律适用水平有待提升等问题。①

另外，对新型毒品的量刑标准方面也存在同样的问题，对于新出现的毒品的具体量刑标准不明确，相关规定很难出台。法律更新换代的速度跟不上新型毒品研制速度，导致司法实践中在新型毒品的量刑上司法工作者很难衡量，也没有一个确切的标准，易出现混乱现象。例如，2015年11月26日国家禁毒委员会办公室表示将推动最高人民法院、最高人民检察院等部门及时制定当时《非药用类麻醉药品和精神药品列管办法》中列管的116种新精神活性物质的量刑标准。至2016年6月8日公安部在加强新精神活性物质打击和管制工作座谈会上再次强调，国家禁毒办应抓紧会同最高人民法院、最高人民检察院加快制定已列管新精神活性物质的定罪量刑数量标准。② 如今被列管的新精神活性物质已经达134种，但是对原来被列管的116种新精神活性物质量刑标准的规定至今仍然没有出台。

（三）毒品案件司法实践面临多重难题

1. 毒品犯罪隐蔽性强导致难查处

从近年来雁塔区所侦破的毒品案件可以发现，毒品犯罪中犯罪地点、犯罪手段选择都十分隐蔽，交易方对交易的速度和过程有着极为严密的掌控，能够保证在短时间内完成实际交付。因此侦查人员很难获取证据，给毒品案件的破获带来巨大难度。

首先，毒品交易多以"零包"贩卖为主，不易被发现，导致查处难度大。在本次雁塔区毒品犯罪调查统计中，大宗毒品买卖行为较少，多是以1克左右的小克数零包散卖方式进行贩卖，总体呈现"以零包贩毒、邮寄贩毒为主，偶发特大贩毒案件"的特征。零包贩毒的方式通常分布在城市老旧居民社

---

① 杨丽君：《我国新精神活性物质的立法管制》，载《中国禁毒报》2020年5月15日，第6版。

② 应培礼：《中国犯罪治理现代化研究》，商务印书馆2022年版，第357页。

区、城乡接合部的城中村内、中大型商贸市场，此类小宗交易的共同点在于目标小、便于携带、交易快捷、隐蔽性强，难以被侦查机关发现，查处难度大。

其次，毒品犯罪涉案场所隐蔽加大了查处难度。从场所上看，贩卖毒品交易地点多选择在比较隐蔽的酒店、旅馆门口或是交通方便利于逃避抓捕的路口交汇处、立交桥下等公共地点，具有随机性和公开性。吸毒地点多是雁塔区范围内的快捷酒店或出租房内，或者是 KTV、酒吧等较为昏暗且相对私密的公开场所，可见隐秘性高、流动性大的地点是毒品犯罪案件被告人选择犯罪地的优先选择。由此，毒品犯罪涉案地点的隐蔽性、随机性也给公安机关侦破犯罪加大了难度。

最后，犯罪手段的变化发展也大大增加了毒品犯罪侦查难度。正是由于国家近年来对毒品犯罪的高度关注，有关部门开始利用科学技术手段对毒品犯罪进行精准打击和制裁，但随着缉毒手段的不断发展，毒品犯罪的手段也在不断变化，特别是移动互联网技术的发展，在为社会创造更多福祉的同时，也成为滋生各种类型毒品犯罪的“温床”。公安机关对于利用移动互联网进行网络贩毒犯罪的打击难度较大，原因正是这类新型的毒品犯罪手段的现代化、隐蔽化特点。主要表现有：（1）贩卖方式具有隐蔽性。随着互联网的发展，贩毒分子会利用网络手段来贩卖毒品。在前期交流阶段，卖者与购买者通常利用微信、QQ 等社交软件进行聊天，聊天的方式以视频通话或语音通话的方式进行，此类交流一般隐蔽性很强，难以被发现，即使被发现，公安机关也无法取得相应的证据。例如，在一起案件中，犯罪人被朋友拉进了微信群，群里只有十几个人，但都是化名，也没有真实头像。朋友拉他进群的第一件事便是要求他开视频直播自己吸毒，这是以视频认证的方式证明自己是真正的吸毒者，是“同道中人”，只有经过这样的程序才能进行下一步。平时在群里的日常交流聊天，多使用暗语，如将冰毒称为“冰水”“象牙”“大力糖”等，将摇头丸称为“E 仔”“水果糖”等。特殊的视频认证方式有效地将无关人员隔绝在涉毒圈子外，再加上这些更新速度快且晦涩难懂的暗语，更加大了公安机关筛查此类涉毒有害信息的难度。（2）支付方式多以线上为主。传统的毒品交易一般都是一手交钱一手交货，只要公安机关严密布控就能将买卖双方一举抓获。但是，互联网时代的支付多以线上支付为主，支付宝、微信、网上银行等多种平台都可以完成线上支付，甚至还可以通过境外银行或比特币这样的虚拟货币进行交易。这些交易方式加大了公安机关破获毒品贩卖案件的难度，毒品交易的过程难以追踪查证，公安机关掌握的证据不充分，很难将不法分子绳之以法。（3）物流寄递行业存在漏洞。当今，物流寄递行业作为新兴行业，相关主管部门在对其监督与管理方面以及其对邮寄物品的自我防范方面均存在漏洞，这些都给毒品犯罪分子通过物流渠道寄递毒品提供了“绿色通道”。一方面，部门监管没有集中统一。公安、交通、海关、市场监管局等主管部门之间缺乏有效的联合打击毒品犯罪的机制，从而出现了“有处罚权的发现不了违法犯罪，发现违法行为的又没有处罚权”的怪象①，不可避免地在客观上造成了物流寄递行业监管环节存在漏洞；另一方面，目前物流企业还难以按照规定完全落实收寄验视制度。这些漏洞的存在为毒品犯罪分子开辟了进行毒品交易的“蹊径”。通过物流寄递进行毒品犯罪，加大了我国禁毒主管部门对毒品交易的打击难度。

2. 毒品犯罪证据收集、认定存在着较大困难

从上述实证分析可以看出，毒品犯罪案件与一般刑事案件存在一定的区别，具体表现在犯罪的行为方式、隐蔽程度等多个方面。这些特点使得毒品犯罪证据收集、认定存在较大困难与挑战。

首先，犯罪手段的隐蔽性导致证据获取存在困难。为了应对和逃避打击，毒品生产、交易者越发重视其活动的隐蔽性，有的甚至掌握了较为充分的反侦察技巧。从近年来雁塔区所侦破的毒品案件能够发现，大多数毒品犯罪对地点、手段的选择都十分隐蔽，无论是微信、QQ、支付宝等网络软件的使用，还是跑腿、“埋雷”等无接触式的交易方式，交易方对交易的速度和过程有着极为严密的掌控，能够保证短时间内完成实际交付，因此侦查人员很难获取证据，给毒品案件的破获带来难度。②

其次，证据收集不及时、不全面，导致侦破毒品犯罪证据链条断裂。在案件审理过程中，毒品案件侦查中存在缴毒、抓人、突审式的侦破模式，即侦查机关在缴获毒品后，特别是对当场人赃俱获的案件，一旦查获毒品、抓获犯罪嫌疑人，就将工作重点放在突破犯罪嫌疑人口供上，只要突破口供就认为大局已定，而忽视了对附着物、指纹等的提取，特别是对毒品包装物、毒资、指甲、衣物及制造加工工具上所留生物物证和痕迹的提取，忽视了对监控录像、电话记录、轨迹的及时调取，忽视了对同案人之间、被告人与证人之间出现矛盾的分析及追问。比较突出的是，在办理贩卖毒品案件时对微信、QQ 聊天记录等电子数据的提取和保存意识不强，在办理容留他人吸毒案件中对吸毒工具

---

① 缪金祥：《“互联网 +”物流寄递涉毒犯罪治理对策》，载《江苏警官学院学报》2018 年第 5 期。

② 王喜：《毒品案件的证据之困及其破解——以安顺市毒品犯罪情况调研为素材的分析》，载《证据科学》2019 年第 4 期。

的提取和扣押等程序不够规范。检察实践中，有时会出现扣押物品清单上大多只列明毒品特征，没有及时称重并让嫌疑人确认的情形。毒品克数是毒品犯罪认定和量刑的主要证据，一旦出现犯罪嫌疑人翻供或因时间原因记忆模糊，便会导致毒品克数问题认定不清。案件进入审判程序后，当被告人翻供时会提出供述是非法手段获得，言词证据的证明力将受到高度质疑，增加了案件审理难度，一定程度放纵了犯罪，影响了对毒品犯罪的打击成效。

最后，即使进入证据认定阶段，司法机关运用证据认定犯罪人主观故意和毒品来源方面也具有重重困难。尽管我国《刑事诉讼法》第 50 条规定了物证、书证、证人证言、被害人陈述等八种证据，但由于毒品犯罪案件缺乏具体、特定的被害人，故其证据类型中通常不存在被害人陈述这一类型，同时毒品案件的侦查和取证也难以得到被害人和知情人的协助与配合。[①] 根据毒品案件的侦查经验显示，即便是涉案人员愿意立功，由于毒品案件中上下游之间多采用虚拟身份交易，同案人员提供的线索也很难查实。除了制造毒品罪之外，其他类型的毒品犯罪通常缺乏固定的犯罪场所，且具有较强的流动性，这使得勘验笔录、检查笔录等形式的证据也难以在毒品犯罪案件中发挥价值。[②]

3. 积极帮扶教育涉毒人员依然存在困难

社会帮教是戒毒者回归社会之后建立的一系列监督、扶持的系统，以便对戒毒者提供心理、行为、职业辅导以及其他方面的支持和帮助，使其尽快适应并融入正常的社会生活。近年来，各级党委、政府高度重视，加强领导，把禁吸戒毒工作列为社会治安综合治理的重点，为吸毒人员回归社会创造良好的社会环境。但事实上并非所有毒品犯罪人员都能顺利回归社会，其原因也并非是单纯的意志或是主观原因，而是由于多种主客观原因造成。

目前对吸毒人员的社会帮教工作主要存在以下几方面的问题：一是缺乏专业性社会帮教机构。社会帮教是社区康复的重要内容，其工作体系必须是以社会为基础的，集心理矫治、职业培训、就业帮助、医疗救治等一系列的工作内容，这就需要有一支职业的、专业的队伍来对他们进行管理和帮助。《禁毒法》虽然明确规定了社区康复的内容，但以社区康复为基础的社会帮教工作的制度、队伍建设、相关配套政策及设施建设等方面的内容仍然是缺乏的。二是对犯罪人员的监管存在困难。部分毒品犯罪人员在回归社会后存在失控漏管的现象。由于许多吸毒人员属外来人口，流动性大，行踪不定，服刑完毕回归

---

① 崔敏：《论毒品犯罪案件的证据》，载《证据科学》2008 年第 4 期。

② 王喜：《毒品案件的证据之困及其破解——以安顺市毒品犯罪情况调研为素材的分析》，载《证据科学》2019 年第 4 期。

社会给后续监管带来一定不便。同时，毒品犯罪人员常常远离人群，四处躲避监管，给后期跟踪帮教带来一定困难。三是毒品犯罪人员缺失家庭和社会的关爱。众所周知“吸毒”就像是牛皮癣，很难根治。许多吸毒人员都经历过吸毒—戒毒—再吸毒的过程，往往是一旦吸毒终生戒毒。因此，一些吸毒人员成了家庭和社会的“弃儿”。他们没有一技之长，吸毒后又有一些劣迹，甚至走向犯罪道路，社会公众由此对他们产生了极强的戒备和歧视心理，认为“一朝吸毒，终生难戒”，缺少对他们的关爱，使他们回归社会更是艰难。四是戒毒人员就业难度大。目前，我国社会就业压力大，吸毒人员大多无一技之长，文化层次普遍较低，就业单位也不愿意接纳。社会帮教跟不上，经济的困境使得他们处于非常沮丧的境地，很难实现最低生活保障。戒毒之后得不到社会的认可，无法实现真正意义上的回归。

三、毒品犯罪治理的总体策略与路径选择

通过对雁塔区毒品犯罪现状、新特点及社会成因的分析，逐渐认识到毒品犯罪问题的复杂性、长期性和严峻性。禁毒工作是一项长期任务，政府部门、司法机关必须从源头出发，将雁塔区禁毒工作实际与毒品犯罪现状、趋势结合起来。针对上述毒品犯罪治理存在的突出问题，本报告提出一系列针对性和操作性比较强的治理毒品犯罪对策，从前期宣传预防到后期帮教安置，从完善法律政策到加强司法办案，全方位、多角度加强毒品犯罪的源头性治理，探索治理新型毒品犯罪对策，提高防范和打击新型毒品犯罪的能力和水平，遏制新型毒品犯罪带来的巨大危害，更加广泛深入地开展禁毒工作。

（一）注重精准禁毒宣传并突出宣传实效

1. 针对重点人群开展毒品预防宣传教育

为了使毒品预防宣传教育更能发挥作用，预防宣传教育必须针对特定的人群重点开展。预防宣传教育方式要因地制宜，不能简单化一。毒品对不同人群的影响不一样，因此，毒品预防宣传教育的侧重点应该因性别、年龄、职业、婚姻状况、吸食毒品种类及吸毒时间长短不同而采取不同的预防宣传教育方式。青少年时期是价值观养成的关键时期，吸毒行为是错误价值观驱使的越轨行为外显。当前，影响青少年价值观形成的认知信息来源呈多元化、网络化、碎片化等特点，对青少年保护性价值观的形成带来挑战。因此，提高青少年的禁毒意识是禁毒宣传工作的重心，要发挥学校—家庭—社会的相互配合，学校可以通过与禁毒戒毒机关合作，进一步加大防毒禁毒宣传力度，并对出现辍学苗头的学生给予更多耐心和关注，而家庭作为言传身教的重要场合，父母应当

担起更多责任，时刻关注孩子的朋友圈，给予孩子更多的关爱，社会应当将禁毒防毒宣传持之以恒做下去，使人们正确认识到毒品的危害程度，形成自觉抵制毒品的风气。

2. 提高对新型毒品的教育预防

通过对近年来吸毒人群进行统计发现，新型毒品吸食人员逐年增多，随着新型毒品的出现，我们国家的禁毒形势越来越严峻，传统毒品的预防教育方法已经逐步落后，社会民众对新型毒品缺乏了解，容易防范不足。因此，应从内容上加大对新型毒品犯罪的科普教育，增强公众特别是青少年人群对于食品、药品等食物伪装型新型毒品的辨别能力。可以利用目前较为知名的项目，提高公众对于新型毒品的认识，例如，依靠互联网点击率爆炸式扩张的特性，以较低的成本达到最大的宣传效果；与知名电视台合作，录制打击新型毒品犯罪专项节目，借助明星效应宣传节目，并投放到网络平台，增加曝光率，提高预防教育的效率；结合政府各个部门、社会团体、社会企业，筹办各类打击新型毒品犯罪的活动，如中小学作文大赛、网络视频大赛、禁毒沙龙等，组织全社会的力量，整合全社会的资源，提高新型毒品犯罪预防教育的普及率。

3. 开展多元化创新禁毒宣传

要充分运用网络媒体、报纸、广播电视、法律讲座、公益广告等多种形式，实现禁毒方式的多样化，把青少年、无业人员、娱乐场所从业人员和可能涉毒的“高危人群”作为宣传教育的主要对象，采取重点宣传与日常宣传相结合的方针，向全社会广泛进行内容丰富、形式多样的禁毒宣传教育，提高人民群众拒毒、防毒意识，坚决打赢人民禁毒战争。禁毒宣传部门要建立与大众传媒的良性互动关系，积极通过媒体广泛宣传毒品的危害、国家的禁毒政策及法律法规，形成全社会各层面的禁毒网络；要充分利用司法资源优势，通过庭审直播、集中公开宣判、公布典型案例等措施，营造人民禁毒战争的浓厚氛围。

（二）紧跟时代变化密织毒品犯罪法网

由于现行刑法对毒品的概念是列举概括式，无法应对新型毒品的快速衍生，另外互联网毒品犯罪的刑事立法也不够完善，将对日后网络涉毒犯罪的有效惩治形成障碍。所以，有关毒品犯罪的法律法规要紧跟时代的变化，根据毒品犯罪突出特点，可以从以下两个方面进行立法回应。

1. 重新定位“毒品”类型，有力打击新型毒品犯罪

为了应对我国当前新型毒品犯罪的趋势，有力打击毒品犯罪，需要重新研究和界定我国刑法中“毒品”的概念。具体而言，在立法上对新型毒品的种

类进行界定，与此同时还需要思考传统毒品的犯罪行为和新型毒品的犯罪行为造成社会危害性的差异，从而分析传统毒品种类与新型毒品种类在犯罪构成要件、量刑情节等方面的区别，进而作为分别性立法的根据。

国家立法部门要进一步做好有关新型毒品犯罪的调研工作，到基层具体办案部门切实了解新型毒品犯罪现状，在办理新型毒品犯罪案件过程中存在的实际困难和问题，特别是刑法中规定的罪名与实际办案缴获的毒品名称不一致，或者被缴获的物品在现实中被认为是新型毒品，但刑法中却没有明文规定等诸多问题。针对以上问题，立法部门应予充分考虑，在刑法修订的过程中将上述问题考虑其中，在罪名、罪行、情节、量刑依据、重点打击对象等方面都应予以考虑，争取做到刑法中规定的罪名与新型毒品犯罪行为相适应，既不轻也不重，真正做到与时俱进、罪责刑相适应，为基层办案部门提供法律依据。

2. 完善互联网毒品犯罪的相关立法

当前我国毒品犯罪无不彰显着“互联网＋”这一时代背景。为有效打击互联网毒品犯罪，毒品犯罪的立法体系不能与目前互联网毒品犯罪的实际状况相割裂。所以在落实互联网毒品犯罪法律跟进问题的过程中，可以进行相关的立法。首先，考虑到我国毒品犯罪刑事立法的现状，建议加快针对互联网毒品犯罪的刑事立法。应推动相关互联网涉毒犯罪的立法及相关司法解释，因为互联网犯罪行为是违法犯罪的新形态，我国现有的法律规定还需要及时跟进，及时增补，以有针对性地对互联网吸毒违法犯罪定罪量刑和打击。可以将国家禁毒办作为网络涉毒犯罪立法的主要推动部门，联动相关部门，包括最高人民法院、全国人大，尽快将相关法律法规予以完善，为打击互联网涉毒违法犯罪提供依据，弥补法律上的空白。其次，加强行政立法，在现有的戒毒法、禁毒条例等行政法律规范的基础上，及时推动对于一些尚未触及刑法的网络涉毒违法行为的行政立法，从而避免其落入行政立法与刑事立法的真空地带。[①]

（三）提升办案机关毒品犯罪打击效能

1. 加强禁毒缉查队伍建设

禁毒工作是一项综合性的工作，其法律性、专业化都很强，涉及面很广，对民警的综合素质要求很高。特别是面对当前日趋严峻和变化多端的毒品违法犯罪形势，更要求当代的禁毒民警必须拥有过硬的专业职业技能。当前我国禁毒防毒工作人员的教育文化水平和业务素质有了较大提高，但还不能完全适应

---

① 王方圆：《新时期我国毒品犯罪的治理路径》，载《池州学院学报》2019 年第 5 期。

当前毒品犯罪的新浪潮，不能满足禁毒工作需求。[①]

在打击新型毒品犯罪的实践中，相关执法人员对新型毒品的相关知识不甚了解，从而导致在打击新型毒品犯罪中无法快速进入工作状态，在打击犯罪过程中各项能力还有欠缺，因而亟须提高执法人员的专业素养。在日常的打击犯罪工作中，要加强对执法人员的专业知识培训，理论与实践相结合，不断提高执法人员的业务素养与专业能力，从而可以更彻底地打击新型毒品犯罪。首先要了解新型毒品的特性与危害，如新型毒品的外貌、味道、危害特性、包装和传统毒品的不同；其次要掌握新型毒品的运送方式，是否通过物流行业，国内物流还是涉外物流，是否属于走私等；再次要学习新型毒品的检验方法，比如研制新型毒品快速检测试剂盒，以及研制并推广其他更便捷的检测方法；最后要学会判断吸食新型毒品人的行为特征，通过判断其言行举止、体貌特点、社会形态、社交情况等以快速识别对象是否吸食新型毒品，加快打击新型毒品犯罪的速度。同时，执法人员应注重自我防护，在与吸毒人员接触过程中如遇险情，要学会自我保护，在做到自我防护的基础上打击新型毒品犯罪。

2. 加强对各类场所、行业的监测监管

一是加大对传统涉毒场所的管控力度。在调查中发现，走上毒品犯罪的群体大部分都是因为出入 KTV、洗浴中心、养生会所等场所，有很大一部分人在这些场所聚众吸毒或是从事交易，也诱发了其他违法犯罪活动。执法部门应当进一步加强对这些场所的检查、打击力度，进一步规范这些场所的准入门槛，对现有的高发涉毒场所加强日常管理，同时提升联合突击检查能力，防范毒品犯罪风险。同时应明确各部门责任。明确公安机关、行政执法和市场监督管理之间的责任，杜绝出现“九龙治水”的局面，要加强联合执法能力，加大不定期对娱乐场所、宾馆等“九小场所”的监管、查处力度，并对发现问题的公共场所的法人代表给予严惩，随时进行突击检查，巩固战果的同时也要扩大战果，清查蛛丝马迹，发现涉毒人员要予以严厉打击，压缩涉毒空间，威慑涉毒人员，加强对这些场所的监管，净化市场风气。

二是完善“互联网 +”监管体系。当前时代背景下，毒品犯罪多借助于网络聊天室、论坛、网站等虚拟空间进行毒品宣传、交易或者交流吸毒感受。应该建立和完善网络监管机制，以监测不法分子的动向。[②] 当然，最重要的是互联网平台应增强责任意识，公安机关应和互联网平台建立良好的合作机制，

---

① 赵秉志：《毒品犯罪专题整理》，中国人民公安大学出版社 2007 年版，第 121 页。

② 刘薇：《我国毒品犯罪防控对策探讨》，载《湖北经济学院学报（人文社会科学版）》2019 年第 11 期。

互联网平台要积极为公安机关提供毒品犯罪线索，守好“互联网+”第一道关卡。

三是加快物流快递产业规范化进程。物流快递业作为运输、中转的重要一环，其作用不言而喻。首先，政府工商部门要完善物流业准入法规。完善配送企业的信息登记备案制度，继续推进寄递实名制，杜绝无证寄递，同时加强检验过程控制，物流快递公司收到物品后，应使用探测仪器设备对物品进行严格检测，尤其注意是否有涉毒物品，疑似物品应当立即报告禁毒部门。其次，打击“互联网+”线下毒品，严把配送关。“互联网+”毒品犯罪一般采取线上交易、线下运输、人和物分离等方式，以增加隐蔽性。在这种情况下，侦查机关往往看到的是货而不是人，毒品犯罪分子最易逃脱法律制裁。控制线下交付，一方面既能确定发送人，又能确定接收人，掌握其贩毒或吸毒证据；另一方面还能发现幕后指使、策划的真正组织者。[①]

3. 在禁毒工作中运用专业化信息分析技术

面对毒品犯罪技术现代化、网络化、隐蔽化的特征，在禁毒工作中要高度重视公安信息化建设，提高公安机关信息研判能力。公安机关要大力推进预防警务，开展主动侦查，包括及时发现犯罪并查取证据。在执法工作中，可从以下几个方面发力：一是公安机关要及时更新高危人群数据信息，并做到信息共享。二是建立可用于专业工作的毒品暗语数据库。吸毒女性毒品犯罪多涉及黑话、暗语。目前，公安机关对毒品暗语有所掌握，但尚未对这些信息进行系统化处理。因此，这样的数据库建设有利于公安机关调查、取证与打击犯罪。三是加强对毒品情报信息的收集研判，发挥大数据技术的优势作用，提升网络监管能力。[②] 在侦查过程中对涉及网络毒品犯罪的犯罪人的出行轨迹、居住地址及其在互联网上的浏览痕迹、网络转账或消费记录等虚拟信息进行研判追踪，将其线上线下的活动轨迹相结合。

4. 增强证据收集的全面性、系统性、及时性

毒品案件的证据较为单一，直接证据较少，犯罪嫌疑人、被告人的供述与辩解不稳定，作为物证的毒品固定和保存难度较大，这一系列特征决定了毒品案件在刑事司法裁判中存在较大的证明困难，难以形成封闭的证据链。在这种情况下，更需要高度重视毒品犯罪案件证据收集的全面性、系统性和及时性。

---

① 莫洪宪、任娇娇：《毒品犯罪严打整治行动理论反思与对策革新》，载《政法论丛》2015 年第 10 期。

② 王天：《我国网络毒品犯罪防控体系的构建》，载《人民检察》2017 年第 17 期。

所谓全面性，是指应当对毒品犯罪案件中的细节进行全面排查，证据收集范围不能局限于被告人的口供和毒品本身。例如，对于犯罪嫌疑人、被告人采取“人货分离”的方式交易、运输、储藏毒品的，需要重视提取毒品包装物上的指纹或者其他生物痕迹；犯罪嫌疑人在交易、运输、吸食毒品时有明确作案地点的，需要及时对周边的监控视频进行提取。[①] 所谓系统性，是指应当强化对证据的系统性审查，尽量减轻对被告人口供、毒品等证据的依赖性，形成相互印证、更为客观的证据链。所谓及时性，则是因为毒品犯罪案件中的证据容易改变和灭失，在办案过程中不及时调取、核实、固定，事后很难予以补正，[②] 因而在收集固定证据时需要注重时效性。尤其是在互联网毒品犯罪案件中，由于电子证据具有高科技性、多样性、易变性和可再生性等特点，使得电子证据的采集、审查和认定面临巨大困难。缉毒人员必须充分重视和有效利用刑事诉讼法所规定的电子证据种类，考虑建立专业的电子证据取证部门，配备具有丰富电子证据知识和电子物证技术的调查人员，解决网络贩毒案件电子证据取证中的诸多难题。[③]

（四）多维度开展涉毒人员社会帮教工作

1. 加大戒毒工作力度

防复吸作为隔绝吸毒者和毒贩之间的工作重心，是有效防止毒品犯罪人员重复犯罪的关键核心环节，但同样也是禁毒防毒工作面临的最大难题。当前，根据资料显示，国际上戒毒人员复吸率将近91%，即使是在禁毒防毒工作领域经验丰富的美国、德国等发达国家，戒毒人员复吸率也多年保持在80%—90%之间。面对如此高的复吸率，政府部门、司法机关、社区戒毒机构必须携手合作，共同打好禁毒防毒防复吸的攻坚战，牢牢控制治理毒品犯罪的核心。

首先，家庭应当配合社区戒毒机构，努力做好对家庭吸毒者的监督与安抚工作。家庭成员应当主动担负起对戒毒人员的安抚与监管责任，若是连家庭成员都对其孤立、厌恶、疏离，就等同于将戒毒人员再次推向毒贩的身边。同时，社区戒毒机构应该积极主动开展工作，如在戒毒人员隔离戒毒期间与其家庭成员保持联系，更新戒毒人员近况，待其回归家庭后，社区戒毒机构工作人员定期拜访戒毒人员家庭，通过谈心谈话，督促其他家庭成员对戒毒人员进行

---

① 崔敏：《论毒品犯罪案件的证据》，载《证据科学》2008年第4期。

② 赵丹：《毒品来源证据不足的毒品犯罪案件的处理》，载《人民司法（案例）》2016年第8期。

③ 赵微、郝冬婕：《刑事诉讼法修正后毒品犯罪案件证据制度的完善》，载《辽宁大学学报（哲学社会科学版）》2012年第3期。

持续监督，并观察戒毒人员生活状态与交际圈子，若有与毒贩再度接触的苗头，则立即介入，予以制止。

其次，应当进行模拟情景防复吸训练。模拟情景防复吸训练是指通过模拟戒毒人员以前接触的吸毒情景，将戒毒人员置于其中，迫使其不断接近临界点，通过训练提高其在面对毒品诱惑时的心理抵抗能力。这一训练模式，更多的是基于考量戒毒人员的心理健康状态，并就戒毒人员在面对毒品诱惑时的心理状态和抗毒意识作出阶段性评估，避免以后戒毒人员再次接触到旧圈子时产生复吸念头。这一训练治疗模式在美国的社区戒毒工作中已经有着丰富的实践经验，并成功证明了能有效降低戒毒人员复吸概率。

2. 发挥社区组织帮扶作用

毒品犯罪社会帮扶组织主要包括社会团体、基金会和社会服务机构等。毒品犯罪人员由于其犯罪行为特殊性比起其他犯罪更易受到社会排斥，这可能会导致其“二次越轨”，从而实施毒品犯罪。因此，健全毒品犯罪者社会支持体系，降低其毒品犯罪风险，充分发挥社区组织帮扶作用。

有效发挥社会组织帮扶作用，要充分发挥社区组织贴近居民生活的优势作用。已戒断毒瘾的吸毒人员，因其身份常常被标签化，会使社区居民产生排斥和回避心理。因此，社区工作者应当积极开展宣传动员，引导社区居民消除这一心理，营造和谐、友善的社区环境，接纳其重返社区。生活社区除做好基本安置工作外，也应为毒品戒断成功涉毒人员解决部分生活困难。社区可以指定专门的工作人员经常上门入户与其沟通交流，鼓励其参与社区活动并与社区居民建立良好人际关系，尽快摆脱心理不适感，重新融入正常社会生活。此外，条件允许的社区，还可设立心理咨询室，为已戒毒成功的涉毒人员及其家人提供心理疏导服务，避免因家庭关系冲突产生负面情绪，导致重新回归毒品圈，再次沦为毒品犯罪人。

3. 加强对毒品群体的再犯监管控制

对于毒品犯罪的有效治理，简单地将毒品犯罪人送进监狱执行刑罚并非终点，如何使这个群体在刑满释放后不再重返犯罪道路，可以在国家和社会帮助下回归社会，才是禁毒工作真正的内涵和意义所在。如果只单方面强调对毒品犯罪的打击，不强调后续的控制治理，对于毒品犯罪而言只是治标不治本。对有长期吸毒史或者存在多次毒品犯罪前科人员，可以利用大数据手段，将其列为重点监管对象，也可以要求这部分人员定时定点向戒毒机构报告行踪，尽可能切断他们与毒品的接触，可以有效降低毒品犯罪案件发生的概率。此外，戒毒所作为有效遏制毒品犯罪的重要国家机关，工作内容不能流于形式，不能认为将吸毒人员关押够期限就算完成戒毒工作，而应当充分利用强制戒毒的关押期间，通过各类宣传教育感化手段，使吸毒人员从内心产生对毒品的厌恶感、对家庭的愧疚感，强化其自身对毒品的抵抗力。

4. 做好犯罪人员的安置工作

毒品犯罪人员的安置问题是禁毒防毒工作的最后环节也是重点。使犯罪人员成功回归社会，过上正常社会生活，是禁毒防毒工作的立意所在。[①] 当前全国各地都有针对该类人员的安置方针政策，但这些方针政策出台后并未落到实处，主要原因在于很多毒品犯罪人员文化水平较低且没有一技之长，即使在当地政府机构的安排下从事简单的劳务职业也很难适应，最后很快又失业。针对这一难题，首先，政府要主动发挥自身的宏观调控职能，协调好各部门出台对该类人员的帮扶政策，确保该类人员不会因身份问题而缺失在社保、医疗方面的合法权利。其次，刑罚执行机关和戒毒机构可以选择与社会企业展开合作，如企业提出职业技能要求并提供培训人员，辅助该类群体在监管机构内定向培训职业技能，待服刑完毕或戒毒完毕，考核合格者可以直接到该企业工作，政府机构也可以面向该类型企业出台相关优惠政策，鼓励并引导社会企业为该类人员提供更多合适的工作岗位。如此，犯罪人员才能感受到政府和社会并没有放弃他，自然会增强自身戒毒信心，也能更快回归社会。

第三节　涉黄犯罪态势变化及犯罪治理

涉黄与涉赌犯罪都是具有悠久历史的犯罪形式，时代变迁发展，如今的涉赌与涉黄犯罪的新特征显现，如二者分别与网络技术相结合，均呈现隐蔽性强、成本低、利润高的特点；涉黄和涉赌犯罪在实践中都存在取证难、侦破难等问题；在社会危害性方面，黄赌犯罪容易涉及较多数群体，造成的社会影响较大。

一、涉黄犯罪发展态势与趋势预测

涉黄犯罪一直是我国公安机关重点打击的违法犯罪活动，也是社会治安管理工作中的顽瘴痼疾。进入后疫情时代，随着互联网全面覆盖，涉黄犯罪活动也呈现出新的特点和发展态势。为破解新形势下打击涉黄犯罪难题，本报告从

---

① 赵秉志、于刚：《毒品犯罪》，中国人民公安大学出版社 2003 年版，第 39 页。

分析涉黄犯罪的特征、发展趋势入手，反映相应的社会问题并寻找成因，总结规律的同时提出相应对策。

受新冠疫情影响，涉黄类犯罪近三年案件数量有所下降，但却出现了一种新兴犯罪形式——网络涉黄。同时，该类犯罪在发案结构与人群特征等方面呈现出趋同的、鲜受疫情影响的特点，下属各分罪也展现出其独有指征。当前，正确评估疫情对涉黄类犯罪的影响，切中该类犯罪的深层特点，针对性地提出后疫情时代的防控对策，具有重要的价值和意义。

（一）疫情期间案件数量下降但罪名分布集中稳定

几年来，新冠疫情重塑了宏观环境形态，犯罪者的行为模式因此受到影响，与之相应，社会综合治理手段也需要进一步优化与调整。通过对雁塔区涉黄类犯罪数据进行统计研究，发现该类案件的数量自 2020 年疫情暴发后呈现明显下降趋势，罪名分布则较为集中稳定。

对比 2017—2022 年的数据可见，涉黄类案件的总体数量降幅明显，表明疫情及其防控措施对该类犯罪具有显著抑制作用（见图 3 -4）。然而，数据仅证明在疫情发生后的短期内，涉黄犯罪呈下降趋势，显示疫情对涉黄犯罪在疫情初期有显著的影响，疫情及其防控措施影响涉黄犯罪的发生。但随后便显现出反弹趋势，表明疫情对涉黄类犯罪的影响力度减弱。

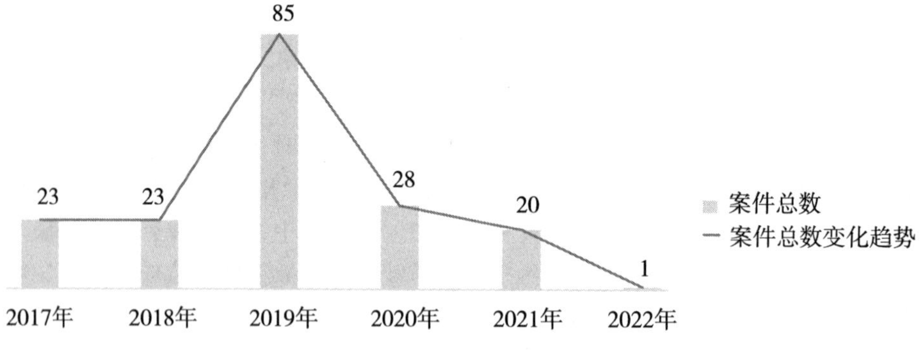

图 3 -4：疫情前后涉黄类案件总数对比

尽管疫情期间犯罪数量有所减少，但涉黄犯罪的表现样态和侵害方式却发生了较大变化，犯罪手段不断翻新，犯罪渠道从线下开始向线上蔓延，犯罪受害对象转移趋势明显。与日常犯罪相比，发生在新冠肺炎危机期间的涉黄犯罪活动更具有威胁性，犯罪的危害性更大，给公众生命安全带来切实风险。

2023 年已有数据显示，疫情管控结束后，涉黄类犯罪数量有明显回升趋势，基本接近疫情前（即2019年的案件数量），甚至有超越之势。如此更能说明疫情管控措施对涉黄犯罪的发生有较大抑制作用，也对后疫情时代涉黄犯罪的治理提出了挑战。

总体来看，涉黄犯罪案件涉及罪名占比相对稳定。2017—2022年六年间，涉黄类犯罪案件共计180件，尽管协助组织卖淫罪与组织卖淫罪的发案数量受疫情影响呈现波动下降趋势，但其占比始终处在高位，换言之，疫情前后涉黄类犯罪发案结构鲜有变化。

从各罪发案走势来看，协助组织卖淫罪与组织卖淫罪发案数受到疫情一定的影响，但其仍有发案。反之，容留卖淫罪与强迫卖淫罪则因疫情影响而鲜有发案（见表3－2）。分析其原因，或许是疫情及其防控措施通过作用于犯罪环境等要素间接地影响了发案结构，而协助组织卖淫罪与组织卖淫罪可以通过网络犯罪的方式进行，而容留卖淫罪、强迫卖淫罪则更多受到犯罪环境的限制。

表3－2

年份 罪名	2017	2018	2019	2020	2021	2022
协助组织卖淫罪	4	5	45	16	15	1
组织卖淫罪	10	14	36	10	2	0
容留卖淫罪	6	2	0	2	0	0
介绍卖淫罪	0	1	3	0	3	0
强迫卖淫罪	3	1	1	0	0	0

在发案结构稳定的基础上进一步分析，涉黄案件涉及罪名比较集中。据统计，涉黄案件共计180起，其中协助组织卖淫罪86起、组织卖淫罪72起、容留卖淫罪10起、介绍卖淫罪7起、强迫卖淫罪5起。最为集中的罪名是协助组织卖淫罪和组织卖淫罪，协助组织卖淫罪案件数占涉黄刑事案件总数的48%，组织卖淫罪案件位列第二，占40%。协助组织卖淫与组织卖淫行为大多以共同犯罪的形式呈现，可见共同犯罪已成常态，是司法实践中较为常见的罪名。

以上对数据的分析，可以看出，在涉黄犯罪体系中，组织卖淫罪和协助组织卖淫罪的数量最多，占比最大，其原因或与涉黄犯罪与网络技术结合密切相关。借助互联网的跨时空性、隐蔽性、便利性等特点，通过智能电子设备就可以随时随地开展组织、协助组织卖淫活动，同时电子数据易销毁、难追踪，犯罪人身份容易隐藏，很难暴露。除此之外，其他种类涉黄犯罪案件数量的减少与社会发展密不可分。以容留卖淫罪为例，传统的容留地点流动性差，限制性强，很容易被侦查机关发现并捣毁。现如今的卖淫活动多选择宾馆、酒店等地点进行，犯罪行为选择种类多样、场所流动性强，且更加便利。因此，宾馆、酒店行业的繁荣是造成容留卖淫案件数量减少的重要原因之一。同时，介绍卖淫罪和强迫卖淫罪的案件数量也较少，主要是因为当前卖淫人员为快速获取较大经济收益而自愿卖淫，犯罪人清楚地知道自己从事何种行业，且自愿选择从事，介绍和强迫的行为很少发生。

综上，结合近年来涉黄犯罪数据统计，可以对发案数量与案件构成两方面进行合理的趋势预测。发案数量上，因疫情管控时期结束，未来涉黄犯罪数量会出现一定反弹，疫情管控结束后涉黄犯罪数量大概率会回到甚至超过疫情前的水平。结合 2023 年已有数据，该种趋势已经得到初步验证。案件结构上，可以预测未来涉黄犯罪的构成仍以组织卖淫与协助组织卖淫为主，强迫、介绍、容留卖淫占极少数，并将持续保持这一结构。

（二）案发地集中程度与人口和经济因素正向关联

雁塔区检察院对收集的 192 起犯罪行为数据以地域为分类标准进行分析，结果显示涉黄犯罪在各地均有分布，在四地发案量相对集中。在雁塔区辖区范围内，涉黄类犯罪高发于居住人口较为密集、人员流动较为频繁、经济水平较高地区，而老城区经济相对不活跃，人口结构比较固定，没有频繁人口流动，因此犯罪比较单一，发案量较小。人口基数无疑为涉黄活动提供了广泛的服务对象和目标基础，人口流动性大也与涉黄犯罪案发率呈正相关。

此外，统计数据显示，行为地非属雁塔区的涉黄案件数量也不少，该犯罪行为共计 25 起，占全部犯罪行为的 13%。这或与涉案人员借助快捷网络和便捷交通，可以在全国各地安排人员，卖淫人员分布广泛、流动性不断增强等因素有关，一定程度上增加了公安机关的打击难度。

高水平的经济基础为涉黄犯罪提供了基础，人口基数与流动情况为犯罪提供了条件。由此预测，未来的涉黄犯罪依旧会围绕经济发达、人口基数大、人流量高的区域开展，因此可以针对经济发达区域进行重点巡查，也可以运用反向思维，对于经济增长加快的区域，应重点关注涉黄犯罪的预防和管控。

（三）涉案人员文化程度处于中间层次且逐步提高

通过对雁塔区涉黄类案件被告人的文化程度进行分析，文盲、小学及以下、初中、高中、中专、大专、本科、研究生及以上学历的被告人均占一定比例。涉黄类案件被告人文化层次普遍偏低，主要集中在小学、初中文化水平。

由此可见，该类案件犯罪人的文化水平基本处于“中间”层次。随着社会发展，文盲犯罪人占比已经越来越小，而大学生、研究生等高文化水平群体更容易得到体面的工作，因此更受一般社会道德观念约束，很少选择一般的涉黄犯罪。文化水平处于二者之间的，如初中、高中、大专等学历群体，是涉黄犯罪主体主要分布区间。通过基础学习，该群体对社会已经形成一定的认识，能够具备基本的社会生活技能，但因为受教育水平不高，以及相对约束不够的生活经历等因素影响，容易形成好逸恶劳，不想通过劳动获取报酬，希望投机取巧来快速获得经济利益等比较歪曲的价值观，因此成为选择高收益低成本的涉黄犯罪的主要群体。

随着义务教育的普及与加强，公众文化水平会普遍性提高。可以预测，涉黄犯罪群体也会逐渐向高中、中专、大专的文化区间集中，涉案人员的文化程度会出现逐渐提高的趋势。

（四）网络涉黄犯罪的兴起增加了犯罪的隐蔽性

网络违法犯罪活动是现实社会中的违法犯罪行为在互联网上的投射和延伸。在特殊的条件背景下，网络涉黄犯罪是传统涉黄犯罪在网络条件下出现的新变种，是传统犯罪互联网化的必然结果。

第一，网络的传播速度为涉黄信息的散播带来便捷。新型网络涉黄犯罪突破了传统卖淫业中地域及场所的局限性，借助于互联网技术的发展和社交软件的普及，向社会各阶层、各领域、各年龄段的人群扩散。利用互联网发布的招嫖信息通过微信群、朋友圈、QQ 空间，甚至建立专业的网站等平台整合发布卖淫女的相关信息，不受纸张篇幅等限制，不仅有卖淫女的照片可供参考，更是将价格、服务内容等信息一一公开，使得嫖娼卖淫犹如网购一般便利。

第二，网络无接触的特点方便了犯罪分子开展活动。借助网络工具，涉黄犯罪活动中的上、下家无须见面，仅需要一个网络账号、虚拟身份就可以进行无接触联络。甚至同级的犯罪分子之间都不清楚彼此的身份，所有证据都内含于电子数据中，如果哪一环节人员遭到公安机关抓获，其能获取的信息也只局限于电子数据，而该种数据具有易篡改、可删除的特性，很容易切断犯罪活动中相关环节的联系，犯罪分子因而极易逃脱公安机关的侦查。

第三，网络的连结性为犯罪群体调动联络构建了基础。以微信系统为例，如今的网络涉黄犯罪往往以各种微信群为据点展开，管理者可以构建很多招嫖微信群，即同时开展数个卖淫活动，卖淫人员、协助人员可以同时加入多个招嫖群，即身处数个卖淫犯罪活动中，哪个微信群需要色情服务人员或协助人员，立马可以参与其中。借助网络，该犯罪群体整体调动联络的方式更加灵活多样，易于迅速、广泛地开展涉黄犯罪。

将上述分析与实践中的涉黄案件相结合，可以预测到未来涉黄犯罪更容易借助网络技术，呈现网络犯罪的特点。具体来说，与传统涉黄犯罪相比，网络涉黄犯罪的开展将更具有隐蔽性、便利性、低成本与低风险性等特征，种种优势会推动犯罪人员开展网络涉黄犯罪，案件量将不可避免地持续上升，并在总体涉黄案件中占据极大比重。

二、涉黄犯罪治理现状及问题分析

通过对涉黄类犯罪数据的详细分析，涉黄类案件呈现的问题逐步明晰，其中主要包括涉黄犯罪数量总体呈下降趋势、卖淫人员大多出于自愿、涉案人员文化性教育缺失以及网络涉黄犯罪的兴起，等等。

（一）涉案人员不良价值观影响且宣传教育不足

卖淫现象之所以屡打不绝，其根本原因是背后巨大的经济利益诱惑。涉黄案件罪名集中于组织卖淫罪和协助组织卖淫罪，而强迫卖淫罪占比较小，说明当前卖淫人员绝大多数出于自愿，而并非在强迫情况下卖淫。考虑到从事卖淫活动的女性大多是生活较为困苦的群体，文化水平普遍较低，没有健康正确的价值观，难以抵抗卖淫活动带来的高额利润，沦为金钱的奴隶。因此卖淫人员虽自愿卖淫，但只要犯罪分子收取和分配卖淫人员卖淫所收取的费用，实施为卖淫活动提供食宿和放风等行为，就应当认定犯罪分子的犯罪性质为组织卖淫。如果是卖淫人员收取嫖资后向犯罪分子缴纳场所费用的，则不属于该种犯罪。

青少年女性卖淫常见的主观原因一般有拜金主义、贪玩好奇、追求性刺激、情感报复等，其中最常见、最主要的是经济利益驱动。部分涉案青少年女性因不满足于低水平的物质生活，希望不劳而获。卖淫无需太多劳动技能和知识储备，可在短时间内获得较多的物质报酬，因此对青少年女性具有相当的诱惑力。金钱和物质享受的满足又进一步强化了她们的道德沦丧和拜金意识，导致失足女性把卖淫当成合理、合法的职业而毫无罪恶感和羞耻感。

从涉案人员学历来看，涉黄案件人员的文化程度比较低，初中学历占比达到 49.15%之多。初中阶段的青少年正处于青春期，性观念主要在此阶段形成，但家庭、学校与社会性教育的缺失导致青少年性观念乃至人生观的偏离。青少年女性误入卖淫的一个重要原因正是性知识和性道德方面的蒙昧无知。她们缺乏成熟的自我控制能力，在淫秽、色情物品的诱导之下，很容易从最初的好奇模仿发展到越来越追求刺激，以此满足畸形的心理和生理需求。

除了青少年女性，当今社会中还存在女性为追求更好的物质生活、更快捷地赚取高额报酬而选择放弃原有正当职业，转而从事卖淫行业的现象。我国涉黄犯罪低成本的违法后果和相对偏低的抓捕率使得治安处罚很难动摇卖淫妇女自身畸形的价值选择。其中，大多数涉案女性文化程度比较低，又没有习得谋生的一技之长，与其他正当职业进入条件较为苛刻相比，从事卖淫业的进入门槛则低很多，这对处于城市边缘的底层女性来说极具吸引力。实务中，很多卖淫人员被查处后，仍然选择重操旧业。

除了卖淫人员，在传统涉黄犯罪中，其他犯罪者往往自身条件并不差，具有协调控制的能力，甚至具有一定的反侦查能力、技术能力等。网络涉黄犯罪人员往往都熟练掌握和运用网络技术，甚至部分在犯罪组织内部起到技术支持和维护作用的人员拥有专业级别的技术水平。犯罪组织内部的核心人员，在其实施犯罪过程中表现出的组织能力、反侦查能力、推广能力和技术能力等，都足以证明这些人完全有能力胜任一份普通的工作以供养自己的生活。[①] 然而，对金钱欲望的膨胀使犯罪人迷失了自我，走向了犯罪的深渊。因而犯罪人主观因素对于涉黄类犯罪的发生影响较大。

综上，卖淫犯罪难以从根本上得到治理的重要原因是犯罪人过度膨胀的物欲却又好逸恶劳的心态。改革开放带来的经济高速增长和物质生活极大繁荣的积极影响背后隐藏有贫富差距扩大、社会道德败坏和以金钱为导向的不良价值观大量涌现等负面影响。社会中所客观存在的矛盾、消极因素和引起犯罪的因素，导致了必定存在犯罪这一社会现象。[②] 无论是受利益驱使自愿卖淫，还是好逸恶劳不屑从事一般工作，归根结底都是犯罪人内心的价值观塑造出现了问题，加上膨胀的欲望与自身能力的矛盾，导致犯罪人实施涉黄犯罪活动。

因而可以得出结论，目前社会关于价值观塑造与涉黄犯罪的宣传教育尚有欠缺，选择合适的方向与方法，填补宣传教育缺口，是预防涉黄犯罪不可或缺的手段之一。

（二）刑罚配置不均衡且行刑立法衔接不畅

行刑领域对于“卖淫”的内涵及外延理解不同，导致实际适用存在困难。在治理卖淫嫖娼方面，我国采取“二元”制裁体系。在刑事领域，我国《刑法》将强迫、组织和引诱、容留、介绍卖淫等第三方行为明确规定为犯罪，并坚决予以严厉打击。行政领域，《治安管理处罚法》对卖淫嫖娼行为规定了

---

① 陈宇超：《新型社交网络涉黄犯罪的进化》，载《犯罪研究》2018 年第 6 期。

② 陈宇超：《新型社交网络涉黄犯罪的进化》，载《犯罪研究》2018 年第 6 期。

行政拘留、罚款措施，对净化社会环境、遏制卖淫嫖娼风气蔓延发挥了积极效果，但是还存在不足之处。

不足之处主要是现有规制卖淫及其关联行为的相关法律条款存在衔接不畅的问题，突出表现在针对“手淫”等行为的认定问题上。公安部在《关于对同性之间以钱财为媒介的性行为定性处理问题的批复》中指出，不特定的异性之间或同性之间以金钱、财物为媒介发生不正当性关系的行为，包括口淫、手淫、鸡奸等行为，都属于卖淫嫖娼行为。而在司法实践中，针对手淫等非进入式而是接触式的色情服务能否认定为刑法意义上的卖淫，各地理解的不一致造成实践中的差异做法。2017 年“两高”《关于办理组织、强迫、引诱、容留、介绍卖淫刑事案件适用法律若干问题的解释》依然没有对卖淫这个概念进行清晰界定，因而实践中容易出现对组织卖淫等犯罪行为判罚不一致的情形。随着社会发展和观念的改变，色情服务已经不再局限于传统方式，面对新型色情服务应该如何对待和处理，行刑领域存在衔接不畅的问题，究竟应入罪还是仅作出行政处罚，在司法实践中造成一系列问题，很可能造成判罚不一、同罪不同判等差异较大的司法行为，破坏司法权威和司法公信力。因此尽快做好行刑衔接，是从容面对时代发展和社会实践变化，更好治理新型色情服务的有利途径。

（三）涉黄犯罪手段不断升级导致打击难度增加

无论在何种司法政策下，我国对涉黄犯罪的打击力度一直有增无减，但涉黄犯罪却难以抑制，这与涉黄犯罪的自身特点存在很大关系。如当下涉黄犯罪存在形成产业链，运行周密成熟；与网络技术结合，侦破难度大；犯罪地点隐蔽，人员流动性强的特点，给涉黄犯罪打击造成较大困难。

第一，涉黄犯罪已然形成产业链，运行周密成熟。现今，成规模、成体系的卖淫组织已经形成成熟的产业链，犯罪系统运行周密，组织者往往有着较强的反侦查意识。卖淫活动中层级分明，且层级之间人身属性联系极弱。一些卖淫团伙组织中分工明确，团伙中常常分为组织管理者、网络技术人员、聊天沟通的客服人员，并分别充当“皮条客”、保安人员、卖淫工作者等角色，其分工协作实现专业化，同时整个组织形式也实现了犯罪的条块化分割，在犯罪过程中犯罪人员可以实现一定程度上的意思自治，甚至不必进行全程的团伙意思沟通，[①] 由此出现的情况是：卖淫人员、招嫖人员等具体实施卖淫活动，风险

① 邹明瑞：《论网络招嫖案件的侦查难点与对策》，载《武汉公安干部学院学报》2020 年第 4 期。

最高但层级最低，而组织者、领导者通过虚拟账号等方式远程联络和调控下级人员，很少进行直接的人身接触，往往下级人员并不知道自己的组织者和领导者究竟是谁，甚至直至案发被捕也未见过领导者。并且更高层级的组织者往往具有成熟的应急措施，如在招嫖微信群中如果有人没有按时回复消息，组织者即立刻解散微信群，删除相关记录，由此导致公安机关只能抓捕一些底层犯罪人员，而无法从中获知更高层级的犯罪组织者，导致对组织行为的打击难以追根溯源。

第二，涉黄犯罪与网络技术结合，加大了侦破难度。利用微信或 QQ 等网络社交工具进行的新型涉黄犯罪方式隐蔽性极强。发布招嫖信息、组织卖淫人员、安排卖淫场所和嫖资支付等主要环节都通过互联网完成。利用互联网组织实施卖淫嫖娼的违法犯罪团伙，一般都有严密的组织体系，分工明确，职能清晰，运行高效。①

在利用网络社交软件发布色情信息时，由于软件本身的匿名性和虚拟性，使得犯罪人可以很好地“隐形”，很难被周边人察觉。许多案例中的代聊人，往往都是成年男子使用带有色情挑逗性质的女性头像，通过扮演女性角色来吸引“客户”。同时，相比于现金交易，微信、支付宝收款这种利用技术手段来隐匿资金流水的方式，更难使监管机构察觉到异常。涉黄犯罪组织建立的 QQ 群或微信群大都设置了加入条件，通常需要“熟客”介绍，不轻易同意陌生人进入，而且进入者需要有中间人担保。隐藏自己真实身份、隐匿资金流向、谨慎吸纳新成员和新“客户”等，都是犯罪组织逃避公安机关打击的措施，导致侦查机关陷入察觉难、跟踪难、取证难、逮捕难的困境。

第三，犯罪地点更为隐蔽，人员流动性强。传统的卖淫嫖娼活动多出现在洗浴中心、按摩店、KTV、商务酒店和小旅馆等公共服务场所。由于信息技术的发达和社会的发展，信息发布和传播变得迅速而便捷，卖淫嫖娼违法犯罪行为不再受制于场所，由原来场所相对集中、窝点相对固定，逐步演变为分散交易，开始转向私人会所、写字楼、民宿甚至交通工具内等私密性、机动性比较强的场所，隐蔽性逐渐增强。② 此种方法使得组织卖淫活动地点不再固定，且容易转移，加大了公安机关打击难度。

同时，多个卖淫场所之间存在人员流动，借助互联网和智能手机技术，犯

① 孙明锋：《网络卖淫嫖娼违法犯罪的现状分析与治理对策》，载《山东警察学院学报》2021 年第 1 期。

② 孙明锋：《网络卖淫嫖娼违法犯罪的现状分析与治理对策》，载《山东警察学院学报》2021 年第 1 期。

罪人员之间联系灵活而紧密，一名犯罪人员可能活动于多个犯罪群体中，借助当前通信手段的快捷性和匿名性，不同卖淫团伙之间经常发生相互介绍、共享卖淫人员和嫖娼者信息的情形。团伙间相互渗透、交叉组织卖淫嫖娼的行为，呈现出规模化和专业化态势，社会危害性进一步增强。[①]

（四）涉黄犯罪综合治理不足滋养犯罪土壤

涉黄犯罪综合治理不足主要表现在三个方面：一是针对卖淫活动中的买方，缺乏合理引导与疏导；二是针对卖淫活动中的卖方，缺乏关注和有效矫正措施；三是针对犯罪条件，缺乏适当合理的社会管控。具体如下：

第一，针对卖淫活动中的买方，缺乏合理引导与疏导。目前对嫖娼人员的刚性需求关注极少，更多的是一味的打击和剿灭，欠缺积极正视的态度、全面分析的格局和规范引导的实践。随着社会经济发展、科技水平进步以及社会群体观念的更新，可以预见未来实践中可能出现更多新类型、新手段的涉黄行为，对此不应一味严厉打击，应当正视需求、适当引导、合理管控。

第二，针对卖淫活动中的卖方，缺乏关注和有效矫正措施，行为人难以回归社会。目前对卖淫人员如何矫正转化，如何防止其重操旧业等问题缺乏相应的法律规定，亟待构建不以限制人身自由为基础的救助帮扶制度。不仅立法层面忽视了对卖淫群体的教育矫正问题，整体社会环境也存在对卖淫群体的轻视、忽视与鄙视。案发后卖淫人员缺少正常回归社会的途径，很难从犯罪阴影与犯罪身份中走出来，难以完成矫正并重新回归社会。涉黄犯罪行为人教育矫正不易，一方面与犯罪人的主观意愿有关，另一方面也与当前对涉黄犯罪人员回归社会的社会环境阻力较大有关。

第三，针对犯罪条件，缺乏适当合理的社会管控。如对犯罪场所的发现不及时，即使有群众发现，也因为与自己无关不想沾染是非等原因，未及时进行举报。

三、涉黄犯罪治理的总体策略与路径选择

本报告以雁塔区判决的涉黄案件为实证研究样本，剖析新形势下涉黄案件特征及行为成因，结合我国法律对卖淫行为的规制现状及存在的困境，提出相应的完善建议。

---

① 孙明锋：《网络卖淫嫖娼违法犯罪的现状分析与治理对策》，载《山东警察学院学报》2021 年第 1 期。

(一)注重加强广度深度力度,提升宣传质效

如果说综合治理是我国犯罪治理的基本模式的话,则在这一基本模式下可以衍生出打击犯罪和预防犯罪(狭义)两种具体模式。打击犯罪模式主要是通过对犯罪人施加刑罚以实现犯罪的特殊预防和一般预防。通过打击来预防犯罪的基本思路在于通过对犯罪人已然之罪的社会反应来预防其再犯以及威慑尚未犯罪的人实施犯罪,在我国体现为“严打”或“专项治理”。狭义预防犯罪的模式指的是在犯罪发生之前所采取的减少犯罪可能性的措施体系。①

在涉黄犯罪方面,预防犯罪模式的运用表现为加强社会宣传教育,其本质就是从个体入手进行犯罪预防。首先,要在个人价值观形成阶段注重对价值观进行正向塑造,在价值观形成之后则强调对价值观的改良与教育矫正。其次,需要加强宣传方法与手段的创新意识,结合社会发展与时俱进地更新宣传方式,同时注重宣传效率。

首先,注重塑造正确价值观、金钱观等,从根本上扼制犯罪思想萌芽。强调观念的塑造是从个人内部进行犯罪预防,是从根本上杜绝犯罪行为发生的有力举措。通过上文对涉黄犯罪人员文化程度与犯罪原因的分析可以看出,涉黄犯罪人员普遍文化水平集中在中等区间,该类犯罪人员并不缺乏对社会的基本认识,也不缺乏正常生活和工作的必备素质,只是在教育不足、缺乏约束的生活环境中形成了错误的人生观、价值观、金钱观,导致其经不住物欲和利益的诱惑从而滑向犯罪深渊。因此做好涉黄犯罪的预防工作对于减少此类犯罪至关重要。应加强对该区间文化水平群体的人生观、价值观、金钱观的塑造,尤其要重视帮助青少年树立正确的人生观、价值观、金钱观等,从源头杜绝犯罪思想的萌芽与产生可能,从而达到犯罪预防的效果。

其次,加强普法宣传教育,创新宣传手段和方式,提高教育成效。传统的普法宣传教育往往采用贴标语、设置标识牌、进行教育讲座等方式进行。而涉黄犯罪具有特殊性,社会公众往往出于羞耻心等原因,不会对传统的涉黄犯罪宣传教育过多关注。且当前社会生活节奏加快,普通群众往往对文字性内容、尤其是刻板法条等鲜少关注。因此传统方式的普法宣传教育往往存在吃力不讨好的现象,因此需要创新普法宣传教育形式,切实提高宣传教育效果和效率。可以结合当下群众普遍感兴趣的文化传播形式,如采取视频等形式,精简案例并通过视频方式拍摄,注明核心法条,对犯罪情节进行凝练表达,突出刑罚后

① 李綦通:《被害预防——我国犯罪治理的常规模式》,载《社会科学战线》2014 年第 3 期。

果，让公众对该罪的犯罪构成和法定刑有大概了解，即可以达到一定的宣传教育效果。针对青少年群体，更要设计符合其感兴趣的普法宣传教育形式，注重趣味性与严肃性的结合，将时事融入故事，增加青少年与普法宣传教育的互动性，打造沉浸式的普法宣传教育新形态。

（二）做好行刑衔接

随着市场发展、社会进步和观念更新，犯罪行为和手段也必然发生相应的变化，"口淫""手淫"等边缘性行为服务渐渐大行其道，尽管我国行政法领域对该类型行为进行了界定，但刑事立法和学界关于卖淫行为边界的确定标准不一、较为混乱，导致法律适用上也出现"同案不同判"的现象。做好行刑衔接，统一司法实践中对不同行为的认定，实则也是对卖淫行为边界的确定。

（三）"网上网下"相结合加强打击力度

网上招嫖和人员调度是网络卖淫嫖娼的主要环节，而网上招嫖线索往往是侦破此类案件的切入点和突破口。

首先，注重网络源头打击。公安机关要不断提高对不良用户、不良信息的发现和控制能力，督促网络运营商切实做好网络聊天账号、网络聊天信息的过滤和清理，对含有招嫖内容的信息做到及时发现、迅速落地，更加严谨地监督和管理社交网络环境，实现对网络涉黄内容的及时消除，抑制不良信息的进一步扩散。[①] 最大限度地提前预警和前端打击网络卖淫嫖娼活动。保持打击持续性和高压态势。[②]

其次，加强专业技术投入。目前，网络警察的数量占比仍属少数。同时，现有的网络警察队伍中专业技术人员不足，建议公安机关招聘适当比例的有网络专业背景的技术人才，以有经验的网络警察带新入队的具有专业知识的新网络警察，提高网络警察的数量和质量，全面提高打击和预防网络卖淫行为。[③]

最后，强化线下打击力度。派出所、治安大队、社区警务室等基层警务单位要针对网络卖淫嫖娼违法犯罪活动的特点，加大对中小型酒店、旅馆、出租屋等地点的管理力度，提高对案件多发地段的巡查频次，综合运用专项治理、突击检查、暗访等手段，不断提升发现卖淫窝点的能力。在查获卖淫嫖娼活动后，要通过突击询问、案件串并、线索关联等方式及时发现表面为单一卖淫嫖

---

① 陈宇超：《新型社交网络涉黄犯罪的进化》，载《犯罪研究》2018 年第 6 期。

② 陈宇超：《新型社交网络涉黄犯罪的进化》，载《犯罪研究》2018 年第 6 期。

③ 唐敏芳、徐思诗：《新型网络组织卖淫案件实务研究——以办理吴某组织卖淫案为例》，载《上海法学研究》2020 年第 23 卷。

娼行为背后却是有组织的网络卖淫嫖娼团伙。

（四）多部门联手“堵疏结合”

加强非刑罚矫正措施的运用，注重对色情服务群体的再教育，以促进其回归社会。在涉黄犯罪治理中，从事卖淫活动的人员大多都是经济能力薄弱的社会底层人员，如果在制裁的同时没有对这些人员进行良好教育改造和社会帮扶，部分卖淫人员宁愿继续选择“重操旧业”，导致类案治理进入“头痛医头，脚痛医脚”的误区，治标不治本。对卖淫人员的教育矫正具有十分重要的意义，但往往容易被忽视。如何对卖淫人员运用非刑罚矫正措施，是长久以来存在的重点和难点问题。

应结合社会力量，建立体系化、专业化的常态帮教代替过去以限制人身自由为主的工作方法，构建内部协调的阶梯型帮教系统，形成政府帮教救助、社会组织关怀帮扶、企业就业支持、名人乡贤榜样引导、志愿者教育感化的社会化教改新格局，加强对帮扶人员的培训和指导，以提高帮教质效为抓手，提升社会包容度。

第四节　有组织犯罪态势变化及犯罪治理

有组织犯罪是社会危害性极为严重的犯罪。黑恶势力犯罪组织为了达到罪恶目的而实施的非法勾当，不仅使得武器贩卖、暴力犯罪频发，致使群众的正常生活失去保证；甚至形成干预政治事务的力量，构成对国家当局的正面攻击，进而引起社会秩序恶化，直接威胁国家安全稳定。

2018 年，党中央、国务院在吸取历次“严打”和“打黑”经验的基础上，部署了扫黑除恶专项斗争，经过三年的持续推进取得了明显成效，并积累了丰富的经验。2021 年，该项斗争转入常态化阶段。2022 年 5 月 1 日《反有组织犯罪法》正式施行，标志着我国在惩治有组织犯罪的法治建设上向前迈出了重要一步。

新时期，打击并预防有组织犯罪是雁塔区检察院面临的重要课题。把握该类犯罪的行为特点与发展规律，对广泛凝聚社会力量着重打击至关重要，同时有助于提升人民群众的幸福感、获得感和安全感。

一、有组织犯罪发展态势与趋势预测

在一般刑事案件中，研究犯罪人群问题是解决犯罪问题的关键环节，而在

有组织犯罪中，剖析犯罪组织的活动情况与研究犯罪人群问题同等重要，这决定了能否从根源上预防和惩治有组织犯罪。根据《反有组织犯罪法》，结合《刑法修正案（八）》第43条的规定及相关法律文件，以雁塔区近六年办理的17件有组织犯罪案件中犯罪嫌疑人及犯罪组织活动情况为根据，在总结有组织犯罪规律的同时，通过对成员结构、犯罪手段、所涉行业领域等方面进行梳理，探析有组织犯罪的预防及治理对策，以期实现“打早打小、露头就打”的工作要求，将黑恶势力扼杀在萌芽状态，有效推进雁塔区常态化扫黑除恶斗争有序开展。

（一）对案件总量分析

1. 犯罪组织存留数量分析

据雁塔区检察院近六年打击有组织犯罪的相关数据显示，辖区内存在的黑恶势力数量可分为两个阶段：第一阶段系从2013年至2018年，这一阶段同时存在的黑恶势力数量基本保持稳定，2017年至2018年有明显上升趋势，并于2018年达到峰值；第二阶段系2019年至2021年，这一阶段存在的黑恶势力数量急剧减少，该现象主要是因雁塔区政法机关与行政监管部门在上级机关的领导下形成合力，在扫黑除恶专项斗争中勇于担当、果断出击，取得了打击黑恶势力、恢复良好社会秩序、化解社会矛盾的丰硕战果。

2. 黑恶势力存续时间分析

雁塔区黑社会性质组织存续时间在5年以下区间的1件，占33%，10年以上区间的2件，占66%。可见，黑社会性质组织存续时间普遍较长，领导者往往扶植亲信，转为幕后操纵，成员之间等级分明，一般参加者通常互不联系，其行为模式隐蔽性强，这也是黑社会性质组织难以彻底铲除的原因之一。

雁塔区恶势力组织存续时间在1—3年区间的占比最大，共10件，占总数的72%；1年以下和3年以上区间数量相同，各2件，各占14%。恶势力组织往往由纠集者组织，以暴力、威胁手段或其他手段在一定区域或如物业、土方工程、建筑等行业内实施违法犯罪活动。恶势力组织较之于黑社会性质组织存续时间普遍较短，原因有二：一是恶势力组织的反侦查意识与行为模式隐蔽性较黑社会性质组织偏弱，往往由纠集者与成员直接联系，并通常以直接暴力或软暴力实施违法犯罪，侦查机关易于掌握犯罪线索；二是其规模和经济实力较之黑社会性质组织有差距，绝大部分恶势力组织没有“保护伞”。

（二）对组织成员特征分析

以《刑法修正案（八）》第43条规定的有关黑社会性质组织的特征与《反有组织犯罪法》、“两高两部”《关于办理恶势力刑事案件若干问题的意见》等法律法规规定的有关恶势力组织的特征为依据，立足雁塔区近年来17件有组织犯罪案件为样本，对辖区内有组织犯罪活动的成员特征予以分析。

1. 成员具有违法犯罪前科情况

在17件案件中，有8件中黑恶势力犯罪组织的成员具有前科劣迹，共计17人，约占全部涉案人员的14%。平均每起案件中都有1名前科劣迹人员。具体而言，黑社会性质组织案件共3件，有前科劣迹人员的共3件，占100%；被告人共计50人，有前科劣迹人员共8人，占16%。恶势力组织案件共14件，有前科劣迹人员的共5件，占35%；被告人共计72人，有前科劣迹人员共9人，占13%。综上，黑社会性质组织犯罪成员中有前科劣迹人员和比例明显高于恶势力组织，即大规模前科人员的关联和集聚，在一定程度上是恶势力组织逐步发展成为黑社会性质组织的关键因素。此外，有前科劣迹人员参与的违法犯罪行为多涉及寻衅滋事、故意伤害、强奸等暴力型犯罪，无前科劣迹人员参与的违法犯罪行为暴力性相对偏低，多是强迫交易、毁坏财物、敲诈勒索、非法侵入住宅等。

前述现象反映出前科劣迹人员在被判处刑罚或者被处罚之后，或因其“标签”难以获取正当职业遂与社会产生隔阂，未能得到足够尊重进而加剧反社会心理，故与具有相同经历的人员聚集在一起实施违法犯罪行为或者加入黑恶势力犯罪组织。

2. 男性成员占绝对优势

在调查的122名犯罪人中，男女比例悬殊。其中，男性共111名，占总数的91%；女性共11名，占总数的9%。恶势力组织犯罪案件中，有女性参与犯罪的共有3件，占21%。3件案件中女性的犯罪行为分别表现为：恶势力组织开设借贷公司，其为实施“套路贷”居中联络；未成年人抢劫共同犯罪中实施抢劫、开设赌场等。

与恶势力组织相比，黑社会性质组织犯罪中有女性参与的案件有3件，占100%。3件案件中女性的犯罪行为分别表现为国家基层政权公职人员参与犯罪、充当公司财务及管理人员负责管理公司、群众基层自治组织人员配合犯罪等。

早期的有组织犯罪具有极强的暴力性特征，极少有女性参与；而如今有组织犯罪的组织形式逐渐以公司形式作掩护，往往以合法身份掩盖其非法行为，这一特征在黑社会性质组织犯罪中尤为突出，在辖区内发生的3件黑社会性质组织犯罪中有2件涉及女性基层群众自治组织人员，其犯罪组织的隐蔽性更强，侦查难度更大。

（三）犯罪手段与行业领域分析

1. 有组织犯罪的成员身份类型化（以贪污受贿罪为例）

在调查的17件有组织犯罪所涉罪名中，存在组织成员涉及贪污贿赂犯罪。其中恶势力组织所涉贪污罪共计2起，黑社会性质组织所涉受贿罪共计2起。同时对黑社会性质组织的领导者和恶势力组织的纠集者的身份分析中发现，领导者和纠集者的身份呈现类型化特点。17名领导者、纠集者中担任前基层群众自治组织负责人的4人，占24%；无业的11人，占65%；公司员工2人，占12%。其身份结构呈现类型化特点，依托基层群众自治组织负责人的影响力及控制力发展起来的恶势力组织2起，黑社会性质组织2起。“村官型有组织犯罪”成为有组织犯罪的典型类型，基层自治政权也成为了黑恶势力发展壮大潜在的“温床”。

2. 成员年龄结构多元化

在调查的122名犯罪人中，18周岁及以下的有4人，占3%；18—50周岁的有101人，占83%；50周岁以上的有17人，占14%。黑恶势力以暴力性特征作为其赖以生存和发展的基础，中青年人精力旺盛、体格强健，其体力或智力均为黑恶势力所需。此外，涉罪未成年人实施的犯罪行为均为抢劫、强奸等暴力犯罪，而50周岁以上的犯罪人均为基层政权组织的领导人或负责人。

3. 以“套路贷”为代表的犯罪手段新型化

近年间，恶势力犯罪组织实施新型“套路贷”涉黑恶犯罪案件1件，由最初的通过高利贷款获取被害人支付的高额利息到以一系列行为步骤进一步非法获取被害人的财产，再到如今的通过黑恶犯罪手段侵犯被害人的人身权，迫使被害人交付高额违约金或者高额利息的违法犯罪活动，发展成为“套路贷”类型的涉黑涉恶案件。该类“套路贷”案件人身危害性高、案件隐匿性强，其出现是黑恶势力通过犯罪手段的更新从传统暴力型犯罪向经济金融领域转变的象征。

4. “软暴力”犯罪特征明显

本次调查的14件恶势力组织犯罪中，行为人涉及的类罪名主要包括强迫交易罪、诈骗罪、非法拘禁罪、寻衅滋事罪、敲诈勒索罪等共计15项，76起。其中犯罪人所涉最多的是寻衅滋事罪，共计16起，占21%；其次是非法拘禁罪13起，占17%；再次是敲诈勒索罪12起，占15%；强迫交易罪10起，占13%；其余犯罪如侵占罪、贪污罪、强奸罪、妨害公务罪等均数量较少，占2%—5%（见图3－5）。

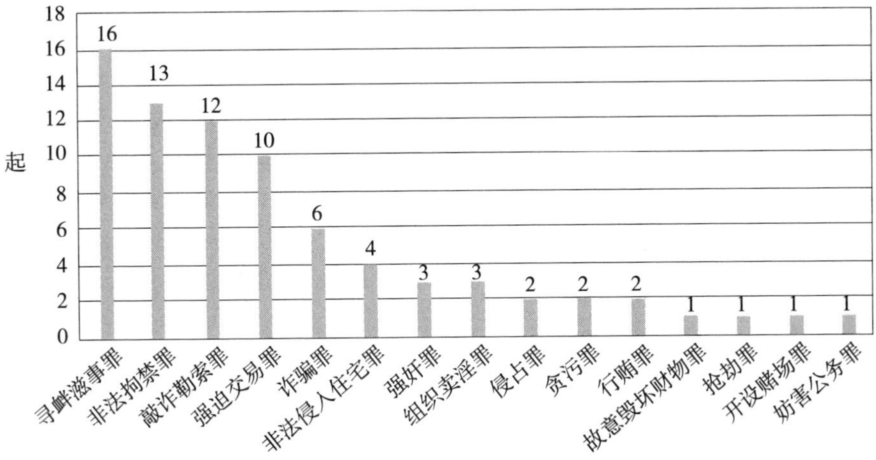

图 3－5：恶势力组织成员行为构成罪名

在 3 件黑社会性质组织犯罪中，行为人涉及的类罪名主要包括组织、领导、参加黑社会性质组织罪、强迫交易罪、敲诈勒索罪、故意毁坏财物罪等共计 9 项，142 起。其中犯罪人所涉最多的是组织、领导、参加黑社会性质组织罪，共计 41 起，占 28.8%；其次是敲诈勒索罪 38 起，占 26.7%；再次是强迫交易罪 23 起，占 16%；寻衅滋事罪 21 起，占 14.7%；非法占用农用地罪和故意毁坏财物罪等零星数起，占比较少（见图 3－6）。

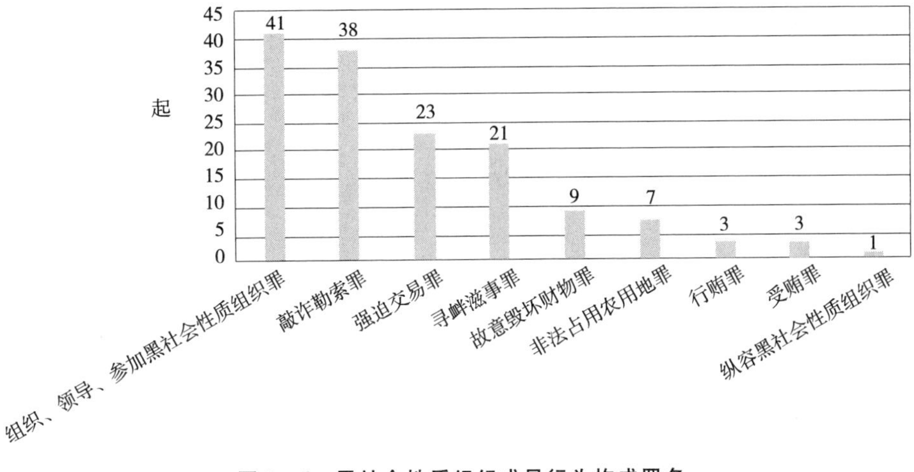

图 3－6：黑社会性质组织成员行为构成罪名

综上，雁塔区近年黑社会性质组织和恶势力犯罪组织成员实施的犯罪行为大多涉嫌以敲诈勒索、寻衅滋事、诈骗为主的“软暴力”犯罪，并且随着组织规模壮大、反侦查意识增强，以暴力为依托的“软暴力”特征愈加明显。

5. 有组织犯罪所涉行业分析

在本次调查中，有 9 个犯罪组织在进行传统领域的黑恶势力犯罪，占 52.9%。其中以暴力催讨为主的 3 件，占 33%；强拿硬要的 3 件，占 33%；以抢劫、强迫卖淫、赌博为主的各 1 件，占比较低。有 8 个犯罪组织实施以行业垄断为主的有组织犯罪，占 47.1%。其中建筑施工业为主的 5 件，占比最高达到了 62.5%；以垃圾清运业、客运业、医疗救助业为主的各 1 件，占比较低。

综上，传统领域内有组织犯罪和行业垄断内有组织犯罪相差无几，但行业垄断型的有组织犯罪造成的市场秩序破坏性更强，严重影响了正常的交易秩序和公平，但其暴力性并不凸显，更需协同行政监督机构有效打击行业垄断型有组织犯罪。

二、有组织犯罪治理现状及问题分析

通过对雁塔区人民法院近六年审结的有组织犯罪案件的数据分析，发现尽管自扫黑除恶专项斗争开展后，黑恶势力数量急剧减少，但仍存在犯罪组织成员扩容、重点行业问题突出、新型犯罪手段层出不穷等问题。有鉴于此，需深层剖析犯罪态势变化的原因，以便更好发挥《反有组织犯罪法》的实施效果。

（一）极少数基层群众自治组织的腐化催生有组织犯罪

辖区内发生的黑社会性质组织案件与恶势力犯罪团伙案件中有 3 起首要分子系基层群众自治组织的负责人，其利用职权与影响力为黑恶势力犯罪组织的发展壮大与聚敛财产提供庇护，攫取经济利益。以张某案为典型，其通过贿选当选村委会主任，又拉拢村委会其他委员、村组长，操纵村委会人事任免，把持基层自治组织长达 11 年之久，不仅利用职权敛财，还通过贿赂等手段，为以其为首的黑社会性质组织提供“保护伞”，极大程度地破坏了当地社会生产秩序和经济秩序。

“村官型有组织犯罪”的形成不单因成员个体，究其本质仍是现阶段存在的社会矛盾。一是政策性利益的诱惑与农村管理体系不健全之间的矛盾。与政策下乡带来的利益激增形成对比的是以组织权力为核心的乡村基层社会管理体制的产生与运行缺乏有效监管，如村官人事任免监督乏力、村务公开监督体系有待完善等，致使一些村霸通过担任村干部，甚至与其他村干部相互勾结、相互包庇，形成利益共同体，非法攫取甚至垄断占有农村资源，严重损害了农村基层民主自治的实现和广大村民的经济利益。二是农村法治化建设需求与农村法律监督体系不健全之间的矛盾。农村经济发展不可避免地带来了贫富差距扩大和社会矛盾累积，加之农村法治氛围不浓，一些村干部利用职权谋取不法利益，一定程度上制约了农村法治化建设目标的实现。而农村法律监督还没有形成有效约束力量，农民表达诉求和维权的渠道还不够畅通，使村霸得以横行乡里。三是乡村法律监督制度不完善与村民法律意识薄弱之间的矛盾。随着城市化进程的推动，新时代的农村社会结构和治安形势发生了深刻变化。在城中村、城乡接合部等地区，法律监管不到位，人口流动频繁，犯罪成本较低，成为恶势力犯罪的“温床”。加之很多村民也不知如何运用法律武器制约村霸等不法力量，进一步助长了村霸势力的蔓延。

（二）对“套路贷”为代表的新型有组织犯罪打击不足

辖区内发生的黑恶势力犯罪中仅 1 起“套路贷”犯罪。区别于其他以“契约”为合法外衣虚构债权债务关系，试图掩盖非法占有目的的普通“套路贷”，有组织犯罪中的“套路贷”类型不仅存在单纯的“资金”套路，更发展为借助黑恶犯罪手段侵犯被害人的人身权与财产权的涉黑涉恶案件。

与之相似，其他新型犯罪手段与涉黑恶犯罪结合，形成新型有组织犯罪，使黑恶势力“大隐隐于市”，难以对其“打早打小”，甚至即使出手打击，也呈现出“软着陆”的力度，而最终严重影响社会秩序的稳定，具体而言：一是硬打击难度加剧。该类犯罪诱因复杂、犯罪行为极具隐蔽性与专业化加剧了侦控的难度。一方面，“套路贷”的案件较难发现；另一方面，“套路贷”的犯罪事实较难证明，“电子证据”作为案件主要证据收集较难、证据质量偏低，且以其为主的证据链条较长、证明环节较多。二是立体式预防机制缺位。“套路贷”犯罪往往蒙上民事外观的“面纱”。针对各种“套路贷”违法犯罪，预警机制未能及时跟踪犯罪萌芽、发展的信息。部分商业银行等金融机构存在监管漏洞，尤其是对于短时间内高频率的可疑转账取款操作，没有严格执行大额交易和可疑交易报告制度，使得不法分子顺利伪造银行转账流水；公证机构对于民间借贷类公证、抵押担保型公证流于形式审查，疏忽实质问询，致使借款合同、抵押合同等虚假的合同证书顺利公证。三是被害人风险应对意识与能力不足。面对组织严密、外观合法、手段隐蔽的“套路贷”犯罪，被害人普遍存在应对意识与能力不足。具体表现为：其一，对可能陷入被骗的认识不足，个人信息保护意识淡薄，极易泄露个人信息，且不核实确认信息采集用途，也欠缺订立民事借贷合同的知识储备和经验积累；其二，大多不会采取积极有效的事后救济行为，任由“套路”引向进一步被骗的泥坑；其三，无证据留存意识，不注重留存、拷贝证据材料。

（三）未成年人参与有组织犯罪问题重视不够

辖区内于2018年和2019年发生两件未成年人参与的有组织犯罪案件，一起是未成年人参与强奸妇女并长期强迫其卖淫，在短短一个月内，便实施4起犯罪；另一起是未成年人恶势力团伙长期通过网络约见网友，然后实施抢劫，在10日内犯案3起。这两件案件都涉及未成年人，并且在短时间内作案数起，伴随表现出未成年人犯罪手段暴力化的倾向。

分析雁塔区在扫黑除恶专项行动中破获两件未成年人参与、组织黑社会性质组织的案件成因，不难发现其共同点：未成年犯罪嫌疑人及其家长的学历普遍较低，大部分仅为初中文化水平，法治意识淡薄。其在校时就表现不好，是学习成绩差、思想品德差、行为表现差的“差等生”，即使走上社会，生存技能低下，大部分处于工作不稳定、收入不稳定、住址不稳定的“三不稳定”状态，失去管教束缚而逐步走上违法犯罪道路。这些未成年人从带有区域性的相对固定的生活圈、交际圈开始，慢慢发展到拉帮结派，在各种思想、意识、行为、语言等互相影响作用下，形成了自己圈内认同的不正确的世界观、人生观、价值观。这些未成年人在接受了“拜金主义”“享乐主义”等不良风气的影响后，容易沉迷于违法所得带来的物质满足和实施暴力所带来的病态精神刺激，更易于被黑恶势力犯罪组织引诱拉拢，甚至形成完全由未成年人构成的犯罪组织。

（四）重点行业领域有组织犯罪问题依然突出

黑恶势力犯罪盘踞在关涉民生福祉的传统行业，对社会经济发展与人民美好生活造成极其恶劣的影响。辖区内首例黑社会性质组织案件即发生在物业行业，嫌疑人强占停车场收取车位费、非法收取摊位费，进而发展到收取保护费、强迫交易垄断装修材料，最终发展为黑社会性质组织。此外，在交通运输领域，黑车因拉客恶性竞争而逐渐发展为恶势力犯罪集团；在大型农贸市场，存在以“地下出警队”“收保护费”为主要犯罪手段的恶势力犯罪团伙。

在该等行业领域，有组织犯罪极易滋生蔓延，其原因有：第一，长期以来，涉及民生福祉的传统行业，除上述提及的行业，还有如建筑工程、城市拆迁等行业具有门槛低、成本小、管理偏弱等特点，易被黑恶势力侵入，以强迫交易、寻衅滋事等手段攫取不正当利益，垄断市场。第二，不正当竞争催生了有组织犯罪。交通运输等行业领域监管困难、大型市场人员构成混杂，容易产生不正当竞争。而在不正当竞争中暴力成为一种“便捷高效”的手段，催生出以“地下出警队”“收保护费”“黑车暴力抢客”等为主要行为模式的有组织犯罪，随着有组织犯罪的发展，合法经营者或遭受长期压迫而放弃经营，或转而寻求黑恶势力的庇护，更进一步加速了有组织犯罪的扩张，行业领域陷入恶性循环，严重破坏生产经营秩序。

三、有组织犯罪治理的总体策略与路径选择

（一）深入落实《反有组织犯罪法》

《反有组织犯罪法》是为了预防和惩治有组织犯罪，加强和规范反有组织犯罪工作的法律，有维护国家安全、社会秩序、经济秩序，保护公民和组织的合法权益的重要意义。因此，须通过加强教育宣传与涉黑恶线索摸排等措施进一步落实该法。

一是通过集中宣传、两微一端、公交地铁屏幕等形式，多角度全方位加强宣传。具体而言：其一，针对城中村、大型市场、学校、企业等重点场所，有针对性地面对重点人群、最大程度提高群众知晓率，使广大群众知悉有组织犯罪的特征与危害，自觉同有组织犯罪作斗争。其二，组织相关单位工作人员深入市场、车站、乡村、经济开发区等基层一线开展普法和涉黑宣传，引导基层群众认清黑恶势力，增强群众的法治思维，广泛收集来自一线的建议和意见。

二是拓宽涉黑涉恶线索来源。其一，充分运用大数据和信息情报平台等科技手段。其二，及时向群众公布涉黑涉恶线索的举报方式，打消群众思想顾虑，引导群众积极提供线索。

三是加强对重点行业、区域、人员的摸排。其一，对于诸如娱乐、托运、建筑等重点行业的有组织犯罪高发区，实行线索摸排与社区警务全面结合，坚持“及时、全面、依法、保密”的原则，建立健全黑恶线索摸排工作机制。其二，围绕容易滋生黑恶势力的各类集贸市场、城乡接合部等群众反映强烈的重点区域，组织社区民警深入摸排欺行霸市、垄断市场、强揽工程、欺压群众等黑恶势力线索。其三，全面梳理涉黑涉恶高危人员，建立前科、在逃人员信息库，对涉黑涉恶重点人员开展外围调查实时掌控，并抽调精干力量成立排查小组，按照“一人一策”的策略，集中开展线索工作。要坚持问题导向、效果导向，紧紧围绕“打、防、管、建”四项任务，推动行业领域整治走深走实。

（二）协同各职能部门关注未成年人健康发展

目前，由于社会团体关怀力度不足，造成的社会支援不足，迫切需要调动社会各界的力量，形成一个有利于全社会的关怀环境。

一是调动各类儿童基本权益的组织和社会组织的资源，号召全社会积极投入对未成年人的保护。拓宽网上、线下的教育方式，拓宽对农村留守子女的关

怀渠道，促进社区的社会服务和义工工作的展开。

二是强化各部门之间的横向沟通，促进协同。其一，构建家庭、学校、社会“三位一体”的教育格局，引导未成年人树立正确的世界观、人生观和价值观，加强未成年人的法律意识和守法意识。针对偏远地区，则可通过联络社会关怀机构，完善有关教育督导体制，即协调乡村学校与共青团、村委会等组织招募退休教师、青年学生等志愿者，在农村开展公益教学活动。其二，由公安部门牵头教育宣传、市场监管等职能部门协同开展“扫黄打非”、整顿“黑酒吧”“黑酒店”等领域，严禁非法散布含有色情、暴力等不良音像制品、网络游戏，严打含有色情、暴力的歌舞娱乐活动，严查接纳未成年人的不实登记，同时强化日常对该等经营单位的审批与监管，着力营造一个安全、稳定的社会秩序。其三，鼓励社会各界积极参与社会监督，对提供有效线索的单位与个人进行经济奖励。

三是借力网络以实现广泛教育，利用快手、抖音、微博等新媒介对未成年人进行防范。通过开展法制知识竞赛、开设法制专栏、制作宣传动漫、制作专题片等方式，把法制宣传教育的内容渗透到社会的各项事业中，让人民群众“愿意听、听得懂、记得住、做得到”。与此同时，需净化网络环境，丰富未成年人业余文化生活。例如，可开发研制类似于“阳光少年”之类的 App，让互联网在预防和打击未成年人涉黑社会性质组织犯罪中充分发挥积极作用。邀请家庭、学校、社区和司法机关加入，家长、老师、司法机关可以随时随地通过互联网对每一个未成年人的思想状况、学习和生活进行全方位、深层次、多领域的了解与掌握，一旦发现未成年人有涉黑的犯罪苗头，通过 App 这一移动平台能够方便、迅速地做出及时、有效的预防和制止措施。通过 App 上传真实案例，通过法治教育视频资料，可有效强化未成年人的法治教育。通过 App 进行普法宣传，让未成年人能知法、懂法、守法。积极引导未成年人形成向上的处世理念，培养正确的价值取向。在 App 上直播青少年涉黑社会性质组织犯罪的庭审现场，让未成年人身临其境地感受黑社会性质组织的危害；或邀请警察、法官或检察官在 App 上进行直播，用工作及办案经历教育未成年人远离黑社会性质组织等等。

（三）加强基层村民自治组织和党组织建设

如前所述，基层群众组织的腐化一定程度上催生了黑恶性质组织，以“村官”为首的“保护伞”使乡村成为该等犯罪的“温床”，是故加强乡村法治与党建势在必行。

一是严格监控农村“两委”换届选举。在选举过程中应当畅通举报渠道，依靠群众发现破坏选举秩序的犯罪行为，建立与村民群体、基层组织协同预防的工作机制，切实维护好选举工作秩序，预防各类干扰、操纵和破坏选举的职务犯罪，营造良好的民主选举环境，杜绝村霸和宗族恶势力通过选举上位，有效保障村民的自治权。

二是加强基层党组织建设。严格落实组织生活制度，通过定期组织民主生活会、“吹风会”等形式开展自我批评与相互监督，切实提高基层党组织成员的党性修养和政治站位。严格对入党积极分子的考察，全面开展入党积极分子的摸排工作，着重考察入党积极分子对党的理论和路线方针政策的态度，确保考察工作不流于形式。

三是探索建立法律联络员制度。“乡村社会治安治理要重视乡村居民的治理主体地位，发挥多中心治理作用。”可以考虑在农村聘任部分为人正派、具有一定工作热情的村民为法律联络员，对法律联络员的聘任方法、任职条件、工作职责、法律培训等进行详细规定，规范检察联络员的任用，充分发挥他们作为信息员、宣传员和监督员的作用，使检察工作的触角得到延伸。

（四）以大数据法律监督护航重点行业领域

建议由区政府、区委政法委牵头，建立涵盖各司法、执法、行政部门的数据库，雁塔区检察院依托与西北政法大学共同成立的检察大数据研究中心，按照雁塔区有组织犯罪人员、犯罪手段、行业领域等特点，建立法律监督模型，利用刑事案件、治安案件、行政处罚等数据进行比对碰撞，及时发现有组织犯罪苗头。逐步形成“案件精准办理—总体统计分析—数据共享归集—数据碰撞对比—类案规律研判—移送线索核查—开展精准监督—跟踪督促落实—推动社会治理”的工作思路和基本途径，努力实现从被动监督到主动监督、个案监督到类案监督、单兵作战到融合发展的转变。打早打小，将黑恶势力消灭在萌芽阶段，以大数据赋能为全区经济社会高质量发展保驾护航。

（五）提高重点人员矫正实效，强化动态管控

目前黑社会性质组织的孕育周期日趋变快，不良青少年及社会闲散人员、刑释人员特别是与涉黑涉恶有直接关联的前科人员，均是黑社会性质组织犯罪的重点高危人群。有必要对这两类重点人员进行持续动态观察，阻断其与黑社会性质组织之间的联系。

一是注重矫正重点人员的价值观念，弱化其原有身份认同。脱离正常社会环境后形成的病态价值观是犯罪人被黑色文化诱惑的主要成因。实践中改造主观思想的难度远大于对客观行为的改造，前科人员一方面自身已被“标签化”，整个社会环境中的容纳和接受能力限制了其重新融入社会；另一方面，依赖渲染监所或其他不良经历反之可帮助自身迅速获取组织内部威信，这种

“正向”激励又强化了其对原有身份的认可。所以，应致力于有针对性地帮助刑满释放、社区矫正人员等重点人员摆脱其对既往身份的认同，具体可多实施有利于改造其价值观念的措施，如加强就业技能培训、法制教育等，也可加强对其回归社区的信息告知力度，调动可用资源做好安置帮教工作，以此引导培养正确的社会价值观。

二是注重动态管控重要对象，精准把握重点对象的社会交往关系。黑社会性质组织成员之间大多存在关联关系，或是地缘牵连，或是家族牵连、工作牵连等。部分外围成员仅在实施违法犯罪活动前被临时纠集；大部分成员关系紧密，在除犯罪以外的时间也以工作或者其他日常生活的方式聚集在一起。所以动态管控重点对象的生活圈和社交圈，包括个人的社会交往、兴趣爱好、生活方式等情况，就显得极有必要。

但目前网络的传播性、开放性使得犯罪组织结构疏松、成员之间表面的关联度下降，一些犯罪组织频繁变换作案人员、手段、地点，伪装作案动机，使前后案件缺乏关联性，模糊办案机关的视野。办案人员在个案思维之下，易局限于办结现发个案，对相关案件和人员串并不足、深挖不够，使得黑社会性质组织案件往往被以个人犯罪的形式处理，难以痛击其“筋骨”。对此，需要对重点人员进行关联分析，着重审查组织成员所在层级、各层级成员的延续性，以及成员之间的联系紧密度、彼此从属关系是否固定，并且同感同框拓展社会动态交往对象，全线追踪溯源拓展系列案件。

（六）提高早期识别能力，将治理核心从周期性打击转向日常防控

以往打黑专项行动中的治理重心固守于对成熟的黑社会性质组织的打击方面，强调打击数量，呈现以刑事制裁手段为主，短时期内打压个类犯罪的周期性治理特征。集中治理模式对于短时间内治理效果的提升有一定积极意义，但可持续性较弱，当下黑社会性质组织非法控制的范围、犯罪活动的危害程度、调查取证的难度等均大于传统黑恶犯罪，周期性打击所具有的被动、零散性必将影响打击效果，治理重心转向主动、系统的日常防控实有必要。

正确认识、把握早期组织活动形态，有助于先期识别可疑犯罪线索，推动治理核心从“打击犯罪”到“日常预防”。具体而言：一是重点警情模型分析，即针对110警情中涉黑类常见刑事、治安案件开展建模分析，从个案入手，以点扩面。对多次报案、多次涉及相同手段等特征的重点可疑警情，结合回访、笔录、调解协议、录音录像等开展人工叠加分析。二是重点名单模型分析，留意重点行业、领域的入所人员手机等电子设备中的多维数据，选择“超期”“讨债”“违约金”“网贷”等与涉黑犯罪关联度高的关键词，开展比对分析，从中挖掘疑似涉黑违法犯罪线索。三是结合已结案件模型分析，针对

已破案件及诉讼判决案例开展建模分析。如可建立“民间借贷诉讼数据模型”，在审理民间借贷纠纷案件时，除了审查常规证据外，还可结合款项来源、交易习惯、款项用途及流转、当事人关系等判断借贷的真实情况，梳理出起诉次数较多且被告鲜有到庭或到庭辩称实际借贷金额远不及诉讼金额的诉讼情况，再围绕起诉人的社会关系、通信流、资金流进行研判分析，查获具有黑恶性质的“套路贷”团伙。

（七）强化重点行业的布控与监管，明确有关治理主体责任，挤压黑社会性质组织的经营空间

一是明确治理主体责任，杜绝责任分散。这是强化行业整治的基础前提。黑社会性质组织犯罪的日常防控不应只在科层体系之内被提起，而应是集多元治理力量、丰富治理资源于一体的统筹思考。其一，应转变仅依赖强大行政权力推进整治工作“一家独揽”的治理方式，实现协同共治。调整行政主体与社会力量在发现、打击黑恶势力犯罪过程中的结构关系，从政法机关单一主导转为社会组织化、规范化参与，只有充分发掘社会中的资源潜力、治理潜力、工具潜力，更高质量的犯罪治理才得以可能。其二，应为协同共治提供制度化的整治途径以及清晰的责任边界。长效整治需要流畅的运作机制，比如完善政法单位与重点行业主管部门的信息共享机制，搭建信息共享平台，通过发挥其跟踪问效作用，最大限度地解决监管责任不落实、线索移送不主动、行政执法和刑事司法衔接不到位等问题；实行“谁主管，谁负责”原则，将重点行业整治行动纳入所属行业部门整体的工作内容之中，通过发挥各级扫黑办综合协调、督促指导的行政权威，促进重点行业协会的自律自治。

二是优化打击新兴行业犯罪案件能力。这是提高行业整治可持续性的关键。首先，考虑到目前大量犯罪行为均可在网络空间实施，在对黑社会性质组织非法控制特征中的“区域”进行解释时，应当扩大现实空间的范围，将网络空间涵盖进去。其次，保持对“互联网”“市场经济”等新领域涉黑涉恶警情的敏感度，组织开展打击整治涉网、套路贷等涉黑犯罪形式的业务培训，学习相关法律政策文件和办案经验，提高基层办案的法律水平和实战能力。再次，围绕重点犯罪类型，有针对性地开展全网巡查、线下摸排工作，比如针对网络暴力、“软暴力”等催讨债务警情高发情况，运用打击侵财犯罪中的“双向侦查、全线打击”侦查战法，采取由个案到系列案件，再由已经确定的系列案件到个案的方式，在集中分析摸排出背后相关联网贷平台后，将打击焦点对准为网贷平台提供 App 软件、负责平台运行技术保障的网络技术“黑产公司”等，通过上挖源头、下拓平台，彻底断绝网贷黑恶犯罪全链条。最后，强化与相关重点行业部门（如网信、工信、金融监督、市场监督机构）和检

法机关的沟通协调，建立办案协作机制，掌握最新领域发展态势，明确执法思路、尺度等细节。

（八）提升摧毁“保护伞”的根源性惩治理念认知，遏制影响与控制

尽管截至目前雁塔区查处的黑社会性质组织犯罪没有涉及“保护伞”，但仍不能放松“保护伞”的问题。事实上，在我国，黑社会性质组织案件存在“保护伞”的现象较为普遍，应深化对“保护伞”危害性的认识，只有将“打伞”深度嵌入扫黑中，形成两者同频共振的一体化治理模式，才能起到根源性的治理成效。

一是坚持宽严相济的刑事政策。对在被追诉过程中主动帮助协查或交代背后“保护伞”的黑社会性质组织犯罪分子，经查证属实的，可予以从轻或减轻处罚的特别宽宥。此举表面上是让渡了部分国家刑罚权，实际是制造发现“保护伞”的机会，破除犯罪分子与“保护伞”之间的攻守同盟，有利于获得最大的刑法应对效果。

二是对“保护伞”的量刑要协调、比照对应的黑社会性质组织。惩罚是犯罪的成本，对于“保护伞”这类理性犯罪人而言，如果威慑不被感知，其预防作用也将无从发挥。因此，要发挥足够的威慑功能，在对“保护伞”法律评价的量刑方面，就要与黑社会性质组织成员对等，防止其成为“法律上的轻刑、事实上的从犯”而获得实质上的宽宥处理。

第四章　新型刑事犯罪态势分析及犯罪治理

第一节　网络犯罪态势变化及犯罪治理

近年来，犯罪分子通过网络实施诈骗及其他犯罪行为，不仅污染网络环境，更严重影响人民群众的安全感。因此，本报告以2017年至2022年间雁塔区检察院受理的案件数据为基点，选取涉嫌网络犯罪的案件中具有代表性的网络诈骗罪、帮助信息网络犯罪活动罪以及侵犯公民个人信息罪三大类案件，用以系统分析网络犯罪态势变化，并探查新冠肺炎疫情对该类犯罪的影响，最后结合个罪具体情况提出可行性惩治与预防对策。

一、网络犯罪发展态势与趋势预测

以涉罪行为特征与涉案被告人特征为切入点，重点分析三大类案件的主要犯罪手段、犯罪类型、涉案金额以及涉案被告人群等数据。

（一）网络犯罪案件总量分析

纵向分析近六年来雁塔区检察院受理的三大类案件的案件总数与逐年变化情况，发现网络犯罪的发案率以2019年为分界点，此前上述三类网络犯罪案件虽有发生但是案件总量较少且增长缓慢，但2019年后呈激增状态。其中，侵犯公民个人信息犯罪的案发率近六年呈稳定上升状态；而帮助信息网络犯罪活动罪由2019年之前受理0件增至2021年与2022年分别受理50件与61件，占整体数量的99%。

（二）犯罪行为特征及涉案行为人情况

重点分析近六年雁塔区检察院受理的三大类案件的犯罪手段、犯罪类型、涉案金额以及涉案被告人的年龄与受教育程度等，得出网络犯罪呈现的犯罪行为规律与涉案被告人群特征。

1. 网络犯罪行为特征

以相关网络犯罪行为特征为基点，分析2017—2022年雁塔区检察院受理案件具体数据，可以得出以下特征：

（1）犯罪手段高端，类型多样。在抓取的数据中，电信网络诈骗案件常见的犯罪手段高达 10 种，侵犯公民个人信息案件中主要犯罪手段也有 6 种，犯罪手段呈现多样性。同时，上述犯罪手段多数是凭借互联网技术构建虚拟平台或是通过各种软件、社交平台实现的，科技含量较高，与传统的线下犯罪存在较大差异。尤其在电信网络诈骗案件中，被告人大多是通过微信、QQ 等网络社交软件引流联系被害人实施诈骗行为。

（2）网络犯罪案件涉案数额巨大。在 2017—2022 年间，电信网络诈骗案件涉案数额在 10 万元至 100 万元的案件占 67%，帮助信息网络犯罪中更为明显，涉案金额在 10 万元至 500 万元的案件占 60%。

2. 涉案被告人特征

以相关网络犯罪涉案被告人特征为基点，分析 2017—2022 年雁塔区检察院受理案件具体数据，可以得出以下特征：

（1）涉案被告人低龄化趋势明显。网络犯罪案件中，中青年为主要犯罪群体，涉案被告人年龄主要集中在 18—40 周岁之间，占整体比例的 92%，是网络犯罪的主力军。

（2）涉案被告人教育水平普遍不高。网络犯罪案件中，涉案被告人所受教育水平集中在高中及以下学历。其中，电信网络诈骗犯罪和帮助信息网络犯罪活动罪中，高中及以下学历占比均超过 50%。

（三）网络犯罪中重点罪名

电信网络诈骗犯罪、侵犯公民个人信息犯罪和帮助信息网络犯罪活动罪这三大类案件是实践中的高发案件类型，从案件特征分析，该三类案件具有犯罪人群的高度重合性和犯罪行为的内在关联性，其本质上都为传统侵财类犯罪在网络空间的异化。

实践办案中，侵犯公民个人信息犯罪是帮助信息网络犯罪活动犯罪与电信网络诈骗犯罪的预备行为，后二者是网络犯罪中的下游犯罪，并以帮助信息网络犯罪活动犯罪为电信网络诈骗犯罪的帮助行为。具体而言，近年来网络犯罪逐渐形成了“产业化”运营：部分接触并掌握公民个人信息的国家机关工作人员及金融、电信、教育、医疗、房产等企事业单位工作人员作为产业链的上游，实施侵犯公民个人信息的行为后与中间交易平台收买、交换信息，扩容占有的信息量，后经由“中间商”整理打包，非法出卖给下游实施电信网络诈骗犯罪与帮助信息网络犯罪活动罪的“目标客户”。下游犯罪通过非法获取的大量信息，以社交软件引流、骚扰电话、伪基站等方式，一对多、点对面地对普通公民开展电信网络诈骗。

目前，面对网络犯罪整体发案数量的上升态势，重点分析并总结辖区内个罪发案的具体特征与规律，有助于在关键环节采取有力举措。

1. 电信网络诈骗案件

分析 2017—2022 年间雁塔区检察院受理的 62 件电信网络诈骗案件以及 109 位涉案被告人信息，总结出近六年来电信网络诈骗案件的犯罪规律。

（1）电信网络诈骗案件犯罪手段多样。近六年间，雁塔区检察院受理的电信网络诈骗案件主要的诈骗类型有 10 种。

（2）引流途径多样。2017 年至 2022 年间，雁塔区检察院受理的案件中，借助微信及微信群、QQ 及 QQ 群联系被害人的有 31 件，占案件总量的 48%；借助其他网络交友平台（陌陌软件、“伊对”软件、世纪佳缘婚恋网站）联系被害人的有 9 件，占案件总量的 14%；通过直播平台联系被害人的有 2 件，占案件总量的 3%；通过其余 App 联系被害人的有 3 件，占案件总量的 5%。

（3）电信网络诈骗案件涉案数额巨大。雁塔区检察院所受理的 62 个案件中，被告人违法所得数额在 1 万元以下的有 12 件，占案件总量的 19%；在 1 万元至 10 万元的有 26 件，占案件总量的 41%；在 10 万元至 100 万元的有 19 件，占案件总量的 27%；在 100 万元以上的有 3 件，占案件总量的 5%。

（4）电信网络诈骗受案率明显上升。2019 年共 13 件，较 2018 年上升了 8%，被告人人数为 13 人，较 2018 年上升了 5%；2020 年共 14 件，较 2019 年上升了 2%，被告人人数为 16 人，较 2019 年上升了 3%；2021 年共 17 件，较 2020 年上升了 5%，被告人人数为 59 人，较 2020 年上升了 39%。

（5）电信网络诈骗罪被告人低龄化趋势明显。雁塔区检察院近六年受理的电信网络诈骗案件中，18—40 周岁的年轻群体有 106 人，占比高达 97%，是电信网络诈骗最主要的实施主体。40 周岁以上的被告人有 3 人，占 3%，18 周岁以下实施电信网络诈骗的为 0。

（6）涉案被告人受教育程度较低。2017—2022 年间，雁塔区检察院受理的电信网络诈骗案件中，高中及以下学历的被告人共计 54 人，占 50%；拥有中专学历的被告人共计 10 人，占 9%；拥有大专学历的被告人共计 8 人，占 7%。

2. 侵犯公民个人信息案件

分析雁塔区检察院近六年受理的 18 件案件及 18 位涉案被告人信息，案件总量整体较少且趋势较为稳定，与 2017 年相比，2021 年受理的此类案件总量下降了 33%。

（1）侵犯公民个人信息案件犯罪手段多样。雁塔区检察院近六年所受理的案件中，从事房产工作，利用自身工作便利侵犯他人信息的案件有2件，占侵犯公民个人信息案件总量的11%；未提及从事何种领域工作，但利用职务便利侵犯他人信息的案件有3件，占侵犯公民个人信息案件总量的17%；利用微信、钉钉等软件App发送他人信息的案件有3件，占侵犯公民个人信息案件总量的17%；利用传统U盘电脑拷贝的方式发送他人信息的案件有3件，占侵犯公民个人信息案件总量的17%；利用虚拟主机搭建的平台出售他人信息的案件有1件，占侵犯公民个人信息案件总量的6%。

（2）发案率低且趋势平稳。自2017年以后，雁塔区检察院受理的侵犯公民个人信息案件大幅下降并逐年保持稳定。2018年雁塔区检察院受理的侵犯公民个人信息案件总量较2017年下降了39%。2018—2022年，受理的案件总量基本维持在2至3件。

（3）涉案被告人低龄化趋势明显。2017—2022年，雁塔区检察院受理的案件中，被告人为18岁以下的，仅有1人，占6%；被告人为18—40周岁的有16人，占89%；被告人为40岁及以上的有1人，占6%。

（4）涉案被告人高学历占比较大。在雁塔区检察院受理的18个案件中，小学学历的被告人有1人，占6%；初中学历的被告人共2人，占11%；大专学历的被告人共4人，占22%；本科学历的被告人共4人，占22%。

3. 帮助信息网络犯罪案件

雁塔区检察院近六年受理的帮助信息网络犯罪活动罪共112件，作为电信网络犯罪产业链的下游犯罪，其具备如下特征：

（1）帮助信息网络犯罪案件中传统跑分型犯罪占比较大。主要有六大犯罪手段，其中传统跑分型犯罪使用率最高。传统的刷卡、跑分型犯罪共57件，占总数的51%；借助新类型网络技术犯罪的共6件，占总数的5%；使用伪基站犯罪的有1件，占1%；通过自开发的虚拟数字货币平台App犯罪的有1件，占1%；利用搭建虚假的官方网络平台犯罪的有1件，占1%；通过其他犯罪手段实施犯罪的案件有35件，占31%。

（2）帮助信息网络犯罪所得数额巨大。雁塔区检察院受理的帮助信息网络犯罪案件中，违法所得数额在10万元以下的有8件，占整体数额的7%；在10万元至100万元的有31件，占整体数额的28%；在100万元至500万元的有36件，占整体数额的32%；在500万元以上的有8件，占整体数额的7%。

（3）帮助信息网络犯罪率近三年呈高发态势。2019年以前雁塔区检察院并未受理过帮助信息网络犯罪；2020年雁塔区检察院受理的帮助信息网络犯罪案件共1件1人，占整体数据的1%；2021年受理的帮助信息网络犯罪案件数量较2020年增长了44%；2022年受理的帮助信息网络犯罪案件数量较2021年增长了10%。

（4）涉案被告人低龄化趋势明显。雁塔区检察院受理的案件中，被告人年龄在18周岁以下的为0；被告人年龄在18—40周岁的有101人，占整体数据的90%；被告人年龄在40周岁以上的占整体数据的10%。

（5）涉案被告人多为低学历群体。雁塔区检察院受理的帮助信息网络犯罪案件中，高中及以下学历的占50%左右，其中初中学历被告人居多，占66%。小学学历的被告人共3人，占6%；初中学历的被告人共19人，占37%；高中学历的被告人共7人，占13%；中专学历的被告人共4人，占8%；大专学历的被告人共9人，占17%；本科学历的被告人共10人，占19%。

二、网络犯罪治理现状及问题分析

近年来我国互联网行业呈现出跨越式发展态势，对经济和社会发展影响日益深入，互联网在改变社会大众生活的同时，犯罪也如幽灵一般在虚拟空间伺机而动。综合上述三类案件数据分析，当前雁塔区网络犯罪存在以下特征：

（一）以传统侵财类犯罪在网络空间的异化为主

由于网络因素的介入，传统侵财类犯罪在行为特征、内部结构及犯罪主体上均呈现出与现实空间中不同的特征。

1. 从行为特征上，网络犯罪尤其是电信网络诈骗犯罪往往体现为“一对多”“点对面”的辐射型犯罪，即其主要针对不特定对象，通过远程非接触的方式，利用现代信息通信技术，采取特定的话术或套路，使被骗者将钱款打入指定账户，从而使犯罪分子获利的犯罪。

在互联网2.0时代，电信网络诈骗以其犯罪组织集团化、作案跨境化、犯罪手段高科技化、犯罪成本低、收益巨大、犯罪对象不特定等特征，迅速发展为互联网犯罪中的一大类罪，其犯罪数额动辄以几千万元计，大量居民储蓄被洗劫，甚至转移至境外，造成了无法估量的财产损失。

此外，犯罪分子以侵犯公民个人信息犯罪为预备犯罪，从上游产业链中获取数以十万计的公民个人信息后，再招来数十个员工作为话术员、技术员等进行技术架构、组织引流，通过架设伪基站、设置虚假网站和App平台等方式，对数以万计的公民进行话术骗局。犯罪分子通过这样“以点对面”“广泛撒网、重点捞鱼”的辐射型犯罪模式，制造了数以十万计的巨大流量，骗取了动辄以十万元、百万元计数的人民财产，危害极大，网络犯罪尤其是电信网络诈骗犯罪是打击和治理的重中之重。

2. 从内在结构上，网络犯罪尤其是电信网络诈骗犯罪往往体现为集团化的产业链运作。具体如下：

（1）犯罪组织集团化。电信诈骗是伴随着社会经济及通信技术发展到一定的阶段所出现的智能化、专业化的犯罪现象，无论是中国、东南亚及亚洲的其他国家，甚至欧洲和美洲都已经经历、正在面对或者将要面对电信诈骗的危害。其对现实社会的危害在于通过网络的虚拟连接，犯罪组织呈现出规范化、集团化的特点。在雁塔区检察院办理的电信诈骗案件中，大多数都为集团化作案，即一个团伙由投资人发起，下设分工协作的技术组、话务组、银行组、洗钱组等，采取主管—组长—小组长等的集团式架构，根据业绩分成，各小组分布于不同地区，仅与上线保持单线联系，形成一条庞大、精细的电信诈骗犯罪产业链，犯罪集团特征显著。

（2）作案跨境化。随着国内打击电信诈骗力度的加大，不少电信诈骗犯罪集团将犯罪窝点转移至境外，如东南亚以及非洲等地区或国家，核心成员和骨干分子藏匿到海外，遥控指挥在国内招募的下线人员实施一系列诈骗行为，犯罪分子内外勾结作案，将骗取的钱款转移至境外银行账户。囿于地域管辖以及区际、国际警务司法合作机制不完善的限制，国内警方大多只能抓获诈骗集团中的底层涉案人员，挽回经济损失有限，对于潜逃在境外的组织策划者却鞭长莫及，无法将其绳之以法。

（3）犯罪手段高科技化。随着网络和信息通讯技术的进步，以往高不可攀的黑客技术、后门工具等，也逐步为大众所知晓，从网上购买、下载乃至组装和使用相关技术不再困难。犯罪分子在逐渐掌握了相关技术后将其广泛应用于诈骗犯罪活动中，甚至研发和制作出专门用于实施犯罪的设备或产品，如VOIP网络电话、任意改号软件、短信群发器、伪基站、“钓鱼”网站等，电信诈骗犯罪的科技化、智能化程度越来越高，电信网络诈骗活动“如虎添翼”，又由于其“话术”的多变，更兼于其对于公民个人信息的大量掌握，普通公民往往难以识破，这也使得电信网络诈骗成为诈骗犯罪的高发类型。

3. 从犯罪结果上，网络犯罪成本低，收益巨大。实施电信网络诈骗的成本较低，而非法收益却是巨大的。犯罪分子的作案成本一方面包括技术成本，主要用于购买电脑、手机、虚拟电话卡、短信群发器、伪基站等，另一方面还有租房费、“公司”架构组成费、人工费、境外开支，以及帮助信息网络犯罪活动罪中的办卡费、取钱手续费等，但犯罪分子所骗取的人民财物却动辄以百万元计数，与之相比，其所付出的犯罪成本可谓低廉至极，这也成为部分好逸恶劳人群的“致富捷径”。

4. 犯罪对象不特定，被害人人数众多、分布广泛。技术手段的普遍运用使得一对千、一对万甚至十万成为可能。从一个伪基站发送出去的短信虽然绝大部分人不相信，但总会有一小部分人会上当受骗。由于伪基站发送的基数够大，仅这一小部分人被骗的数额在绝对值上也是足够大的。犯罪分子正是看中这点，利用低廉的犯罪成本“广泛撒网、重点捞鱼”。同时，“精准诈骗”的大规模出现也暴露了我国在公民个人信息保护方面的严重缺失——公民个人信息泄露严重。目前，在网上贩卖个人信息已经成为“公开的秘密”，身份、财产、活动轨迹等信息被明码标价，诈骗分子通过窃取、购买等方式非法获取公民个人信息后，制定个性化、针对性的诈骗方案，增强诈骗信息的可信度，诱使受害人一步步落入精心设计的骗局。大量泄露的公民个人信息为电信诈骗犯罪分子提供了有利的犯罪条件，是造成电信诈骗快速蔓延的主要原因之一。

（二）网络犯罪案件总量大、涉案人员多、发案率逐年上升

2017—2022 年，雁塔区检察院共受理电信网络诈骗案件 62 件、侵犯公民个人信息案件 18 件、帮助信息网络犯罪案件 112 件，普遍存在 2019 年以前案件总量以及涉案人员数量较少且发案率变化稳定，2019 年之后各项数据呈现大幅增长趋势。主要原因可归纳为以下几点：

1. 互联网被广泛普及，成为网络犯罪高发的技术诱因。网络给人们生活带来便利的同时，也潜伏着诸如网络平台管理漏洞、网络监督责任主体不明、网络行为规制机制不完善等风险，为网络犯罪者提供了可乘之机。同时，网络信息技术人员利用其熟练的计算机操作技术可以翻过网络安全的防护网，在一定程度上昭示着网络信息存在着被泄露、被窃取等风险，从侧面反映了网络信息系统的脆弱性。

2. 网络环境跨时空性、开放性、虚拟性等特点诱发了犯罪。首先，在网络空间内，地域概念被模糊化，网络空间高度密集，消除了基于地理空间的分隔给犯罪事实所造成的障碍，为犯罪活动带来了极大便利。其次，在网络空间内信息能够高速、自由流通，具有高度开放性，但网络空间的开放性使黑客工具、有害程序也有了可乘之机，通过网络信息技术实施网络攻击与破坏活动，进而实施电信诈骗、侵犯公民个人信息等犯罪行为。最后，网络环境的社会结构是一种“扁平化”的交互式结构，犯罪分子很容易受低风险、高回报的诱惑而突破自身道德防线，在网络空间内实施违法行为。

3. 整个社会的网络安全意识滞后。从前文所阐述的数据来看，网络犯罪高发领域多为与社会大众日常生活息息相关的领域，如电信网络诈骗案件高发手段为婚恋诈骗、冒充熟人诈骗以及虚构交易诈骗，帮助信息网络犯罪案件当

中，传统的跑分型犯罪占比较大，社会总体防范网络犯罪的意识还有待提高。从实践来看，大多数被害人缺乏基本的安全防护知识，社会大众的安全意识与防范能力明显滞后。

4. 网络空间越轨亚文化荼毒了人们的思想。网络空间中背离主文化的亚文化的兴起，是网络犯罪的真正根源。在网络亚文化中，较为典型的是“黑客精神”，社会大众对于黑客的错误定位导致黑客们自认为有权进入他们想要进入的任何网络空间领域且不受限制。随着互联网上黑客学校、黑客工具的流传泛滥，掺杂各种不法目的侵犯网络安全和正常秩序的行为越来越多，正如帮助信息网络犯罪案件中，被告人利用伪基站或者是虚构网络平台等手段实施违法犯罪行为。

5. 国家相关部门对网络犯罪重视度提高，打击力度增强。根据上文分析，网络犯罪使得社会大众损失较大，例如在电信网络诈骗案件中犯罪所得数额在1万元至100万元的案件数量占67%，已经超过一半，在帮助信息网络犯罪案件中犯罪所得数额在10万元至500万元的案件占60%，同样也超过半数。严重影响经济发展、社会稳定，损害了人民群众的财产权利，引起了有关机关的高度重视，国家加强对计算机网络秩序的规范，电信网络各类关联罪名及相关司法解释相继出台，将常见的网络犯罪行为纳入犯罪，增强对该类犯罪行为的打击力度，客观上也导致网络犯罪案件数量的激增。

（三）低学历人群作案率高，网络犯罪主体年轻化趋势明显

低学历人群作案率高，其原因主要有以下两点：（1）低学历犯罪人员难以快速完成与社会接轨。低学历犯罪人员由于各种原因而较早离开校园环境步入社会，其所接受到的教育知识较为有限，知识储备相对薄弱，在步入社会之后，一时之间难以转变角色和意识，难以快速完成与社会的接轨，这就导致很多低学历者长期处于不稳定状态；同时并未树立正确的就业观，存在职业歧视，不肯从事待遇差或者是比较底层的工作，从而逐渐走上犯罪道路。（2）法律意识淡薄，自律性较低。低学历被告人所接触的法治教育不足，法律知识水平较为薄弱，缺乏系统了解、学习法律的机会，因此多数低学历被告人法治思维欠缺，法治观念淡薄。网络犯罪“低成本、来钱快”诱惑力极大，且低学历犯罪人员在电信网络诈骗犯罪中仅承担“跑分”、话术引流员等低端的角色，不需要过高的学历和技术要求。在各种诱惑面前，低学历被告人往往心存侥幸，最终向网络犯罪妥协。

网络犯罪主体年轻化趋势明显。根据雁塔区检察院近几年所受理的案件数据，犯罪群体主要集中在18—40周岁之间，其中电信网络诈骗案件中18—40周岁被告人占97%，侵犯公民个人信息案件中18—40周岁被告人占90%，帮

助信息网络犯罪案件中18—40周岁被告人占90%。当前网络犯罪呈现年轻化趋势，年轻人已然成为网络犯罪主力军。年轻群体独立意识较少年期有所增强，但整体来说阅历尚浅，存在一定的认知缺陷，对社会、他人以及自己的认识往往停留在表面，而这部分人恰恰又是最容易接受新生事物，掌握互联网技术最为积极主动的一批人，也是即将成为社会发展主力军的一批人。对年轻人要加强引导和管控，一方面不阻止其学习网络新技术，另一方面对妄图以网络新技术实施犯罪行为、获取不法利益者要坚决打击。

三、网络犯罪治理的总体策略与路径选择

现阶段网络犯罪不断发展，形势严峻，发案率逐年上升，犯罪手段日益复杂多样，肃清网络环境、保障公民合法权益、有效打击和预防虚拟空间的网络犯罪是当前大数据时代司法治理亟待解决的重要问题，必须尽全社会的力量，电信、金融、行政、司法等部门要协同合作，重拳出击、严厉整治，斩断犯罪集团的利益链、资金链，保卫国家和人民的财产安全。

（一）强化侦查协助，开启跨境打击，斩断网络犯罪的黑色产业链

网络犯罪尤其是电信网络诈骗是通过网络虚拟空间开展的一对N式诈骗活动，犯罪分子与被害人相互不见面，因此犯罪分子所在地、诈骗行为地、诈骗结果地往往涉及全国多个地区，而且与电信网络诈骗相关联的行为如提供公民信息、买卖银行卡和手机卡、提供改号软件、架设GOIP设备、制作虚假网页、洗钱等更是遍布全国各地，实践中需要进行全链条打击才能将犯罪事实查清并将犯罪分子绳之以法，仅仅依靠某一个地区的公安机关往往鞭长莫及，各地警力侦查重复、各自为战、打击断层等，随之而来的是侦查难、抓捕难、处理难、串案难，间接造成对犯罪嫌疑人的处理存在证据不足、量刑不符等问题。而且为了逃避国内公安机关的打击惩处，电信诈骗犯罪分子已经开始转移到境外作案。目前我国周边缅甸等地已经成为电信诈骗犯罪分子的集散地，他们招募人员并将其带入与我国没有司法引渡的国家或地区、架设诈骗网页和通讯设备，开展洗钱活动，使公安机关的打击难度大大提升。

为了能够对电信诈骗进行全链条式打击，首先要整合各地警力，强化侦查协助。《反电信网络诈骗法》第5条的规定使反电信网络诈骗工作得以在全国性、地区性范围内进行布局，公安机关内部警务信息资源高度共享、全国涉案地区的警力统一调配，协同合作。

针对境外犯罪分子也要主动出击，建立与境外司法部门的协作机制，如建立反诈信息共享机制、协同调查取证机制、司法引渡机制等。对此，《反电信

网络诈骗法》第 37 条明确规定：“国务院公安部门等会同外交部门加强国际执法司法合作，与有关国家、地区、国际组织建立有效合作机制”。近年来，我国公安机关联合台湾地区、东南亚多国开展执法合作，开展跨境跨国联合打击电信网络诈骗犯罪活动，取得了丰硕成果。目前，电信网络犯罪呈现出全球化蔓延的势头，公安机关必须加强国际间合作，会同境外警方建立快速反应和快速处置通道，才能强化打击力度，挽回人民财产损失。

同时，检察机关也要及时跟进，依托侦查监督与协作办公平台，实现双方信息共享，提前介入重特大电信网络诈骗案件，从案件侦办开始即全程同步指导证据的提取、固定，同步开启资金追回，为后续案件的批捕、起诉和审判、追赃挽损工作打下坚实的基础。

（二）建立信息共享，严格行业监管，构筑反网络犯罪的严密防火墙

网络犯罪智能化、技术化特征显著，涉及电信运营商、银行等金融机构、网络科技企业等多个部门、多个环节。治理电信网络诈骗，需要加强反诈骗技术的攻关，构筑防火墙，对电信诈骗信息追根溯源，收集相关犯罪证据，追索电信诈骗资金流向。

一方面，需要公检法三机关之间加强沟通协作。目前，刑法和刑事诉讼法中有关网络虚拟社会的违法犯罪和违规行为的认定较为模糊，缺乏实操性。比如，公检法三机关对网络数据的取证、鉴定等没有统一的规范流程，且各机关之间打击网络犯罪沟通机制不畅通，没有形成长效机制，严重影响了对网络违法犯罪行为的打击力度。为了更有效地治理互联网社会，制止网络违法犯罪活动发生，公检法三机关应当切实加强沟通联动机制，定期商讨研究开展网络违法犯罪执法办案工作中的法律难题，准确把握互联网犯罪规律、特点和法律适用的情形。

另一方面，需要加强公检法与电信运营商、金融机构、互联网企业之间的共治机制构建，严格行业监管，共同治理电信网络诈骗行为。要打击电信网络信息犯罪，仅靠公安一家已经不能适应形势发展要求。必须联合公安、通信、市场监管、银行等部门在源头上管控好信息和资金，才能彻底打破犯罪行为滋生的“暖床”。《反电信网络诈骗法》第 6 条第 3 款规定：“公安机关牵头负责反电信网络诈骗工作，金融、电信、网信、市场监管等有关部门依照职责履行监管主体责任、负责本行业领域反电信网络诈骗工作。”该法同时也规定电信业务经营者、银行业金融机构、非银行支付机构、互联网服务提供者各自在反电信网络诈骗工作中的责任。国家已经以立法的形式表明了对于电信网络诈骗治理的态度，各业务机构、各级监管部门也要及时厘清责任，压实任务，落实

协同治理的法律要求。

由政府层面牵头各相关部门联动的反诈中心建设，可以说是这一立法和治理理念的具体实践。2016 年 6 月，公安部、工业和信息化部、工商总局、中国人民银行联合发文，建立电信新型网络违法犯罪的涉案账户紧急止付和迅速冻结机制。紧接着，各地纷纷成立省、市级的联合反诈中心。目前，各级反诈中心已经基本实现公安机关有关警种、电信运营商、银行派员入驻。国家层面，国务院联席会议办公室也成立了全国反电信诈骗中心，现已逐步在全国形成三级反诈中心实现指挥扁平化、信息共享、合成作战的新格局。其中天津和南宁的经验尤其值得我们借鉴。天津设立的反诈骗中心自成立以来，已成功止用涉案账号 4000 余个，涉案金额 5000 余万元，停用涉案的电话 6000 余个，封停涉案网址近 200 个。同时，日均电信诈骗刑事警情也有明显下降，充分起到了遏制发案、减少群众损失的显著成效。2016 年 5 月 4 日，广西（南宁）反诈中心在打击电信网络诈骗浪潮中应运而生。全市公安机关、3 家通信运营商以及 7 家银行抽调人员进驻中心合署办公，接到报案信息核查后，多部门立即联动快速止付，围追堵截被骗资金，最大程度减少受害人的损失。广西（南宁）反诈中心构建了上下联动、横向协作的反虚假信息诈骗工作格局，能够有效地从源头上预防和打击此类违法犯罪活动。2019 年 1 月至 7 月，南宁警方共侦破宾阳电信诈骗类案件 567 起，抓获犯罪嫌疑人 665 人，其中，嫌疑人中 A 级通缉令在逃人员 3 名。广西（南宁）反诈中心依法止付账户 5234 个，止付涉案资金 1.58 亿元。冻结涉案账号 1700 个，冻结涉案金额 5825 万元。

（三）提升民众防范意识，加强反诈宣传，打造全民共防共治大格局

相比在案发后耗费大量精力去进行侦查、破案再追赃，在事前进行宣传防范更有实质意义。宣传电信诈骗不能仅依靠政府或公安机关单方面的力量，而是需要多元力量广泛参与。对此应注重多种宣传方式的运用。一是强化媒体宣传，通过电视、广播、网络、微信、抖音等媒体，解读典型案例，拆解诈骗手段、解析诈骗技巧，以案说法，切实提升广大人民群众对电信网络诈骗案件的防范意识，有效保护个人和单位财产。二是要懂得精准进行反诈宣传。例如，对于老年人保健品的诈骗行为，就要针对老年人开展反诈宣传，针对在高考学生群体中可能发生的学费资助诈骗，各高校在发放录取通知书时，可将该类诈骗宣传资料随同录取通知书一同发放，防止学生上当受骗等。《反电信网络诈骗法》也指出："各宣传主体应当结合电信网络诈骗受害群体的分布等特征，加强对老年人、青少年等群体的宣传教育，增强反电信网络诈骗宣传教育的针

对性、精准性，开展反电信网络诈骗宣传教育进学校、进企业、进社区、进农村、进家庭等活动。”三是突出重点宣传，通过进乡村、进社区、进学校、进企业等多种形式，注重对电信网络诈骗案件高发的人群和高发的部位进行宣传，切实降低电信网络诈骗发案率。四是加强日常宣传，各金融机构营业网点要在醒目位置张贴谨防电信网络违法犯罪的提示，向客户发放宣传单、电子显示屏播放、张贴宣传海报，特别是在客户办理银行卡或开立单位银行账户时，向客户说明当前电信网络诈骗的多样化手段，提示客户增强防范意识，防止财产损失。五是推行联动宣传，公安部门联合电信部门积极向手机用户发布电信网络诈骗警示信息，扩大宣传力度，同时公安部门积极建立与社区、居委会等最基层组织联系，做好普及、宣传教育工作，让百姓不但要做好自身防范，还应积极向周围的亲人、朋友做好宣传，特别是要把案例和防诈骗知识转告平时独自在家的中老年人、离退休人员等易受骗群体，将防范电信网络诈骗的宣传深入到千家万户，切实保护好广大群众的财产安全。

与积极开展反诈宣传相配套，公安机关可考虑针对电信网络诈骗设立一个专门的咨询服务平台，并使之逐渐成为和“110”一样老少皆知、全民耳熟能详的社会求助窗口，为群众提供24小时人工咨询服务，解答涉及电信诈骗的各类问题，并及时授之于相应的防范和应对措施，避免群众因“一窍不通”或“一知半解”而受骗。

（四）数字赋能监督，开启网络画像，发展网络大数据技术全面惩治网络犯罪

开启数字赋能，由专人为网络犯罪开展数字画像，勾勒出网络犯罪的关键性因素和产业链，以网络大数据技术反制网络犯罪。

一是随时关注已查获的网络犯罪案件，从中获取“伪基站”、黑广播等犯罪行为关键要素，再按图索骥寻根究底，与已经掌握的犯罪线索进行碰撞，顺藤摸瓜将使用此类设备的网络犯罪分子全部绳之以法，从根源上清缴犯罪分子实施网络犯罪的工具，截断犯罪分子实施电信网络诈骗敛财的通路。

二是从犯罪线索入手，由公安机关建立犯罪案件即时共享数据平台。根据案件情况反馈，涉及电信网络诈骗洗钱的犯罪嫌疑人中“一人多卡”现象非常严重，且同一张卡会涉及不同地方多笔诈骗事实。这就要求公安机关建立并完善全国网络电信诈骗犯罪案件信息即时共享平台，适时制定结构化或半结构化数据标准，统一信息线索录入格式。在接到被害人报警时，要及时锁定涉案银行卡以及与该银行卡为同一户头的其他关联银行卡，并将与涉案银行卡相关联的报警线索调取分析，及时开展信息筛选对比和情报分析研判。

三是从资金流水入手由银行系统建立完善的可疑资金流动预警机制。根据

案件反馈，同一天内资金流水金额大，而且基本上当天资金入账流水约等于当天资金出账流水的银行卡存在高度的网络犯罪嫌疑，这就要求银行要加强对涉案银行卡的资金流水分析，重点监测当日资金流水金额大且出入流水基本持平的账户，保存当日资金提取的视频监控并将相关信息及时移交公安机关，公安机关要将相应的大数据归类入档存储并充分分析，如视频监控信息、现场勘查痕迹信息、各种网络电信通讯信息、犯罪嫌疑人基本个人户籍信息、前科劣迹情况等信息。

四是从资金流入流出时间入手，选取当日资金流入时间约等于当日资金流出时间的。这种分析的意义在于高度重视“第一次转入”，犯罪嫌疑人为了快速占有资金，必然会到银行或 ATM 机上进行转账或提取赃款的“第一次转入”操作，再通过“地下钱庄”将资金转移，这样犯罪嫌疑人在提现的过程中就会在银行或 ATM 机或附近摄像头留下影像数据资料，通过对犯罪嫌疑人的视频和影像数据等活动轨迹及地理位置信息轨迹的研判分析，常常能够锁定嫌疑人的最后落脚点。

五是构建网络犯罪前科数据库系统。从实际情况而言，构建网络犯罪前科的数据库系统，能准确记录和存储不法分子进行网络犯罪行为的技术特征和历史信息，按照数据库中所记录的数据信息，对网络犯罪预防人员和惩治人员进行相应的技术培训。同时，也可以将数据库中的数据信息作为典型案例，使相关部门在执法工作中有所参考，及时掌握网络犯罪的动向和特点情况，全方位进行数据信息的共享和沟通，提升网络犯罪行为的预防力度和惩治力度。

（五）注重营造政府部门主导下的多主体共治格局，形成治理信息网络犯罪的合力

网络技术的“分布式拓扑结构”客观上要求治理主体多元化。实践表明，针对新型网络犯罪对公私法益的侵害，单纯依靠政府部门力量完成犯罪治理目标效果并不理想。因此，共同防治新型网络犯罪应充分发挥政府部门、私营部门及普通民众的自治与共治，形成多主体参与、多层面共治的新格局。

一是坚持政府部门的主导作用。一方面，严格区分政府部门和私营组织在新型网络犯罪治理中的地位和作用。政府部门在新型网络犯罪治理中处于核心地位，其主要任务是制定有关共同预防与治理新型网络犯罪的目标与政策。而私营部门则主要是通过提供技术及人才支持协助贯彻落实相关政策与目标。另一方面，积极推动建立跨政府部门的联动机制。公检法三机关需要加强与金融、宣传、网信、新闻出版、广电、工信、文化、市场监管等部门协同配合，建立健全线上线下的有效监控，完善行刑衔接机制，提高违法犯罪成本，着力形成治理合力，推进新型网络犯罪综合治理体系建设。

二是发挥私营部门的技术支持作用。在合法合规的前提下，一些私营部门（如网络服务平台）不仅能够为政府部门提供预防、打击及治理新型网络犯罪的线索，还能够提供信息数据和人才等方面的共享与支持。在此基础上，私营部门有能力进一步开发新产品和新系统，支持打击新型网络犯罪。

三是切实强化企业的网络治理关口责任。企业是网络产品的主要供给者，处于网络产品生产和销售的上游环节，担负着网络治理第一责任人的重要角色，必须用规则扎紧低俗流量“入口”，拓宽正能量“出口”，才能让主旋律高昂。首先，应当建立健全身份认证等业务管理制度，构建管理运行和安全风控机制，确保平台在制度保障下合规、安全、有效运行。其次，应要求企业结合网络平台具有的全天候运行、动态变化、影响迅速等特点，配备与其用户规模相适应的管理资源，不断提升平台业务实施治理能力，构建用户动态管理机制，加强业务实时监督，完善用户日志管理，提高业务事中阻断和事后溯源能力。最后，着力加强制度、技术、人员等全方位安全保障体系建设，切实提升平台在复杂网络访问下的安全保障能力。建立健全入侵监测等安全防护措施，完善网络、主机、系统、平台等各个对象安全保障措施，构建数据全链条信息安全防护机制。

四是不断完善社会网络领域监督机制。社会监督虽然没有政府管理的强制力，但它可通过制造舆论、影响舆论来左右整个网络安全事件的发展。首先，建立完善的社会监督管理条例，制定网络综合治理社会监督管理条例或办法，为社会监督提供一种基本遵循。其次，畅通社会监督表达渠道，设立网络综合治理社会反馈专用渠道，指派专员 24 小时值班坚守，确保反馈的网络安全信息能够快速、精准地传递；以各类网络平台为载体，及时补充和完善群众举报等社会监督平台功能，推进其与网监部门互联互通，完善跨部门、跨层级、跨区域协同执法机制，提高对网络造谣等违法犯罪行为的在线监督、举报和查处能力，进一步构建适应网络行为特征、畅通无阻的网络监督渠道。最后，充分调动公众监督的积极性，发挥公众的群体性优势，集大众的力量对网络空间进行监督，确保每一个网络安全隐患都能得到有效遏制。

（六）加强对公民个人信息的保护，提前消除个人信息泄露风险

电信诈骗是行为人通过非法获取并利用公民个人信息的方式使被害人产生错误认识并交付财物，既是一种财产犯罪，也是一种信息犯罪。因此，电信诈骗的防控应当先从个人信息的保护入手。

一方面，应加强信息控制者的自我规制，构筑有效的外部执法威慑。对于通信行业、银行支付行业等信息控制者应加强行业自律，建立统一的信息管理标准，更新信息安全观念，把数据当作核心资产，确立用户个人信息至上的基

本价值观。同时，主管部门应加强对电信、金融等信息控制者的行政监管，明确权责，整顿不作为，发挥行政监管的技术引导作用，对电信、金融等信息控制者的电信诈骗防控技术制定标准，明确其应遵守的各项制度和具体措施，加大对信息泄露的打击力度。

另一方面，应提升公民对个人信息的保护意识。近年来，我国的网民数量急剧增多，但与网民数据大幅增长形成对比的是，网民的个人信息保护意识不足、缺乏维权意识，公民在很多情况下会随意填写个人信息，导致个人信息被非法传播与利用的风险增加。因此，“大数据”时代基于国家立法基础上，宣传公民个人信息的重要性，引导、确立个人信息保护理念非常重要。当然，有关个人信息保护的普法宣传没有必要独立开展，而是可以与反诈宣传并举，两者相互补充、相互呼应，或能更好地实现宣传效果，使保护个人信息与远离电信诈骗的思想观念更加深入人心。

第二节 知识产权犯罪态势变化及犯罪治理

随着经济全球化的深入发展，知识产权在国际竞争中发挥着越来越重要的作用。党的二十大报告指出，要加快实施创新驱动发展战略，加快实现高水平科技自立自强，加快实施一批具有战略性全局性前瞻性的国家重大科技项目，增强自主创新能力，这为我国在新时期对知识产权司法保护提出了新的要求。现阶段，我国侵犯知识产权的犯罪数量增多、犯罪形式和手段发生变化，知识产权刑事保护面临着立法司法保护体系与国家创新驱动发展战略进一步相适应的要求和挑战。新时期下，雁塔区要立足社会现实，结合知识产权案件的犯罪特点，广泛凝聚社会力量，加大对侵犯知识产权犯罪的打击力度，着力提升知识产权刑事司法保护，创造和谐亲清的营商环境。

一、知识产权犯罪发展态势与趋势预测

综合雁塔区检察院 2017 年至 2022 年的知识产权类案件数据，不难发现以下特点：

（一）知识产权案件数量快速增加

综合雁塔区检察院 2017 年至 2022 年处理的知识产权类案件的数据可以得出，共受理审查逮捕案件 17 件 24 人，受理审查起诉 10 件 14 人。受理案件数量快速增加，2017 年受理审查逮捕案件 1 件 1 人；2018 年受理审查起诉案件 1

件1人、受理审查逮捕案件1件2人；2019年受理审查起诉案件2件3人；2020年受理审查起诉案件1件3人；2021年受理审查起诉案件2件3人、受理审查逮捕案件5件6人；2022年受理审查起诉案件4件4人、受理审查逮捕案件10件15人。

（二）罪名分布集中，制假售假居首

2017年至2022年，雁塔区检察院共受理审查逮捕案件17件24人，受理审查起诉10件14人，其中涉嫌制假售假的案件有24件，占总案件数量的88.88%。制假售假的犯罪领域基本集中在烟酒、食品及奢侈品领域，其中涉嫌制假售假烟酒的最多，共13件，占制假售假总案件量的54.16%；食品领域的制假售假则集中在糖果领域，共2件，占制假售假总案件量的8.3%；奢侈品领域的制假售假集中在衣服以及手表、眼镜领域，共4件，占制假售假总案件量的16.6%；其余则分别为机械配件、通信设备、日化产品等，占制假售假总案件量的20.94%。

侵犯著作权类犯罪则多集中在游戏领域，共3件，均为侵犯游戏的知识产权，手段多为未经授权经营盗版游戏。

（三）犯罪主体呈低知化与传递性，共同犯罪多

知识产权类犯罪被追诉人的平均文化水平并未与其他类型案件有较大差距，接受本科以下教育的涉案人员占总涉案人数的94%，商标犯罪主体中八成为个体户、无证商贩和社会闲散人员，七成主体仅有高中及以下文化。且因同乡或熟人关系而聚集，制假售假行为容易在一定犯罪区域内进行传递。

涉及共同犯罪的案件12件，占总体案件量的44.44%。共同犯罪的模式主要有两种，一种是合作模式，占共同犯罪案件的67%；另一种是雇佣模式，即涉案犯罪嫌疑人之间为雇佣关系，占共同犯罪案件数量的33%。

（四）案件来源多样，买受人与代理公司报案占比高

2017年至2022年，雁塔区检察院受理审查逮捕17件24人，审查起诉10件14人，其中案件来源分别为买受人报案10件、代理公司报案8件、烟草局移送4件、分局自行发现4件以及被害公司报案1件，分别占41.66%、29.62%、14.18%、14.18%、0.36%。买受人与代理公司报案占总体案件来源的71.28%。

（五）犯罪嫌疑人多在外地，侦查难度高

2017年至2022年，雁塔区检察院共处理涉案犯罪嫌疑人38人，其中户籍地或住所地在西安的仅有12人，仅占犯罪嫌疑人总数的31.57%，案件管辖的依据多为受害人（即买受人）所在地为西安，或由于犯罪结果地、行为

地在西安从而获得管辖权。多数犯罪嫌疑人并不在西安，侦查难度较大，需要去外地开展侦查活动，需要协作的部门多、讯问的条件较差，证据较难获得，且审讯情况并不理想，侦查成本相较其他类型的案件而言较高。

二、知识产权犯罪治理现状及问题分析

为了贯彻落实党中央反复强调的创新和保护知识产权重要性的会议精神，各级检察机关先后成立知识产权办公室，并配备专人办案，呈现出对知识产权犯罪的重视程度。如前所述，辖区内侵犯知识产权的犯罪数量快速增加、犯罪形式与手段创新变化，要求更为高效地打击知识产权犯罪，故需立足当前犯罪规律与行为特征，查摆犯罪出现的深层原因。

（一）低成本、高回报导致知识产权犯罪数量增长

其一，高额的非法利润是知识产权犯罪的重要原因。知识产权作为一种无形资产，尤其是一些拥有良好商誉的知识产权，其产品的品牌附加值很高，蕴含着巨大的经济财富，因而从事知识产权犯罪可以在短期内获得高额的非法利润。

其二，以制假售假为主的知识产权犯罪存在较大市场空间、犯罪成本低、获利快。造假主要集中在类似于白酒这样利润大且难度低的领域，手段主要是将便宜白酒灌装到回收或者仿冒的高档酒包装里，造假手段也比较低端。造假一般作为上游犯罪，犯罪分子一般手段隐蔽，反侦查意识也比较强，且和下游都是通过网上联系，不易被发现。

其三，我国普通民众知识产权保护意识淡薄。民众对假冒注册商标的商品及购买、使用盗版产品等问题认识不足。假冒、盗版产品价格低廉，使用效果较之真品、正品常常相差无几，得到部分消费者尤其是正常消费能力不足的消费者青睐，无疑为滋生知识产权犯罪提供了市场和土壤。

（二）检察机关和公安机关办案水平有所提升，但仍需不断加强

因知识产权犯罪案件数量突增，雁塔区公安机关和检察机关前期组织了几次共同学习的座谈会，此外雁塔区检察机关对知识产权犯罪案件提前介入实现了全覆盖，所以追捕追诉的比例有所提升，这也使得公安机关的证据体系意识得到加强，过去公安机关办案仅仅重点关注犯罪嫌疑人本人，过于注重犯罪嫌疑人自己的行为，导致对于共同犯罪中的证据体系不够重视。并且检察机关通过介入和类案指导，进一步加大了上下游和共同犯罪的打击力度，为有效打击和预防知识产权犯罪提供了有益经验。

然而，因为侵犯知识产权犯罪涉及领域广，技术手段日益翻新，犯罪分工

精细化、链条化等特点，对办案人员的专业能力提出了更高要求，这就需要不断加强检察机关和公安机关办案水平，以专业化办案应对犯罪专业化。

（三）知识产权犯罪案源少、本地企业保护不足

知识产权保护呈分散模式，检察机关和企业之间缺乏联系，各自平行发展，检察机关虽然在企业建立了一些工作站，但常态化的联系沟通较少，企业对检察机关的知识产权保护工作的了解也不够深入，这就导致检察机关受理知识产权案件比例相对较少，缺少足够的信息，难以准确对侵犯知识产权犯罪发展特点进行预判，长期困惑于寻找服务企业知识产权保护的切入点。而许多企业对于侵犯知识产权的行为属于民事还是刑事范畴较为模糊，对如何选择更低成本的维权路径缺少经验。

（四）知识产权检察保护中的“四大检察”职能统一履职存在困境

知识产权检察保护需要的是“四大检察”职能统一履职，但目前除刑事检察有明显的进步外，其他三项都还有十分明显的瓶颈难以突破。

其一，知识产权“四大检察”发展不均衡。从实际办案结构方面分析，知识产权刑事案件仍占多数，知识产权民事、行政检察监督案件仍相对薄弱且数量较少，监督手段贫乏、案件来源渠道单一，对生效裁判事后监督多、事前事中监督少等。与此同时，部分检察人员融合办案意识和协同办案能力不足，对案件线索的挖掘能力不强，特别是难以及时发现知识产权案件跨领域的线索。加之检察机关各条线之间信息互通渠道不畅，不同案件证据标准把握不准等问题也相对明显，知识产权“四大检察”融合工作仍需进一步完善。

其二，民事检察的监督重点不突出。知识产权民事检察监督案件具有涉外因素多、技术专业性强、法律关系繁复、政策考量密切、诉讼程序环节复杂等固有特征。由于传统的“重刑轻民”思想观念和工作思路影响，我国各级检察机关在知识产权民事检察监督领域仍然普遍存在力量配置相对薄弱的情况。知识产权检察保护工作中，检察机关对于诸如著作权原创性判断、专利效力确权与保护范围、商业秘密侵权构成要件、行为保全禁令颁发要素等知识产权核心问题及诉讼程序普遍相对陌生，使知识产权民事检察监督成为检察机关在知识产权保护中明显的短板与弱项。

其三，行政检察的监督边界不清，“两法衔接”仍有堵点。“两法衔接”机制及平台建立已久，最高检于 2021 年 9 月出台《关于推进行政执法与刑事司法衔接工作的规定》，对健全双向衔接机制，完善信息共享、案情通报、案件移送等制度提出明确要求。实践中，“两法衔接”机制未完全落实，检察机关与行政执法机关之间信息共享不对称，导致行政执法与刑事司法之间线索移

送不及时、监督线索来源较少等问题，削弱了知识产权检察保护力度。

其四，公益诉讼检察的范围仍需拓展。检察公益诉讼案件范围的拓展应遵循司法谦抑性原则、比例原则以及实践可行性原则。在中央层面已授权检察机关进行公益诉讼案件范围拓展的政策前提下，近年来已有部分地区检察机关在探索公益诉讼案件范围拓展的实践中，针对侵害著作权、商标权等知识产权的行为，督促建议相关民事组织提起公益诉讼，且部分地方性规范性文件中也明确授权检察机关将知识产权领域"解锁"，并纳入公益诉讼新范围。

三、知识产权犯罪治理的总体策略与路径选择

如何有效打击知识产权犯罪、规范市场秩序、激发市场活力，是新时期检察机关面临的重要问题。结合辖区内知识产权案件的犯罪特点，应广泛凝聚社会力量，全面打击各类侵权违法犯罪活动，同时找准知识产权检察保护工作的着力点，提升知识产权刑事司法保护，创造良好的营商环境。

（一）全面打击各类侵权违法犯罪活动，保障权利人合法权益

2021 年，西安市两级法院受理知识产权案件 4344 件，市检察机关受理知识产权案件 37 件，公安机关破获知识产权类案件 121 件，西安市市场监督管理局（知识产权局）处理专利、商标案件 280 件。面对知识产权保护新形势，检察机关应当充分发挥自身司法职能，做到全面保护。

一是聚焦人民群众反映强烈的生命健康产品、地理标志产品和文化体育产品等侵权假冒行为，互联网领域侵权假冒行为以及涉新业态新领域、关键核心技术侵犯知识产权犯罪，办理一批典型案件，重拳出击，形成震慑。

二是积极构建知识产权民事诉讼多元化监督格局，综合运用多种监督手段对确有错误的裁判结果、审判违法行为以及违法执行活动实行有效监督。具体而言：其一，着力强化对商标、专利等授权确权行政案件的类案研究，加大知识产权行政诉讼监督力度。其二，加强对知识产权领域公益诉讼的理论研究和实证分析，把握知识产权公益诉讼特点和规律。其三，通过办理典型案件回应社会关切、维护社会公共利益。其四，加强与相关执法部门的沟通协作，堵塞管理漏洞，促进社会治理创新。

（二）畅通与企业的沟通渠道，找准知识产权检察保护工作的突破口和着力点

一是建立网上服务平台。在互联网时代，要充分运用互联网技术建立网上服务平台，大力进行普法教育，及时发布典型案例，并根据企业的需求，为企业开展专项法制宣传、犯罪预防等活动。

二是加强日常走访。检察机关秉持“主动上门服务企业、全面保护知识产权”的工作思路，主动走进企业，加强职能宣传，增进与企业的交流，减少企业对检察机关的陌生感，为企业面临的法律困惑问诊把脉，提供有效指引和解决路径。

三是引入企业专家人员参与案件办理，增强互动性。知识产权案件本身就具有一定的专业性，引入企业专家人员参与案件办理，集智聚力解决专业难题，为检察机关办理案件提供专业技术意见和智力支持。

（三）加强全链条保护，推动大保护合格建设

2021 年 6 月 1 日，雁塔区签署了全市第一个区级《知识产权全链条保护合作框架协议》，区法院、区检察院、区委宣传部（区版权局）、区市场监管局（区知识产权局）、区文旅局、公安雁塔分局参加签约仪式，这标志着雁塔区在健全知识产权全链条保护方面迈出了坚实的一步。新时期下，协议各方应当恪守承诺，积极践行协议。

一是对侵犯知识产权的案件要速调快审。通过建设调审一体化处理中心，整合知识产权司法、行政、社会组织的力量，进一步优化知识产权纠纷诉调对接的流程和方式，帮助当事人快速化解知识产权纠纷，缓解司法审判压力，降低权利人的维权成本，优化法治化营商环境。

二是积极进行维权援助。充分发挥维权援助机构桥梁纽带作用，汇聚多方优质资源，发挥行业协会等社会组织渠道作用，形成上下联动、横向协同、合作共享的运行机制，促进维权援助资源优化配置、高效运用。

三是加强行政检察与行政执法监督衔接配合。检察机关可以牵头建立或打通行政登记、行政执法与刑事司法共享数据库，健全信息共享、案情通报、案件移送制度，既实现行政机关与司法机关之间的信息共享，又能及时发现行政执法中的漏洞，对行政执法案件进行法律监督。

四是定期召开联席会议进行信息通报。要充分发挥联席会议制度的作用，定期召开会议，通报工作情况，解决实践中的突出问题，完善工作机制。

五是建立知识产权保护联络员机制。宣传普及知识产权知识，提高企业对知识产权的认知程度，增强企业知识产权意识和运用能力，推动形成良好的企业知识产权工作氛围。

（四）突出问题导向，深化重点领域的知识产权保护

政府部门应尽可能做到对知识产权的全面保护，同时对某些重点领域又应有所侧重。

一是推进互联网领域侵权假冒治理。加强网络市场监管，严厉打击在线销

售侵权假冒商品、虚假广告等违法行为，查办产品质量违法案件。打击网络侵权盗版，加大网络影视、音乐等领域版权监管；强化对大型网站的版权重点监管；深入开展电子商务领域专利执法维权；强化互联网企业监管，加强基础管理，完善违法违规网站处置流程，严格网络零售第三方平台交易规则备案管理；落实互联网企业主体责任，加快网络信息内容执法体系建设。

二是统筹进出口环节侵权假冒治理，严厉打击跨境违法犯罪行为。加强陆路运输进出口商品和跨境电子商务商品监管，强化高风险货物和重点航线监控。加强对生产企业以及重要商品集散地和大型专业市场监管，强化国际展会、交易会的知识产权服务和保护。加强知识产权海关保护，开展专项执法行动。

三是完善外商投资企业知识产权保护。着力解决侵犯商业秘密、商标恶意抢注和商业标识混淆不正当竞争、专利侵权假冒、网络盗版侵权等问题，加大惩治力度。

（五）联合出台规范文件，为知识产权保护提供法治保障

知识产权刑事案件办理难点和分歧点较多，容易因为法律认定的问题而前功尽弃，这是办理知识产权案件普遍面临的一个问题，这一问题得不到合理解决，势必影响办案效率，难以获得良好的保护效果。

浙江省检察院、省法院、省公安厅的成功经验值得学习和借鉴。浙江省公检法三机关充分发挥知识产权刑事司法保护联席机制优势，共同探讨解决了这一棘手的问题。2022 年 7 月，通过总结实践经验，涵盖了 15 类基层“实操”最常遇到的问题的《关于知识产权刑事案件适用法律若干问题的会议纪要》正式出台。对案件办理中一些难点和分歧点在省域范围内达成公、检、法的共识，提供明确的操作规范，有力提升了基层办案效率，进一步完善了浙江省知识产权法治建设。此外，2022 年浙江省公安厅还联合省高级人民法院、省检察院针对知识产权审判“三审合一”机制改革中相关工作进行了集中调研，研究解决基层公、检、法在诉讼程序、证据规则和民刑衔接方面的问题，有序推进“三审合一”机制改革落地，提升知识产权司法保护综合效能。

上述部分做法值得借鉴。首先，针对知识产权刑事案件分歧点多的问题，可以考虑由雁塔区检察院牵头，推动法院和公安机关共同探讨解决。公检法三机关以加强知识产权保护为共同目标，总结以往办案经验，就知识产权案件中经常遇到的问题尽可能在最大范围内达成共识，出台具有可操作性的办案规范，以提升知识产权案件办理效率和社会效果。其次，雁塔区检察院也可考虑联合公安机关和法院，推行知识产权审判“三审合一”机制改革，重点就诉讼程序、证据规则、民刑、行刑衔接问题进行研究，以尽量减小知识产权案件

在程序上面临的阻碍。

在新时代下，我们要紧密团结在以习近平同志为核心的党中央周围，以习近平新时代中国特色社会主义思想为指导，全面贯彻党的二十大精神，坚持总体国家安全观，坚持以人民为中心的发展思想，充分发挥职能作用，采取有力措施，对知识产权领域的犯罪，坚持依法治理、打建结合、统筹协作、社会共治的原则，进行跨部门、跨领域、跨区域的联合打击，依法严惩违法犯罪，坚决遏制知识产权犯罪多发势头，全力维护社会大局稳定，全力服务科技兴国战略、创新驱动发展战略，全力护航高质量发展。同时要强化行政执法与司法衔接机制建设，凝聚多方力量，形成打击合力，协同推动综合治理，不断提升知识产权保护工作法治化水平，为知识产权保护提供有力法治保障，为优化营商环境，推动经济社会高质量发展提供安全稳定的社会环境、公平正义的法治环境和优质高效的服务环境。

第五章　涉未成年人犯罪态势变化及犯罪治理

未成年人是国家的未来、民族的希望，保护未成年人合法权益，助力其健康成长、帮助罪错少年回归社会是全社会的共同责任，也是少年司法追求的目标。当前，我国未成年人犯罪呈现复杂化、多样化的趋势，未达刑事责任年龄的未成年人干预处置和罪错未成年人分级干预制度的落实任重道远，虽然分级干预已经进入法律，但是理论及实证研究还不够。未成年人保护方面有法不依、执法不严问题不容忽视，如何让相关部门及人员自觉接受监督、形成保护合力，是考验检察智慧与责任担当的重要问题。建设未成年人保护长效机制的目的在于防止未成年人再犯，雁塔区要全面落实“捕诉监防教”一体化职能，聚力提升未成年人司法保护水平，广泛挖掘社会资源、培育社会支持体系，逐步建立起与异地司法机关以及与民政、教育等机关的合作机制，还要通过购买服务等方式与专业的社工团队和心理咨询团队建立起良好的合作关系，最终形成对涉案未成年人保护的强大合力。

第一节　未成年人犯罪态势变化及犯罪治理

随着信息技术的发展和社会的转型，未成年人犯罪逐渐成为社会的热点议题。通过对未成年人的犯罪情况进行基础样本研究分析，可以发现未成年人犯罪呈现出犯罪年龄低龄化、犯罪手段成人化和犯罪形式结伙化等特点，如何有效预防、遏制未成年人犯罪的过快增长，已然成为维护社会安定、推动经济发展亟待解决的问题，犯罪原因的找寻和建议的提出可以推动这一问题的解决，也能为未成年人的成长提供一份安宁。

一、未成年人犯罪发展态势与趋势预测

（一）案件总量分析

2017—2022 年，雁塔区人民法院各类刑事一审案件被告人共 8454 人，其

中未成年被告人129人，占1.5%。

1. 未成年被告人数量总体呈上升趋势

2017年至2022年9月，雁塔区人民法院审理涉罪未成年被告人分别为33人、28人、31人、13人、22人、2人，在疫情后两年，2020年较2019年同比下降58%，2021年较2020年同比上升40.9%。根据上述数据可以看出，在疫情初期，受封控政策等原因影响，法院受理未成年人犯罪数量呈下降趋势，但2020—2021年各方面数字又出现回弹且上升势头明显。

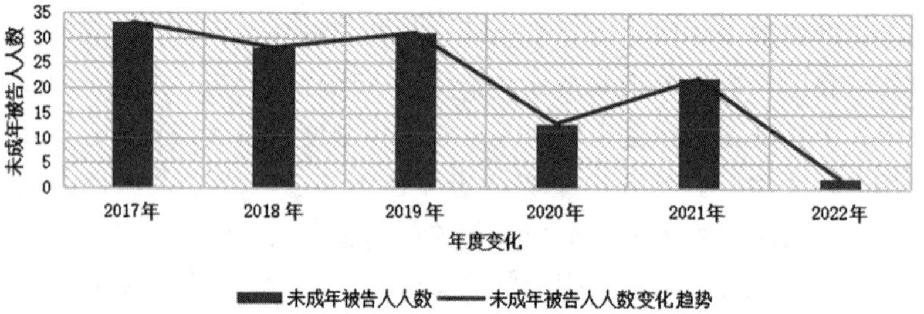

图5-1：2017—2022年雁塔区未成年被告人人数变化

2. 未成年人犯罪发案结构发生变化

2017—2021年期间，2017年未成年被告人人数最多，2020年未成年被告人人数最少，因2022年尚未完全统计，暂不纳入本次系统分析。在所涉罪名方面，2017—2019年排名前三的罪名分别是盗窃罪、抢劫罪以及卖淫类案件（盗窃罪38人、抢劫罪16人、卖淫类案件14人）；2020年至2022年9月排名前三的罪名分别是盗窃罪、故意伤害罪和强奸罪（盗窃罪32人、故意伤害罪15人、强奸罪2人）；2021年出现未成年被告人因犯侵犯公民个人信息罪被雁塔区人民法院判刑的首例案件。

3. 侵财类犯罪和涉电信网络新型犯罪数量呈上升趋势

就侵财类案件来说，2017年至2022年9月，雁塔区人民法院审理的未成年人犯罪类型主要集中于侵犯公民人身权利、侵犯财产权利、妨害社会管理秩序三大类，且侵犯财产类犯罪占比最高。侵犯财产类犯罪在2021—2020年较2018—2019年占比上升12个百分点，整体呈上升趋势。就涉嫌电信网络犯罪来说，2021年雁塔区人民法院出现未成年人涉嫌利用电信网络犯罪案例，并在后续年份呈现逐年上升趋势。罪名涵盖帮助信息网络犯罪活动罪、侵犯公民个人信息罪、诈骗罪等。对比疫情前的2017年和2018年可以看出，受疫情影响未成年人网络犯罪活动逐渐频繁。

（二）对未成年犯罪人群的分析

1. 未成年人共同犯罪人数呈下降趋势

2017—2019 年被判处刑罚的未成年被告人中有 54 人为共同犯罪，38 人为单独犯罪；2020—2022 年被判处刑罚的未成年被告人中有 13 人为共同犯罪，24 人为单独犯罪。2017 年至 2022 年 9 月，雁塔区人民法院审判未成年人共同犯罪人数占比分别为 48%、46%、80%、38%、36%①。

2. 被判处一年以下有期徒刑未成年被告人人数占比较高

2017 年至 2022 年 10 月，雁塔区人民法院对未成年被告人作出生效判决共 129 人，其中判处一年以上有期徒刑 84 人，占总人数的 65%，判处一年及以下有期徒刑 45 人，占总人数的 35%，未成年人犯罪被判处一年有期徒刑以下的刑罚人数占比较高。其中，2017—2019 年共有 31 名未成年被告人被判处一年以上有期徒刑，61 名未成年被告人被判处一年及以下有期徒刑，占 66.3%；2020 年至 2022 年 9 月有 14 名未成年被告人被判处一年以上有期徒刑，23 名未成年被告人被判处一年及以下有期徒刑，占 62.2%，变化不明显。

3. 未成年被告人主体情况分析

（1）男性未成年被告人占比更高

2017 年至 2019 年共有 87 名男性未成年被告人被雁塔区人民法院判处刑罚，5 名女性未成年被告人被雁塔区人民法院判处刑罚；2020 年至 2022 年 9 月有 34 名男性未成年被告人被雁塔区人民法院判处刑罚，3 名女性未成年被告人被雁塔区人民法院判处刑罚。2017 年至 2022 年 9 月，男性未成年被告人占雁塔区人民法院审判未成年犯罪嫌疑人总人数的 93.7%，相较女性未成年被告人占较大比例。

（2）流动未成年人犯罪率有所下降

2017 年至 2019 年共有 90 名外来人员被雁塔区人民法院判处刑罚，有 2 名雁塔区本地人员被雁塔区人民法院判处刑罚；2020 年至 2022 年 9 月共有 35 名外来人员被雁塔区人民法院判处刑罚，有 2 名雁塔区本地人员被雁塔区人民法院判处刑罚。2017 年至 2022 年 9 月，外来未成年被告人人数占雁塔区人民法院审判未成年被告人总人数的 97.6%，就 2020—2021 年占比与 2018—2019 年占比相比，外来流动未成年人犯罪率同比下降 6%，但总体占比仍然较高。

（3）未成年人重新犯罪率呈现波动下降趋势

2017 年至 2022 年 9 月，雁塔区人民法院审理的未成年被告人中曾受过刑

---

① 2022 年 1—9 月雁塔区人民法院共审理过 2 名未成年被告人，均为单独犯罪。

事处罚的分别为 1 人、0 人、1 人、2 人、2 人、0 人；分别占同期审判未成年人总数的 3%、0%、3%、15%、9%、0%。2017 年至 2019 年有 2 名未成年被告人曾有违法记录；2020 年至 2022 年 9 月有 4 名未成年被告人曾有违法记录。该数据统计反映出当下对涉罪未成年人的教育挽救效果有所提升，未成年人重新犯罪率呈现波动下降趋势，且势头较好（见图 5－2）。

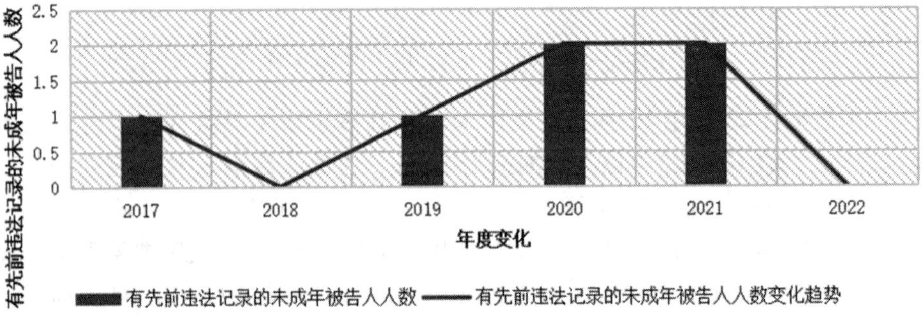

图 5－2：2017—2022 年雁塔区有先前违法记录的未成年被告人人数变化

（4）未成年人犯罪呈现低龄化趋势

2017 年至 2022 年 9 月，雁塔区人民法院审判 14—16 周岁未成年被告人人数分别为 3 人、2 人、1 人、3 人、3 人、0 人，分别占当年判决未成年人总人数的 9%、7.1%、3%、23%、13.6%、0%。从犯罪人数看，2020 年与 2021 年疫情期间较疫情前两年 2019 年、2018 年增加 3 人，增幅达 50%，呈上升趋势，低龄未成年人犯罪占比连续上升，未成年人犯罪呈现低龄化趋势。2017—2019 年共有 6 名 14—16 周岁未成年被告人被判处刑罚，86 名 16—18 周岁未成年被告人被判处刑罚；2020 年至 2022 年 9 月有 6 名 14—16 周岁未成年被告人被判处刑罚，31 名 16—18 周岁未成年被告人被判处刑罚（见图 5－3）。

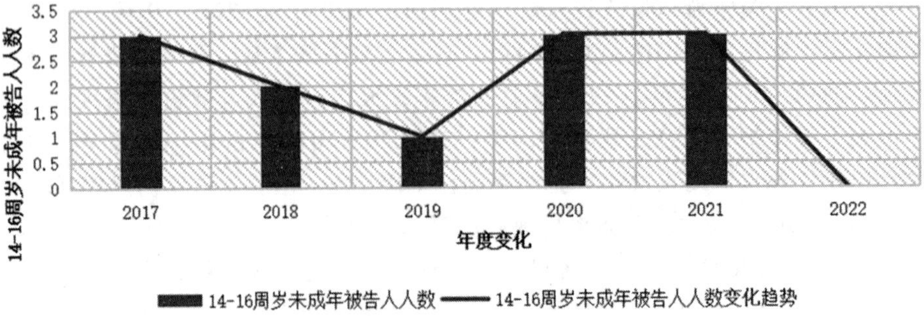

图 5－3：2017—2022 年雁塔区 14—16 周岁未成年被告人人数变化

(5) 家庭因素在涉罪原因中比重较高

家庭因素与未成年人犯罪密切相关，在未成年人犯罪案件中，来自留守家庭、离异家庭、流动式家庭、单亲家庭和再婚家庭的未成年人排名前五，涉罪未成年人的家庭监护往往处于不力状态，监护人关心与看管不足是未成年人走上犯罪道路的重要原因之一。

4. 校园欺凌和暴力犯罪数量呈下降趋势

2017 年至 2022 年 9 月，雁塔区人民法院审判暴力犯罪未成年被告人人数分别为 10 人、13 人、9 人、8 人、7 人、0 人，分别占当年受案人数的 30.3%、46.4%、29%、61.5%、31.8%、0%，虽然人数呈逐年下降趋势，但占比波动起伏（见图 5－4）。

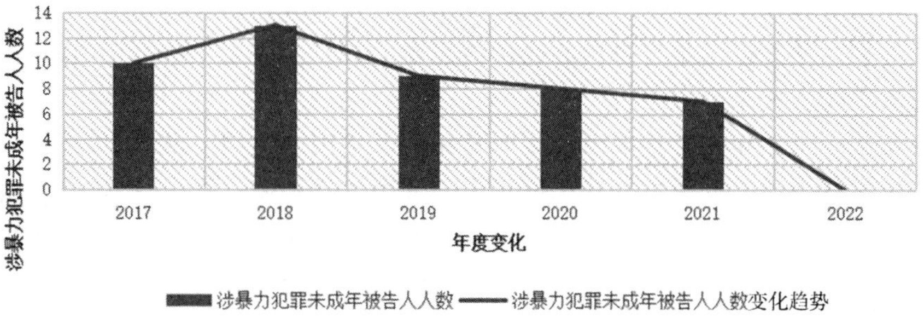

图 5－4：2017—2022 年雁塔区涉暴力犯罪未成年被告人人数变化

二、未成年人犯罪治理现状及问题分析

如何预防和减少未成年人犯罪已成为摆在社会各界面前的一个严峻课题，也是当前我国构建社会主义和谐社会所面临的一个重要问题。全方位为未成年人营造一个健康的成长环境，是一项需要政府、社会、家庭、学校等共同参与的系统工程。据上文以数据分析为基础所体现出的未成年人犯罪现象可以看出，近年来出现了未成年人暴力犯罪、校园欺凌数量下降等积极现象，但也存在着未成年人涉网犯罪大量出现等消极现象，这些现象是由复杂的因素共同导致的。

(一) 未成年人犯罪主观原因

未成年人犯罪原因与他们身心发育不成熟关系非常密切，具有随机性、盲从性、反复性、暴力性等特点。未成年人身心发育不成熟，尚未构建完善三观，对于自己的行为以及相应后果没有正确客观的认识，容易做出冲动行为，甚至违法犯罪。由于未成年人社会阅历有限，往往不能正确辨认和控制自己的行为，且未成年人在自身发育过程中易产生冲动情绪，是非不明，判断能力、自控能力弱，但总结研究未成年人犯罪的特点，其犯罪成因与其生活的家庭环境、学校环境、社会环境等因素密切相关。如果在这一阶段缺乏正确的价值观引导、家庭教育培养、校内法治精神教育，再加上有不正确的信息、爱好诱导，便很容易走上违法犯罪的道路。具体分析，当前雁塔区未成年被告人犯罪主观原因主要存在以下几个方面：

第一，未成年人正处于人身发展的重要转型阶段，青春期正是未成年人生理趋向成熟的过渡时期，在这一特殊时期，未成年人较为敏感和叛逆。对自身的管理和控制能力较弱，对事物也无法达到清楚而全面的认知，呈现出冲动、敏感、多虑的性格，极度渴望表现自己，获得他人的认同，满足虚荣心。因此未成年人普遍基于自身外界探索需求，从而对外界事物表现出较强的探索欲和自我的表达欲，以满足自身内心的价值需要，有时会采用一些不正确的手段甚至违法犯罪方式来表现。

第二，未成年人心理成熟期要明显滞后于生理成熟期。未成年人青春期烦恼以及学业生活上的压力，让未成年人心理困惑排解需求强烈。但处在青春期的许多未成年人会采取逃避现实等途径进行心理疏导和排解，比如网络游戏、不良生活习惯等，容易受不良因素影响而走向违法犯罪的道路。

第三，大部分未成年人法律意识淡薄，并不能清楚地认知自己的行为性质以及将要承担的法律后果，误以为自己的行为不会有相应的法律后果，法律对其不具有震慑力。法治意识的淡薄使未成年人容易突破心理防线，在好奇心和冒险精神的驱使下，实施违法犯罪行为。

（二）未成年人校园欺凌、暴力犯罪人数和重新犯罪率下降

当前我国通过未成年人预防犯罪立法对未成年人犯罪进行的法律规制以及社会各界主体的重视使得未成年人预防犯罪工作取得了一定成效。《预防未成年人犯罪法》完善了规制未成年人犯罪的相关规定，基于层级推进的维度，构建了未成年人犯罪的三级预防体系；《未成年人保护法》强化了社会各主体应对未成年人保护负责任；《刑法修正案（十一）》对于未成年人刑事责任年龄的部分下调使得对未成年人采取刑事强制措施的威慑性更大，从而得以有力地威慑恶性未成年人犯罪行径；《家庭教育促进法》明确要求家长应积极履行家庭教育职责，标志着家庭教育正式得到立法规制，家庭教育指导服务也开启了政府协同和社会支持模式。

通过立法引起政府、司法机关、社会各界主体对于未成年人犯罪问题的重视，并通过引导相关主体共同加强未成年人犯罪预防工作，取得了一定成效。

上述法律规定，加强了家庭教育和学校监管的影响，未成年人校园欺凌、暴力犯罪的人数和重新犯罪率都有一定的下降。

（三）未成年人涉电信网络犯罪率上升

根据雁塔区人民检察院相关数据，近年来雁塔区未成年人涉网犯罪人数呈明显上升态势，所涉及罪名涵盖帮助信息网络犯罪活动罪、侵犯公民个人信息罪、诈骗罪等。据有关调研报告显示，70%以上的青少年犯罪都是受到网络暴力、色情或是网游等网上不良内容影响。

随着社会经济的发展，人民群众生活水平不断提高，智能手机和平板电脑的普及极大便利了未成年人接触网络，使得当代未成年人的触网年龄越来越提前。因未成年人身心普遍不成熟，对于网络上良莠不齐的信息难以做到正确辨别，容易受到不良信息的影响。未成年人实施涉网犯罪的最大诱因是自身过度沉迷网络和网络环境的虚拟性。在虚拟空间，未成年人可以在隐藏身份的情况下，轻易借助网络掌握大量信息，为实施犯罪提供了极大便利。

（四）未成年人共同犯罪现象增多

由于未成年人处于身心发育的特殊阶段，生理以及心理发育尚不成熟，受个体能力的限制，许多未成年人犯罪都是团伙作案形式。此外，未成年人因其心智尚不成熟，在缺少家庭监管、不能与父母良性沟通的情况下，易受不良朋辈群体的影响，出于哥们义气共同实施犯罪。另外，还有相当比例的案件中被告人与被害人、同案犯是通过上网结识，勾结进行团伙作案。

（五）未成年人犯罪出现低龄化趋势

网络是导致未成年人犯罪低龄化的一个重要因素。如前文所述，随着社会经济发展，网络和相关上网设备普及，给未成年人接触网络带来极大便利，即便是年纪很小的未成年人都能上网并能从网络空间获取大量信息，其中的不良信息、不良文化对未成年人产生误导，容易使未成年人走上违法犯罪之路或者利用网络实施犯罪。受网络及不良朋辈群体的影响，辍学的未成年人进入社会，无力谋生，也容易让低龄未成年人过早地走上犯罪的道路。

（六）未成年人犯罪中家庭教育与学校监管因素

根据雁塔区人民法院判决书数据研究分析，可以发现未成年人犯罪中辍学人员占比较大，且学校法治教育薄弱现象和问题家庭比例高的现象仍存在。负向的家庭教育与学校管教的缺失是造成未成年人犯罪的最主要原因，从数据分析中发现许多涉罪未成年人存在家庭或者学校监管缺位的情况。

犯罪学研究表明，不良家庭是犯罪发生的早期重要诱因。未成年人独立之前，一直生活在家庭环境之中，且其身心发育仍未完成，从而更容易受到不健康家庭因素的影响。《未成年人保护法》在“六大保护”中将“家庭保护”放在第一位，足见其重要性。因为家庭教育缺失而导致的未成年人犯罪的事件频发，部分家庭缺乏对未成年人的有效监护，缺乏正确价值观的引导，或者部分监护人过于溺爱子女，导致未成年人没有形成正确的三观和生活习惯，从而走上违法犯罪的道路。此外，许多单亲或离异重组家庭中亲子关系不稳定，未成年人缺乏应有的关爱和照护，也更易诱导犯罪。

根据相关数据分析，未成年人受教育程度也与未成年人犯罪之间存在一定正相关性，辍学的未成年人更易走上违法犯罪之道路。未成年人在受教育过程中受到学校制度的约束，并且在学校中学习的科学文化知识有利于培养其形成正确的三观，辨别是非。但目前学校法治教育也存在一定的缺位现象。学校教育资源分布不均，受升学率指标、社会重视程度等因素影响，目前初中学校普遍无法兼顾普通教育和职业教育的统筹发展，初中阶段“重普轻职”的现状造成部分学生升学和就业存在困难，缺少正向针对教育，从而成为“问题学生”。学校法治教育薄弱，对于未成年人的普法教育不到位，这一现象在职业学校中尤为突出。同时，相关法律教育的缺失也使得未成年人不能够认识到自己的行为后果，法律威慑性不能及时准确地普及给未成年人，使得以法律抑制未成年人违法犯罪行为的效果也大打折扣。

三、未成年人犯罪治理的总体策略与路径选择

未成年人犯罪带来治安、经济发展等方面的问题，犯罪主要聚集于盗窃罪、抢劫罪、强奸罪、寻衅滋事罪、故意伤害罪等罪名。只是盲目地打击犯罪而不重视教育并不能从根本上解决问题，长此以往可能会成为社会发展的隐患。因此，预防未成年人犯罪，促进青少年的发展刻不容缓，是全社会和各级政府党委的共同责任。动员全社会积极参与，有针对性地开展预防宣传活动，重视未成年人的预防矫治教育和德育问题，让未成年人的性格、心理和行为得到纠正，有助于未成年人的健康发展。

（一）精准施策，多元化开展普法教育

一是加强对学生法治教育及身心健康教育。首先在学校增设法治课程，增强学生法治观念，将犯罪萌芽扼杀在摇篮之中。相关部门研发出适合不同年龄段未成年人的课程，比如网络犯罪专题、校园欺凌专题、暴力犯罪专题等。其次，要注重青春期教育和性教育。针对未成年人的生理心理特点，开展系统的青春期教育和性教育。应通过教育引导对青少年加强性道德法治教育，教他们如何处理个人性欲与社会规范的关系，正确引导两性关系。此外，还要进行恋

爱、婚姻、家庭等教育，引导他们增强自己在两性交往中的社会责任感、义务感和荣辱观，预防性犯罪的发生。

二是加强德育教育。在少年的道德观念养成时期，学校要由浅入深，逐步为未成年人树立起良好的道德观念。道德教育要针对青少年的特点开展丰富的活动，避免只搞简单的说教，要增加德育过程的趣味性。同时，在教师队伍选拔培训中应加强对教师队伍的道德素质考核，使教师具备优秀品德素养，具有良好的师德，抓好教师素质培养工作，发挥教师的榜样作用。

三是加强网络犯罪预防教育。伴随网络的兴起，网络犯罪也逐渐增多，未成年人学习探索能力强，判断能力却较弱，容易受到网络上不良信息侵蚀，进而走上违法犯罪的道路。除了国家和有关部门对未成年人进行的网络管制外，还需要加强对未成年人普及良性的网络教育，将公益课堂带入学校，带进课堂。

（二）助力家庭与学校未成年人犯罪预防工作

一是助力监护人的家庭教育。有关部门和责任人发现未成年人有不良行为的，及时予以制止，并督促监护人依法履行监护职责。家庭环境在未成年人成长中起到重要作用，家长需要以身作则，给予孩子良好的榜样。目前仍有部分家长缺乏适当方法，对此需要融入家庭教育指导，培养一批专业家庭教育指导老师，对家长进行公益讲座，普及良好的家庭教育方式。另外，要特别关注留守未成年人和单亲无亲家庭中的未成年人，这类未成年人缺乏家庭的管护和教育，极易产生不良心理状况，可以求助于所在学校、社区以及社会组织的帮助来尽量弥补其家庭教育缺失。

二是加强对学校的管制。教育部门要强化控辍保学措施，将有关信息通知未保、团委、妇联等部门共同关注关爱此类儿童。学校要重点关注学习成绩差和行为表现差的学生的转化工作，严格控制学生退学，不要简单将其推向社会，要注重对其心理和行为方面的教育工作，必要的时候，可以联系相关部门协同帮教。对于职业学校，要联合教育部门，加强对职业学校管制，对学校老师进行定期培训和规范管理，严禁不负责的情况发生。

（三）履行分工职责，着力做实做细未成年人犯罪预防工作

一是净化未成年人所处社会环境。公安、教育、文旅、市场监管等部门，应加大对校园周边环境、网络环境执法巡查力度和频次，不断加大对违法违规经营网吧以及游戏厅、歌舞厅等娱乐场所的清理整治力度，大力开展互联网低俗之风整治活动，净化校园周边环境和网络文化环境，努力营造有利于青少年健康成长的文化环境。

二是建立健全辖区未成年犯罪人的相关信息。公、检、法、司等政法系统对有严重不良行为的未成年人建立“一人一卡”档案，教育行政部门应建立未成年人的就学、就业、监护等信息台账，对出现失学、失业等情况的，及时上报并给予帮助。同时进一步完善专门学校的管理体制机制。其一，提高政治站位，加强党的全面领导，切实履行好主体责任，进一步规范和理顺专门学校和专门教育管理体制机制；其二，加强统筹协调，认真履行好专门教育指导委员会的职责任务，切实发挥“指挥棒”功能作用；其三，各相关单位和部门通力协作，打好“组合拳”，聚焦“育人”任务；其四，规范入学程序和健全转出程序，巩固教育矫治成效。

（四）协同建立社会支持体系，做好针对罪错未成年人的多级处遇工作

一是构建立体化的未成年人专门处置措施。我国《预防未成年人犯罪法》将未成年人的罪错行为区分为三个层次，并针对不同行为规定了相对完整的分级干预处置模式，但仍有可推进细化的方向。具体而言：（1）对轻微犯罪行为可以由司法机关决定采取教育矫治措施。（2）在是否采取教育措施上较难达成一致意见，建议由目前已有的“教育指导委员会”采取行政决定程序。（3）专门学校的招生对象可以降低至8周岁以上的有严重不良行为以及触刑行为的未成年人。（4）扩大禁止令的适用范围。禁止令除了适用管制和宣告缓刑的犯罪分子，对于实施轻微犯罪行为的未成年人，免予刑事处罚，或者决定不起诉、附条件不起诉的以及实施触刑行为的未成年人，都可以适用禁止令。（5）增加未成年人及部分成年人刑满释放后安置帮教的具体规定。对于刑满释放的未成年人以及在未成年犯管教所服刑期满的成年人，应当明确规定对这类人进行安置帮教，解决其学习和就业等问题。

二是根据社会调查、早期干预、行为矫治、心理干预、观护帮教等不同需要购买相应的社会组织服务。《预防未成年人犯罪法》对未成年人实施的罪错行为，采取了分级处遇的模式，根据该法的规定，将未成年人实施的罪错行为分成了三大类，即不良行为、严重不良行为和犯罪行为。不同等级可能需要社会调查、早期干预、行为矫治、心理干预、观护帮教等一项或多项社会帮助。分级处遇机制一方面能够防止未成年人轻微罪错行为演变为犯罪行为，另一方面可以对涉罪未成年人形成特殊预防，防止其再犯罪。具体而言：（1）探索制度化、多元化的资金支持途径，探索吸纳社会公益慈善资金和以未成年人司法保护项目形式获得经费的途径。（2）探索设置检察机关牵头的未成年人综合保护部门以统筹社会支持体系。检察机关是未成年人司法保护事项的转出者，即初级转介者，作为源头，检察机关不仅需要判断少年司法转介服务的内

容，还需要挑选承接少年司法转介服务的合适主体进行。

三是建立跨机构、跨区域协作及资源链接机制，建立未成年人刑事司法服务供求信息共享平台。具体而言：（1）各级政府部门可以探索建立由党委综治部门牵头，公检法机关联动，会同教育局、民政局等职能部门和共青团、妇联、关工委等组织共同参与的协作机制。（2）利用共青团的青春驿站、12355热线所建立起来的信息服务网络，在社会组织、公检法机关的共同努力下，搭建起信息共享平台。在司法社工组织相对发达的地区，也可以探索由社工组织负责搭建信息共享平台的模式，或者由公检法机关与社工组织共同搭建信息共享平台。需要特别注意的是，未成年人的供求信息通常包含未成年人违法犯罪情况及其个人隐私，在信息共享和资源链接过程中应建立信息筛选、处理、保管和保密的细则，以保护未成年人的个人隐私及其家庭的信息不被泄露和侵犯。

四是社会力量有序参与规范化，提高未成年人刑事司法社会支持的专业化程度。具体而言：（1）明确社会主体进入和退出程序，遴选和考核程序、奖惩和监督制度，等等。以合适成年人在场的社会参与规则为例，社工组织可以会同相关部门、机构联合制定具体的程序规范，对合适成年人的准入条件、培训、日常管理、证件与文书管理、权利义务、考核与退出等方面进行明确规定，由社工组织所服务的机关考核管理。（2）青少年司法社会工作具有较强的专业性，必须由经过专业训练并具有一定资质的人员从事，否则非但不能起到应有的效果，反而可能给未成年人造成一定的伤害。除了社会工作专业知识和技能之外，青少年司法社会工作还需要心理学、教育学、行为矫治等专业知识，这就需要对社工专业背景的人和上述相关专业背景的人员进行多学科知识的培训，以提高未成年人刑事司法社会服务的专业化程度。

第二节　侵害未成年人犯罪态势变化及犯罪治理

未成年人属于人格还未健全的群体，易受到侵害，面对各种未知的侵害，社会、家庭、学校对其保护发挥着至关重要的作用。通过对侵害未成年人犯罪进行数据研究，可以发现侵害未成年人犯罪集中的罪名和类型以及随着政策的推行，其相关状况有无变化，通过对比分析，探求现象背后的原因，是此项研究的主旨所在，为解决侵害未成年人犯罪案件治理困境和未成年人保护工作失范问题提供借鉴和参考路径，从而达到预防和矫治侵害未成年人犯罪现象的发生。

一、侵害未成年人犯罪发展态势与趋势预测

（一）案件总量分析

2017—2022 年，雁塔区人民法院审判侵害未成年被告人 75 人。根据统计数据，调研结论如下：

1. 侵害未成年人犯罪案件数量呈波动上升趋势

2017 年至 2022 年 9 月，雁塔区人民法院分别审判侵害未成年被告人 11 人、22 人、13 人、10 人、17 人和 2 人，判决侵害未成年被告人 75 人，总体呈波动上升趋势，侵害未成年人刑事案件数量整体呈上升势头（见图 5 -5)。

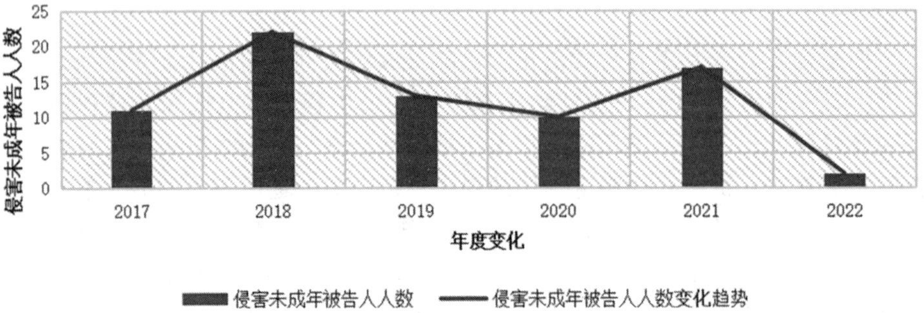

图 5 -5：2017—2022 年雁塔区侵害未成年被告人人数变化

2. 性侵未成年人犯罪案件数量逐年上升

关于性侵未成年人犯罪案件，2021 年雁塔区人民法院审判强奸未成年人犯罪 3 人，较 2020 年同比上升 33.3%。同期，审判猥亵儿童犯罪 5 人，较 2020 年同比上升 150%。可见，本辖区内性侵未成年人犯罪仍然呈现上升趋势。除总体呈上升趋势之外，性侵未成年人犯罪自身发展趋势还具有以下几个特点：

（1）性侵未成年人犯罪向网络空间延伸

当前，性侵害犯罪已经延伸到网络空间，线上与线下相结合成为犯罪主要行为方式。部分猥亵类犯罪是线上进行的，有以散布裸体视频或者 PS 过的被害人照片相威胁，有的强迫被害人通过聊天软件与其视频裸聊或强迫被害人做出自我猥亵动作。猥亵类犯罪的活动空间进一步增大，隐秘性较之以往更强。更多的案件中，犯罪分子包装自己后通过 QQ、微信、陌陌等网络社交软件主动与使用这些软件的被害人加好友聊天，之后在网络相处过程中取得被害人信

任，逐步发展至线下见面。在线下见面过程中强迫、引诱或利用被害人醉酒之机发生性关系，或者对被害人进行猥亵。还有部分犯罪分子通过网上公开的未成年人信息或者利用未成年人学习、生活上的需求接近被害人，进而对被害人实施性侵害。实践中还有犯罪分子在骗取被害人的裸照或不雅视频后，以散布为由，胁迫未成年被害人与其见面进而实施猥亵或者强奸行为。

（2）“自愿型”侵害比例较高

利用网络性侵害未成年人案件中，“自愿型”侵害比例较高，未成年被害人容易自陷风险。在性侵未成年人案件中，被害人多为自愿与被告人发生性关系，有的甚至在自己住所与被告人发生性关系或多次与被告人发生性关系。

（3）性侵害犯罪地点多发生在宾（旅）馆

利用网络性侵害未成年人的案件中，线上联系线下见面的“网友奔现”情况较多，性侵害地点除了被害人或者犯罪分子住所外，较多发生在宾（旅）馆。未成年人在无监护人陪同的情况下与网友进入宾（旅）馆房间，一定程度上加大了自身遭受性侵害的风险。《未成年人保护法》要求营业性歌舞娱乐场所、互联网上网服务营业场所等不适宜未成年人活动的场所不得允许未成年人进入，禁止向未成年人销售烟、酒等，就是希望未成年人远离风险。现实中，自我保护意识不足的未成年人在对网友缺乏深入了解的情况下进入 KTV、酒吧等场所，甚至导致醉酒不知反抗、无法反抗，无异于将自身安全置于较高风险之中。

（4）负有照护职责人员性侵犯罪突出

其一，负有照护职责人员侵害未成年人以强奸犯罪为主，猥亵犯罪次之，与未成年人有关的卖淫犯罪和色情制品犯罪相对较少。其二，负有照护职责人员侵害未成年人犯罪的被害对象主要为女性，男性未成年人遭受性侵害问题也不容忽视，且呈现犯罪对象低龄化的特点。未满 14 周岁的未成年人是亲属性侵害的主要对象，而未满 12 周岁的未成年人极易遭受性侵害。其三，负有照护职责人员性侵案件中，老师、继父最容易对未成年人实施性侵害，甚至出现亲生父亲对子女实施性侵害案件。继父女之间不具有血亲关系，继父对继女实施性侵害犯罪往往能够引起人们的重视，亲生父亲对子女实施的性侵害犯罪问题往往容易被忽视，被害人多次被害和长时间被害的可能性较大。相较于一般犯罪主体，亲属实施性侵害犯罪更具隐蔽性、长期性和非暴力性等特点，犯罪人往往利用与未成年人的监护、亲属关系形成的优势地位、被害人和家人的信任及被害人的依赖等对被害人实施性侵害。如果被害人及其亲人不报案，犯罪很难进入司法视野。亲属性侵害未成年人犯罪社会危害性严重，且容易对未成年人的身体造成实质伤害，有的被害人甚至被残忍杀害，同时对被害人造成的精神创伤具有持久性、难以恢复性等严重后果。

（5）未成年人卖淫类性侵犯罪激增

2018 年雁塔区人民法院审判未成年人卖淫类性侵犯罪与 2017 年相比同比上升 300%。在此类案件中，未成年被害人价值观出现扭曲，片面追求物质享受而忽略精神需求，为满足物质需求而走上卖淫的道路。

3. 侵害未成年人犯罪罪名较为集中

截至 2022 年，雁塔区人民法院审判侵害未成年人犯罪案件居前六位的分别是强奸罪、猥亵儿童罪、寻衅滋事罪、抢劫罪、交通肇事罪、盗窃罪，侵害未成年人犯罪罪名较为集中。

（二）对未成年被害人的分析

侵害未成年人的案件具有高发、频发的趋势，部分侵害人与被害人存在特殊照护关系，加之多数被害人受到年龄、经验、知识等方面的限制，导致此类犯罪的隐蔽性较高，在案发时“不能告诉”，导致这类案件被发现的难度较大。

1. 不满 14 周岁未成年受害人占比超半数

2017 年至 2022 年 10 月，雁塔区人民法院审判侵害不满 14 周岁未成年受害人人数分别为 2 人、11 人、2 人、4 人、4 人和 1 人，2021 年与 2019 年相比同比分别上升 200%。不满 14 周岁的未成年被害人占比超过半数，反映出关爱 14 周岁以下儿童的需求相对较为迫切（见图 5－6）。

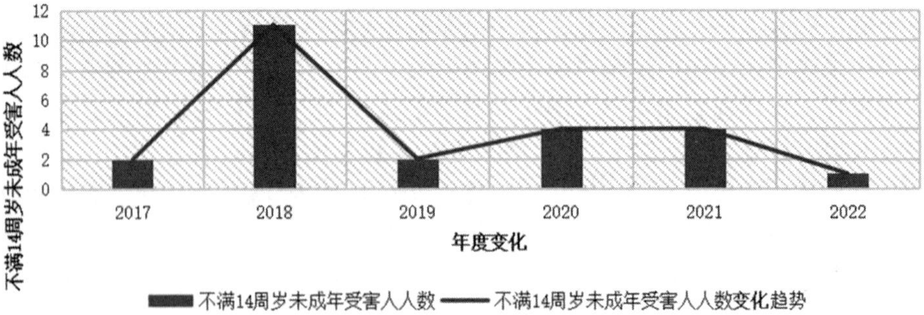

图 5－6：2017—2022 年雁塔区不满 14 周岁未成年受害人人数情况

2. 未成年被害人辍学率较高

据统计，雁塔区人民法院审判的侵害未成年人案件中，未成年被害人教育水平总体不高，且辍学率较高，反映出观护未成年人受教育问题不容忽视。

3. 女性未成年被害人占比较高

2017 年至 2022 年 9 月，侵害未成年人案件中共有 13 名男性未成年被害人、37 名女性未成年被害人，除部分判决书中未标注未成年被害人性别之外，女性未成年被害人占未成年被害人总人数的 74%，反映出对女童的关爱问题不容忽视。

二、侵害未成年人犯罪治理现状及问题分析

对侵害未成年人犯罪的治理是涉未成年人犯罪治理的另一个重要方面，保护未成年人不受犯罪侵害是构建社会主义法治社会的组成部分，也是未成年人法治的更高追求。从上文的数据分析可以看出，雁塔区侵害未成年人犯罪呈现案件数量不断上升、性侵未成年人犯罪的案件增长明显、侵害未成年人罪名比较集中、受到侵害的不满 14 周岁和女性未成年人占比较高等现象。对这些现象背后原因的分析有助于针对性提出对策，减少、治理雁塔区侵害未成年人犯罪的数量，形成对未成年人的全面保护。

（一）侵害未成年人刑事案件数量整体呈上升趋势的原因

《关于建立侵害未成年人案件强制报告制度的意见（试行）》出台之前，由于学校、社会对侵害未成年人刑事案件的关注度不够高，也不知道从何干涉，导致大量的案件没有被上报和发现，该《意见》的出台引起了学校、社会和家庭对侵害未成年人案件的重视，使得许多隐性案件被司法机关处理。

公安机关、检察机关的严厉打击是另一重要原因。检察机关对侵害未成年人案件的“零容忍”态度和对办案规则的不断完善，针对成年人拉拢、诱迫未成年人参与有组织犯罪，制发一系列依法从严追诉、从重提出量刑建议的检察政策并督导落实。公安机关、检察机关在办案过程中“发现一起，打击一起”，对涉未成年人的犯罪线索一查到底，使得侵害未成年人的案件被依法处理，达到不放纵犯罪的效果。

除此之外，网络飞速发展导致未成年人更易被犯罪分子接触、家庭保护不足、学校教育缺失等也是侵害未成年人刑事案件数量上升的原因。

（二）性侵未成年人犯罪呈上升趋势的原因

未成年被害人缺乏网络安全自觉，案发后面临伤害更大。很多未成年人因为网页推送或者他人介绍注册使用上述软件，在平台上发布个人信息，或者因为相同爱好被邀请加入一些群组。有些未成年人因轻信陌生人的“关怀”而对其产生好感，愿意线下见面；有些未成年人则出于性好奇，被引诱后与陌生人发生性关系。网络社交存在于虚拟空间中，未成年被害人经常基于美好憧憬

与陌生群体交往，网络的虚拟性使其难以察觉交往另一方的具体情况（性别、年龄、职业等），更无从了解对方的个人品格、交往意图。因轻信受骗极易导致未成年被害人受到身体和心理的双重伤害，影响其正常生活，进而对社会失去信心，甚至引发极端后果。

在性侵害场所方面，旅馆、宾馆未查验身份即接待未成年人入住，或者虽未办理入住但疏于对来往人员的监管，给性侵未成年人犯罪提供了便利场所，成为案件高发地。

在网络平台管理方面，网络平台缺少监管和对未成年人信息的泄露给违法犯罪分子可乘之机。监管平台为了巨额的利润，选择放任那些可能侵害未成年人的信息和个人在网络平台传播和活动，并且未成年人缺乏在使用网络过程中保护个人隐私的意识，会根据平台要求或个人需求留下自己身份、兴趣爱好、家庭情况等信息，上传个人照片或生活记录，暴露本人或家庭的更多信息，这些信息或被商家利用，或进入地下交易市场进行非法买卖，导致其身份信息变成犯罪嫌疑人线下性侵未成年人的手段。

在防性侵宣传方面，教育、妇联、司法等相关部门在各自职责范围内，可能为性教育宣传工作都作了一定的努力，但各部门相互孤立，互不沟通、缺少协调与合作，无法实现信息共享、资源优化配置，造成各部门信息和资源的浪费和低效率运用。

（三）侵害未成年人犯罪罪名较为集中的原因

未成年人身心不成熟、自身保护意识不足是其易成为特定犯罪受害者的主要原因。就强奸罪和猥亵儿童罪而言，负有照护职责的人员强奸和猥亵的占比较突出，这类未成年人容易受到控制和诱骗，并且通过家庭、学校接受的防性侵知识有限，缺少自我保护意识，在遭受性侵时怯于或羞于反抗，导致其被侵害的风险增大。就抢劫罪和盗窃罪来说，未成年人具有心理容易受胁迫、身体力量较弱、财物保护意识弱等特点，大额的零花钱或者高档电子产品容易被不法分子注意，不法分子通常以简单的威胁或拙劣的盗窃手段便能非法获得未成年人的财物。就寻衅滋事罪而言，青少年正处于发育期，情绪波动较大，从众结群现象较多，容易与他人产生矛盾，进而引发冲突。近年来，发生在学校内的学生欺凌案件较多，大多为偶发矛盾，因处理不当或者效仿网络，最终导致未成年学生被故意伤害或寻衅滋事。

（四）不满14周岁未成年受害人占比超半数的原因

一方面，随着未成年人犯罪的低龄化现象，未成年受害人的占比也逐渐增多。未成年人犯罪占比最多的为盗窃罪、抢劫罪、强奸罪、寻衅滋事罪、故意伤害罪等，这几类案件往往需要力量上的博弈，未成年犯罪嫌疑人主要针对的人群是自己身边的同龄人和自己能够制服的未成年人，不满 14 周岁的未成年人身心都未发展成熟，容易被制服和欺骗，成为未成年犯罪者实施暴力的对象。

另一方面，不满 14 周岁的受侵害未成年人不易发现获得帮助的渠道，更易成为犯罪者的目标。由于部分未成年人初中就辍学，其受到的教育程度不高，辍学高发时期为中学时期，这类辍学的未成年人大多不满 14 周岁且未完成九年义务教育，易受社会不良文化及环境的影响，亲子关系不畅，家长无力管教，知识的匮乏使得这些被害人少了一层保护自己的“盔甲”。

（五）女性未成年被害人占比较高的原因

一方面，性侵犯罪占比在未成年人受侵害总数中的占比不断攀升。由于性侵犯罪的特殊性，男性犯罪人较多，且针对女性，因此女性未成年被害人随着性侵犯罪占比的升高而占比较高。另一方面，女性未成年人具有独特的身心特征。女性未成年人一般比男性未成年人心智成熟早，更可能具有攀比心理，容易被卖淫团伙以利益引诱进而被侵害；女性未成年人反抗心理小，身体力量弱，也容易使其成为校园暴力、寻衅滋事、抢劫等暴力犯罪的对象。

三、侵害未成年人犯罪治理的总体策略与路径选择

对性侵害未成年人犯罪展开有效防控是保护青少年健康成长、维护社会平安的重要举措。以上的实证分析已经厘清了当前侵害未成年人犯罪的主要特征和产生原因，故针对其主要特点和产生原因提出相应的犯罪防控策略，以求最终确保社会稳定、青少年茁壮成长。

（一）规范家庭教育指导，加强家庭层面的保护

家庭是未成年人的第一课堂，却也是未成年人受侵害的常见场所。一方面，家庭成员需要主动承担关心照料义务，检察机关有必要结合《未成年人保护法》中“家庭保护”的专章规定，经常开展预防未成年人受侵害的家庭教育宣传。另一方面，检察机关可联合相关行政部门开通儿童救助渠道。一是帮助儿童解决其与家庭之间的小问题，防微杜渐；二是若发现监护人不积极履行监护职责的，可以借助妇联、儿童保护协会等社会机构的力量开展家庭教育指导工作、救助或变更监护；三是若发现可能存在犯罪行为的，可以及时联合公安部门立案侦查，以应对被侵害未成年人认知水平低、性犯罪隐蔽等特点。

（二）发挥学校法治教育主阵地作用，增强学校层面的教育

学校作为学习知识的第一课堂，承担着教育、引导未成年人的重要责任。

首先，学校有责任结合日常教学开展安全上网、性安全等涉及未成年人安全的知识讲座或者相关课程。其次，应加强与家庭的联系沟通，如果发现学生沉迷网络或遭受性侵害、校园欺凌等侵害，应当及时落实强制报告制度，通知其监护人，联合相关机构对侵害者进行网瘾干预或者其他方面的处理，避免未成年人继续遭受侵害。再次，教育行政部门要监督、督促学校建立完善的预防性侵害、性骚扰未成年人工作机制。最后，要进一步发挥法治进校园的平台作用，指派经验丰富的法官、检察官担任学校的法治副校长，参与学校安全管理、严重不良行为处理等，及时保护被不良行为侵害的未成年人，还要积极组织网络安全与自我保护等主题的法治教育授课。

（三）多方联动保护，深化源头治理，提高社会层面的管理

一方面，加强对未成年人学习生活区、酒店以及网吧等地方的治安管理。一是争取获得财政支持，加大财力物力投入，发挥网格员的作用，以社区、街道为基本单位，建设社区、街道便民服务室并安排专门的人员值班，对存在侵害未成年人的行为能够及时发现并干预，从而减少侵害的发生或者防止侵害行为进一步扩大。二是专门强化未成年人学习生活区、酒店等地方的监控布置，在不侵犯相关人员隐私的情况下，有效实现监控覆盖，使得犯罪无处遁形。三是由于未成年人的活动范围有很大的规律性，可以探索社区、校园警务合作机制，即由公安机关牵头，与辖区内未成年人活动较多的社区、学校合作，提前开展预防工作。四是关注未成年人受侵害场域的网络转向，联合网络监管部门对裸聊、直播卖淫等新型未成年人受侵害形式形成有效监管，防止网络成为缺少保护的薄弱地带。

另一方面，严格落实强制报告制度。通过走访了解强制报告制度的宣传广度及深度，针对教育、医疗、儿童福利机构等单位、学校、培训机构、旅店、宾馆、娱乐场所等地点进行重点宣讲及排查，做好固定证据、举报犯罪等方面提示性工作，使强制报告制度在与未成年人密切接触行业内深入人心，为预防和打击犯罪奠定基础。

（四）对侵害未成年人犯罪“零容忍”，加大司法保护力度

一是公检法三机关办理侵犯未成年人案件在各阶段从严要求。公安机关及相关行政部门增加对校园周边网吧、宾馆、娱乐场所等未成年人活动较多场所的排查频次，加大排查深度。对于监管不到位、容留未成年人犯罪、未履行强制报告义务的场所应予行政处罚的，应当严格惩处，涉及犯罪的，应当依法追究刑事责任。检察机关在办理侵害未成年人犯罪时从严评估人身危险性，轻微犯罪谨慎适用不起诉制度，非轻微犯罪从严把握羁押必要性，适用认罪认罚从

宽制度从严把握从宽之幅度。人民法院在裁判时将被侵犯对象是未成年人作为犯罪情节是否恶劣的重要考量因素。从严处罚、从严追诉，以减少侵害未成年人案件发生的风险。

二是检察机关应加强与公安、法院等司法机关的配合，发挥提前介入引导侦查的检察职能，及时处置案件线索，收集固定证据，凸显立案监督效力，充分发挥公诉职能，进一步解决侵害未成年人犯罪案件预防难、发现难、取证难、指控难、惩处难问题。

（五）对未成年被害人设置特殊保护机制，形成司法保护体系

一是落实未成年被害人的救助资金。通常刑事犯罪取得犯罪人赔偿存在难度，但未成年被害人的资金帮助具有必要性和紧迫性，在办案过程中，应加强与教育、民政、妇联、团委、社会团体、企业等社会各界的协调，积极落实司法救助资金，帮助未成年被害人解决生活、医疗上的困难。可以借鉴在司法救助资金中设立未成年被害人专项救助基金。

二是关注未成年被害人的心理健康保护。未成年被害人心智发育不完全，在受到犯罪侵害后心理损害很可能会伴随终生。一方面，从恢复未成年被害人心理健康的角度来说，政府可以积极推动购买社会服务项目，推进基金会、慈善机构等设立关爱性侵伤害未成年被害人项目的建设。另一方面，从防止未成年被害人心理损害扩大的角度来说，首先公检法司各部门、相关行政机关要注意保护未成年被害人信息，防止不当泄露；其次是对于信息已经泄露的未成年被害人可通过司法帮助或行政部门协助更换学校或社区。

第六章　涉众涉企类犯罪态势变化及犯罪治理

第一节　涉众类犯罪态势变化及犯罪治理

涉众型经济犯罪，司法实践中多为非法集资犯罪，是指发生在经济运行领域，未经有关部门依法批准或者借用合法经营的形式，通过投资债权、股权、商品营销、生产经营等方式，向不特定多数人筹集资金，并承诺在一定期限内以货币、实物、股权等方式还本付息或者给付回报的经济犯罪。长期以来，我国经济社会保持较快发展，资金需求旺盛，民间投资渠道狭窄的现实困难和非法集资高额回报的巨大诱惑交织共存，导致非法集资犯罪屡禁不绝。本章针对2017—2022年雁塔区检察院办理的非法吸收公众存款犯罪、集资诈骗犯罪案件进行统计分析，反映雁塔区非法集资犯罪的基本情况，以进一步提高犯罪防控效能，切实保护人民群众合法权益。

一、涉众类犯罪发展态势与趋势预测

当前，经济下行压力较大，企业生产经营困难增多，各类不规范民间融资介入较深的行业领域风险集中暴露，涉众类经济犯罪案件滋生，此类案件严重扰乱了市场经济秩序，危害了社会诚信机制构建。

（一）案件总体情况分析

1. 案件数量情况

2017—2022年，雁塔区检察院共办理非法集资类案件275件350人，其中非法吸收公众存款罪256件328人，集资诈骗罪19件22人。提起公诉276件407人，其中非法吸收公众存款罪265件392人，集资诈骗罪11件15人。一审判决299件485人，其中非法吸收公众存款罪289件472人，集资诈骗罪10件13人。

从发案数量看，2017—2022年间非法集资案件数量总体呈下降趋势，2017—2019年案件数量无较大变化，均在高位运行，2020—2022年数量下降

明显。从案件类型上看，集资诈骗罪占比较低，仅占7%。

2. 犯罪嫌疑人情况

一是男性犯罪嫌疑人占比更高，且多为主犯。根据对2017—2022年的案件被告人分析，非法吸收公众存款罪中男性被告人共计157名，人数高达总体的75%。男性犯罪主体数量远超于女性。女性被告人数量占比从2017年的36%到2022年的25%，总体呈下降趋势。同时，女性犯罪嫌疑人多为公司财务人员、底层业务人员，在犯罪中起到次要、辅助作用，六年来仅有1起案件的主犯为女性。

二是犯罪嫌疑人年龄方面，青年和中年群体占大多数，青年人数量略多于中年人。根据中国传统的年龄划分标准，按年龄划分为四个年龄组，即青年组（29周岁以下）、中青年组（30—39周岁）、中年组（40—49周岁）和中老年组（50周岁以上）。2017—2022年，非法吸收公共存款罪共涉及被告人195名，中、青年群体共覆盖总人数的96%。其中，青年人98人，占总体的50%；中年人89人，占总体的46%；六年来两个群体的被告人人数均在高位运行。

三是犯罪嫌疑人学历普遍不高。据纳入统计的犯罪嫌疑人的文化程度显示，大多为初高中和大中专学历。在判决中提到学历的被告人共52人，其中小学学历人数占3.8%，初高中学历占46%，大中专学历占33%，本硕及以上学历占17%。

3. 发案地情况

从发案场所看，早期投资担保公司类非法集资案件集资参与人多为老年人，从事非法集资人员注册公司的聚集之地为住宅区外商用门面房。随着互联网非法集资案件等新类型的增多，核心商务区写字楼中非法集资案件发案率增幅明显。

4. 犯罪手段情况

一是从犯罪手法来看，由早期直接吸款的债权类投资、生产经营类投资，转变为私募基金、信托产品等股权类投资，以及承诺商品回购、公司加盟返利等商品营销类投资，套用金融政策，趋新迎变，投资人辨别风险的难度加大，从而更易深陷非法集资圈套。

二是从宣传手段来看，非法集资活动由早期偏重于口口相传、发传单、电话营销、讲师授课等传统传播方式到如今已发展成为集网络平台、推介会、报刊、形象代言、新闻发布会等全方位、立体化的宣传攻势。

三是在宣传内容方面，一方面强调项目经营规模大、前景好、收益高、风险低、回报快等，另一方面则弱化项目的审批瑕疵、保障的不稳定性、运营模式的非法性，欺骗性极强。随着涉案公司宣传广度和深度的不断拓展，非法集资范围已逐渐突破传统行政区划和地理范围，遍布全国，甚至向境外发展。

5. 追赃挽损情况

大量涉众型非法集资案件结案后赃款无法追回，给涉案投资人造成巨大损失。此类犯罪的案发往往是因为犯罪嫌疑人资金链断裂导致无资金返还投资人本金及许诺利息，在案发前后又有相当一部分投资人因获得了延期收益函、债转股等方式，轻信犯罪嫌疑人愿意周转资金为其返还资产的承诺，而实际上财产却被犯罪嫌疑人转移、隐匿或者挥霍，种种原因导致案件追赃挽损率普遍偏低。根据判决统计，六年来仅有1起案件追回全部赃款，多数案件资金返还比例不足20%，这也是此类案件多出现集体上访的原因。

（二）涉众类经济案件的特点

通过分析六年间的非法吸收公共存款罪和集资诈骗罪的具体情况，发现涉众类经济案件存在如下特点：

1. 发案区域集中在经济较为活跃的地区

据统计，雁塔区检察院办理的非法集资类案件约占全省办案量的12%。高新区的发展定位是重要的研发基地和创新型服务业基地，因此有许多科技园区和产业园区在此聚集，雁塔区有较多的一线商圈。雁塔区、高新区经济较发达，是全省非法集资案件的高发区。

2. 借助“公司”形式集资，宣传手段翻新

犯罪嫌疑人多成立以“基金管理”“投资基金”冠名的公司，公司内横向机构设置与纵向层级划分已由早期的依托亲属关系的“作坊式”组织向现代化企业模式转变，组织结构的正规性往往具有很大的迷惑性。与此同时，具有金融从业或学业背景的涉案人员增多。如犯罪嫌疑人王某某具有博士学位，案发时就职于某信托有限公司，具有金融从业经验，个人吸纳存款8000余万元购买信托产品，时间长达数年，因四川信托“爆雷”导致案发，造成集资参与人损失数千万元，给某信托有限公司带来不良社会影响。

犯罪嫌疑人为了掩盖其非法集资的目的，同时也为了逃避公安机关的打击，往往会通过合法的外包装来掩饰其违法的目的。先采取猛烈的宣传攻势，比如在权威媒体上发布大篇幅广告，通过权威人士甚至地方政府的“信用背书”以增加其自身的公信力，再比如聘请网络公司在互联网上密集进行宣传活动，并配以豪车、金钱以及美女等诱惑性的宣传元素，以此吸引公众的注意力。在日常经营中，犯罪嫌疑人会选择在核心地段高档写字楼设立办公地点，

并经常举行员工分红等活动，以进一步吸引投资者。

3. 与互联网金融相融合，致破坏性增强

随着以 P2P、虚拟货币为首的一系列互联网金融业务的出现，非法集资案件也进入一个新的爆发期。互联网金融最大的优势就是其依靠互联网本身强大的宣传和互通能力所带来的巨大的客户群和便利的使用性，非法集资的嫌疑人正是看中了这些优势大肆作案。嫌疑人往往会以互联网金融业务作为幌子，通过互联网的连通性进行铺天盖地的宣传，以高收益、零风险等诱人因素迷惑社会公众，表面上看起来与正规的互联网金融业务无异，实则是非法集资行为，让绝大多数人难以辨别真伪。

因为互联网金融的加持，非法集资的规模出现了进一步的发展，一方面互联网的主要受众群体为青年人，所以犯罪目标群体逐渐改变，向青年人、大学生、自由职业者等新兴社会群体发展。另一方面涉案金额、人数及地区均超越以往，涉案的金额高达上亿元，同时涉及多个省份的上百人，其跨区域性的特点也增加了办案的难度，导致破坏性后果增强。

4. 投资人缺乏理性，易产生超法律诉求

近年来非法集资的不断攀升反映出投资人“以逸待劳”的不理性投资理念，无视“高收益伴随高风险”的投资规律，过度期待投资高收益，而不愿承担投资高风险。一旦案发，由最初希望司法机关和政府相关部门能够帮助返还本金，到后期强烈要求全部返本付息，将司法机关及政府视为“讨债公司”；由最初希望惩治犯罪与追赃减损的双重诉求，向如今的“唯挽回经济利益论”转变，甚至出现通过上访等极端方式先后要求司法机关“放人”与“抓人”的闹剧，严重影响了司法机关正常的工作秩序。

5. 案件侦办效率不高

由于部分案件从嫌疑人开始非法集资到案发历时多年，时间跨度较大，真正遭受损失的被害人往往是最后的加入者，并不能接触并指认真正的始作俑者，部分案件涉及集资参与人众多，无法一次性查明案情一并处理，造成侦办和取证困难。此类案件还普遍存在账目混乱或无账的情况，大部分公司或个人没有建立完整的账目，部分通过银行转账，部分通过现金支付，致使犯罪数额难以认定，所有案件都要作司法会计审计，但由于上述种种因素，审计报告也要经过相当长的一段时间，影响了侦办效率。另外，对非法集资赃款去向侦查取证困难，部分案件由于主要犯罪嫌疑人潜逃，案件性质有可能为集资诈骗，但由于行为人往往以实业做掩盖，又缺乏资金使用情况方面的证据，从而难以判断犯罪嫌疑人是否携款潜逃，其诈骗手段及非法占有目的难以认定。

二、涉众类犯罪治理现状及问题分析

涉众类经济案件呈多发态势，直接损害了广大群众的切身利益，如何有效惩戒与防范涉众型非法集资类犯罪，服务于保障金融秩序的大局，是新时期下司法机关的一项重要使命。分析涉众类经济案件频发的原因，对打击经济犯罪、维护经济安全具有重要意义。

（一）非法集资犯罪隐蔽性强，打击难度大

1. 取证定性难，案件侦破难度大

非法集资案件由于其内在的复杂性，导致在发现犯罪和侦查取证上有很大的困难。首先在发现犯罪上，非法集资犯罪一般以公司作为合法的外衣，同时也进行一些正常合法的经营活动，如正常的借贷行为，并将部分贷款投入生产产品或者进行投资，这就导致司法机关很难及时发现犯罪。其次在侦查上，非法集资犯罪涉及人员多、记账简单或为了逃避法律的制裁不记账、资金往来方式多种多样（现金、转账、微信、支付宝等），大多借助网络手段，而网络证据大多是以光、电、磁等物理信号表示，存储于软盘、光盘、硬盘中的电子数据和文件，这些证据可能存储于不同的服务器、网址、电脑甚至外部存储器上，直观性弱，容易被篡改或破坏，从技术上难以查清，再加上被告人与集资参与人均基于利益最大化的考虑，说假话的可能性极大，使得侦查机关难以收集、固定证据。此外，相关法律法规对非法集资定罪规定不明，导致实践中公检法三机关对案件定性发生争议，难以有效打击非法集资犯罪，使得处置非法集资案件的工作周期普遍较长，陈案层层积压，对其打击效率较低。

2. 追赃挽损难，维稳难度大

办理非法集资案件，司法机关既要收集相关证据、追捕嫌疑人，还要负责追缴非法资金，挽回被害人的损失，维护社会稳定。当前非法集资案件专业化、公司化、集团化、高科技化越来越强，犯罪分子精心谋划，通过各种虚假手段、策略将赃款赃物转移、隐匿、变卖，司法机关对涉案财物难以追缴。涉案财产中，既有被告人的违法所得、犯罪工具等，还可能涉及第三人的合法财产、混合财产等，导致权属认定困难，且司法实践中认定标准、处置程序缺失，非法集资案件与民间借贷、经济纠纷、民事违约等存在众多交叉重合之处，致使案件定性存在争议，给追赃、挽损工作带来极大困扰。而追赃挽损率偏低又造成群众信访、集体访居高不下，涉稳问题突出。

3. 执法办案能力与犯罪发展不相适应

根据刑事侦查学与犯罪学的相关理论，当嫌疑人的犯罪水平不断提高的时

候，司法机关的办案水平也必须不断提升，才能满足社会需要。然而在现实中，由于缺乏足够的技术设置与人力、财力为后盾，导致一线侦查人员办案手段总体依然处于相对落后的局面，这与涉众型经济犯罪高智商化、多样化的犯罪趋势不适应，导致证据收集固定难。例如，新型的网络涉众型经济犯罪多会采用互联网金融的形式来吸纳社会资金，这些犯罪活动虽然本质上仍然是传统的非法集资的运行模式，但是其外部的集资行为多通过计算机、App 软件和互联网络进行，这就造成当下的非法集资犯罪的主要犯罪证据为电子证据。而司法机关并不擅长收集、整理和分析该类证据，直接影响了对案件的定罪量刑。

（二）行业监管难度大，致监管力度不足

1. 融资投资渠道狭窄

近年来，我国经济发展迅速，民间资金的持有量不断增长。但由于存款利率低、物价上涨快、保险市场没有得到普遍认同，股票、基金等投资项目技术含量、风险过高等原因，致使民众持有大量闲散资金，却苦于投资无门。商业银行等金融机构主要将有限的信贷资源投向国有企业和大型企业，而中小微企业在融资渠道、融资成本以及信贷支持等方面均存在劣势。部分企业在面临运营资金匮乏、通过银行等正规渠道又难以融资的情况下，急需吸收民间资金以维系企业发展。大量的社会闲散资金在面临存款利率低、理财产品种类少的情况下，又渴望寻找收益高、回报快的投资渠道。民间借贷融资在客观上为非法集资行为的滋生提供了非正规的金融环境。

2. 行政监管存在缺失

在《防范和处置非法集资条例》出台之前，金融行业监管只针对在册金融机构，自然人和一般公司进行非法集资往往在犯罪事实和损失后果已经发生后才被发现，不能实现“铲萌芽、打苗头”，缺乏有效的日常行政管理措施。一是由于国家鼓励创业，公司、企业准入门槛低，工商部门疏于把关及后续管理，不法人员往往就会披着合法成立的公司外衣进行非法吸收公众存款、集资诈骗等活动，此类经营活动更具规模性、迷惑性。二是在金融市场“放管服”改革中，由于监管部门对市场主体减少了事前审批和准入门槛设置，一些不合规的集资平台进入市场，个别金融监管部门对异常资金流动报备和调查不够及时，金融监管乏力，丧失了将涉众型经济犯罪扼杀于萌芽中的最佳时机。三是网络管理存在漏洞。以 P2P 借贷为名的非法吸收公众存款、以虚拟货币为名的网络传销等利用网络进行的涉众型犯罪非常嚣张，而目前网络登记管理部门对此管理不够。此外，媒体对广告审核把关不够严。有些媒体为谋求经济利益，社会责任缺失，对投资广告内容不进行认真审核把关即予刊登、发布。

3. 各部门未形成监管合力

虽然近几年我国对于非法集资的打击力度不断加强，各地普遍建立了防范和处置非法集资工作领导小组，明确了相关工作制度及工作职责，但是随着非法集资手段的不断升级、隐蔽性不断加强，加之相关监管机构资源共享不足、信息沟通不畅，对非法集资的识别度不高，与刑事司法对接不到位，导致未能对非法集资犯罪形成强有力的监督管理合力，为犯罪分子留下可乘之机。

（三）公民防范意识薄弱，易陷入金融骗局

非法集资案件的大规模爆发，一定程度上与社会公众法律意识淡薄、风险防范能力薄弱有关。非法集资案件往往先注册合法公司，以高额回报为诱饵，利用熟人圈拉人头、攒人气，用骗来的钱拆东墙补西墙，制造虚假业绩骗取更多人的钱财。而有的群众之所以上当受骗，是因为接触的宣传教育较少、对非法集资没有深度认识，对于一些基本的金融知识也不甚了解，不会投资理财、看不透骗局花样，经不住高额回报的利益诱惑。

虽然近年来针对防范非法集资进行了大量宣传，但由于滋生非法集资的行业点多、线长、面广，且手段不断翻新，诱惑性和隐蔽性不断增强，各部门的宣传工作也往往处于单打独斗的局面，缺少统一管理、协调、督导、推进，效果不佳。据调研发现，很多参与者缺乏基本的金融及法律素养，民间投资的高收益、高回报诱发着公众的投机心理，再加上非法集资的名目不断翻新，迷惑性、隐蔽性愈加增强，集资参与人往往难辨真伪，防范意识薄弱，容易陷入金融骗局，这在客观上为某些以诈骗钱财为目的的涉众型经济犯罪提供了契机。

三、涉众类犯罪治理的总体策略与路径选择

非法集资案件已经成为严重威胁国家金融安全和社会稳定的不良因素，为有效遏制非法集资犯罪，维护国家金融管理秩序，保障人民群众的合法财产权益，结合此类案件频发的原因，建议采取以下措施来防范、打击非法集资犯罪行为。

（一）调动多方力量协同办案，加大打击力度

为了提升对涉众型经济犯罪的打击力度，司法机关应调动多方力量参与其中，通过多部门的协作全面侦查。首先在发现非法集资犯罪方面，设立相应的举报奖励制度，群防群治。利用举报箱、举报电话、设立举报中心等多种形式，增强人们的举报意识，对群众提供的有价值线索要给予适当的奖励，为及时发现非法集资的犯罪线索提供辅助作用。其次在侦查方面，检察机关可适时介入、全面引导公安机关侦查，确保会计账目、第三方支付平台、银行交易记

录以及电子证据等的合法性收集，防止由于缺失证据，导致案件认定难。最后公检法三机关之间要加强协作配合，定期就涉众型经济犯罪办理过程中的疑难问题、法律适用、证据收集、侦查措施等争议问题进行协商，统一认定标准，并就维稳制定统一口径，尤其要加强侦查、审判、执行之间的衔接。

此外，亟待引入精通计算机的技术人员，与非法集资犯罪办案经验丰富的司法人员共同组建一支专业侦查小组，深入开展非法集资犯罪警情分析研判、线索梳理、证据收集固定、案件串并，指导开展防范宣传、信息收集、信息查证、线索流转、重点人员管控、信息采集和案件攻坚等，使破案打击更具专业性和针对性。

（二）建立“维稳预警+追赃挽损”双机制

当前，涉众型经济犯罪案件的受害人在案发后的诉求方式，已经从过去的个人上访逐渐转化为有组织、有步骤的群体性行动，一旦处置不当，会直接影响社会稳定。因此，要将完善预判、应对、化解群体性事件的措施和方法作为一项紧要任务。切实处理好办案的法律效果与社会效果的统一，将挽回受害人的损失作为一项重要目标。

一方面，在办案之初要监督公安机关对犯罪分子的财产进行详细调查，查清非法集资资金流向，可以搭建多方沟通渠道，随时掌握受损群体相关情况，确保最大化追赃挽损。坚持任何单位和个人不得从非法集资中获取经济利益的准则，查明非法集资资金余额、收益、隐匿和转移的资产，在非法集资中获得的返点费、佣金、提成等利益。也可以创设专门的情报信息系统。信息情报对预防、控制和治理涉众型经济犯罪具有重要意义。首先，公安机关应在原有基础上建立一个专门的信息情报系统，并完善信息情报工作机制，在各派出所、公安局设立联络员岗，负责收集、整理本辖区内发现的线索信息，专门从事情报信息系统的侦查人员在工作时应遵循“依靠群众，专门机关与群众路线相结合”的工作原则，对新成立融资巨大或不正常经营的公司予以密切关注，及时掌握社情民意、社会舆论，对人员流动性强、人员密集的住所或公司进行记录，第一时间了解情况，掌握线索。其次，在对信息情报进行收集、汇总之后应及时分析研判，筛选出有价值的信息，经济犯罪侦查部门要加强对涉众型经济犯罪的犯罪行为、犯罪特点、犯罪规律的研究，提高感知犯罪的灵敏度，对过往的涉众型经济犯罪吸取经验，根据情报信息对未来可能出现的犯罪进行预测，从而达到防控目的。最后，在建立起专门的信息情报系统，对收集到的信息情报进行分析之后，应根据结果作出下一步的部署，不放过任何一个可疑线索，及时采取行动，调动社区警务力量，对可疑对象予以关注，深入收集信息情报；与此同时，还应将情报分析结果通报其他部门，包括工商部门、税务部门、金融机构等，听取这些部门或机构的反馈意见，同时要及时将涉案企业、嫌疑人的所有资产进行扣押、查封、冻结，防止资产流失，降低非法集资带来的危害，尽量追回投资者的损失。

另一方面，司法机关应提升自身办案水平，探索挽损新途径。一是成立涉案财产处置联合专班，做好财物追缴、变现、清退等工作。涉众型经济犯罪有其特殊性，在案发前会存在大量潜在被害人，在案发后被害人会采取行动，或走向新的违法犯罪道路，或集合起来上访、游行，根本目的在于要回投资款项。因此，无论处于哪个诉讼环节，都要在具体程序方面作出规定。譬如在侦查阶段，侦查机关应及时查封、扣押、冻结涉案财物，避免主观上的轻视造成后续损害；在侦查过程中应注重会计账簿、交易明细以及网上痕迹的收集和保存；在起诉和审判阶段，检察机关和法院要对证据的真实性进行判断，必要时法院应重新进行调查。可在地方党委、政府的领导下，由公安机关、检察机关、审判机关以及处置非法集资职能部门共同成立财产处置联合专班，形成工作合力。二是在追赃减损过程中引入第三方，参与涉案财产追缴处置工作。由于涉案股权、项目等经营性资产的处置技术性、专业性较强，建议引入律师、会计师、审计师、资产评估师等专业人士作为第三方管理人，以充分发挥管理人的专业性与独立性。三是建立风险预警及处置机制。对于犯罪金额较大、集资参与人较多的非法集资案件，要制定风险处置预案，建立工作专班，安排下沉接访，讲清政策规定，引导群众主动配合。

在全力追赃挽损的同时，还要及时研判、处置涉众案件的风险，以户籍地辖区、工作单位为区分落实相关稳控责任，一旦发生群体访、缠闹访，即按照机制采取相应的控制应对措施，妥善处理，防止矛盾激化，确保第一时间把矛盾和问题化解在第一现场，使防范和处置非法集资取得实效。

（三）开展专项防控活动

专项防控活动是一种中国特色的犯罪治理模式，对于迅速打击犯罪、预防犯罪再发生、控制犯罪数量具有重要意义。首先，应坚持问题导向，明确目标，聚焦涉众型经济犯罪问题突出的重点地区、重点行业、重点领域，把防控方向始终对准群众反映最强烈的犯罪，将专项治理和系统治理、综合治理、依法治理、源头治理相结合，从社会治理的角度着力打击涉众型经济犯罪。其次，应建立督导机制，将督导作为涉众型经济犯罪的推手，以督导压实地方各级党委和政府打击涉众型经济犯罪重大政治责任，推进各部门齐抓共管；以督导保障涉众型经济犯罪专项斗争始终在法治轨道上运行，沿着正确方向深入开展；以督导推进重点难点问题解决，确保攻坚克难、务求实效；以督导回应人民群众期待，切实增强人民群众获得感、幸福感、安全感。最后，应将专项防控活动与经济、政治建设一把抓，注重源头治理，即在公司设立之初即严格把关，加强监督和管理。

（四）加强行政监管，规范引导民间投资

1. 严格企业准入制度

国家鼓励大众创业，降低企业、民间团体准入门槛，但并非放任不管，也不是一批了之，任其随意发展。工商局、中小企业局、民政局等部门应严格执行公司登记、企业准入、民间团体审批等制度，随时关注公司的运营情况、资产状况。将企业司法风险、经营风险、变更记录等评估审查作为必经程序，对企业负责人开展违法犯罪记录调查，对个人征信、司法诉讼等信息做深度调查。综合运用信用分类监管、定向抽查检查、信息公示、风险警示约谈、市场准入限制等手段，加强市场监督管理，加强部门间信息共享和对失信主体的联合惩戒，探索建立多部门联动综合执法机制，提升执法效果。对非法集资主体（包括法人、实际控制人、代理人、中间人等）建立经营异常名录和信用记录，充分发挥行业协会作用，加强行业自律管理，促进市场主体自我约束、诚信经营。

2. 依法严惩虚假宣传

非法集资蒙骗投资者的一个重要手段是广告，因此工商、广电、互联网等广告业务监督部门要把投资担保、代为理财、金融咨询、贷款服务等广告作为重点监管对象，严把广告审查关口，堵住非法集资类广告的发布渠道。市场监督管理、互联网信息内容管理、电信主管部门应当加强对涉嫌非法集资广告监测、涉嫌非法集资的互联网信息和网站、移动应用程序等互联网应用的监测，及时查处违法行为，构建非法集资广告和互联网信息治理长效机制。严厉打击广告经营者、广告发布者制作和发布包含集资内容的广告，互联网信息服务提供者制作、复制、发布、传播涉嫌非法集资的信息。要求广告发布者、互联网信息服务提供者在发现涉嫌非法集资的信息时，保存有关记录，并向处置非法集资牵头部门报告。

（五）发挥金融机构检测防控作用

一方面，银行、税务、证券等金融监管部门应严格执行大额交易和可疑交易报告制度，随时监控公司异常资金的流向及动态，对各类账户交易中具有分散转入集中转出、定期批量小额转出等特征的涉嫌非法集资资金异动进行分析识别，并将有关情况及时提供给地方各级防范和处置非法集资工作领导小组办公室，及早预警提示发现非法集资案件线索，冻结涉案资金最大限度追赃挽损。对涉众型公司、企业进行检查，重视大额财产的移转，注意源头治理，严

格核实公司登记、经营、变更等相关信息，对于虚假注册或者空壳公司，要及时予以清理。一是严格审查公司的成立、变更等材料，密切关注其运转情况和资产状况，重视涉众型犯罪线索的收集及运用。二是设立大额交易和可疑交易报告制度。对涉众型公司大额资金来源、去向、移转进行监控，尤其是短时间内资金大幅度增加、快速移转和账户异常情况，要及时报告侦查机关，第一时间采取预防措施。三是工商、金融等监管部门要确立“谁审批、谁主管、谁负责”的原则，加强监管力度，落实监管职责，解决不作为的不正之风。四是加强对担保公司、融资公司、投资机构等业务进行排查，拓展风险排查的深度及广度，对存在非法集资、传销隐患或苗头的公司，要及时整顿或处理。

另一方面，应强化日常监管，重点对各类融资信贷机构、虚拟经济平台开展“双随机”检查，严格落实年检、审计、财务报备等制度，着力纠治事前审批不管、事中监管缺位、事后处置不力的问题。另外，还应加大金融产品创新力度，开发符合企业、公众需求的金融理财产品，正确引导民间资金流向正规渠道。

（六）提高各部门的执法水平

我国社会主义市场经济的发展、社会主义法治国家的建设目标和公民法律意识的加强，使得过去行政执法模式已难以适应当前形势。行政执法过程中事实认定不准、法律适用不当、处罚无依据等情况时有发生，履职不到位。防控涉众型经济犯罪对部门行政执法能力有更高的要求，原因在于该类犯罪具有作案手段迷惑性强、案件潜伏期长等特点。司法机关、工商部门、税务部门、银行等应当进行不定期培训，提高对涉众型经济犯罪的认识，及时总结学习该类犯罪的规律特点，提前预警，有苗头即予以警告，及时发觉和准确甄别违法犯罪行为。

（七）加大宣传力度，提高公众防范意识

宣传教育向来是预防犯罪的一项重要方法。日常生活中，公安机关、金融机构等都进行过预防经济犯罪的宣传教育，但这类案件的发案率仍然很高，原因主要在于传统的宣传方式无法引起人们的重视。为了引导群众有效防范非法集资骗局，相关机关应开展多元化、新型化宣传方式，可以从以下几方面进行宣传：一是利用庭审、信访接待平台开展警示教育。实践中，部分集资参与人在庭审过程中还对被告人心存幻想，依然沉溺于被告人编织的幻象。对此，办案人员应当充分利用庭审、信访接待这两个重要窗口，引导集资参与人看清、看透非法集资犯罪行为的本质，避免再次陷入非法集资陷阱。二是借助新媒体

创新宣传形式，普及法律知识。借助新闻媒体、报刊杂志、网络等平台，通过发布典型案例、以案说法等方式，普及互联网知识、投资理财知识，对高收益产品项目进行风险提示，切实提高群众的警惕性和防范能力。另外，还可以发挥网格员力量，对非法集资案件高发的写字楼、商业区开展日常巡查。从监测预警、行业自律、发动检举等方面入手，形成全社会关注的天网效应，及早发现非法集资犯罪行为。

第二节 涉企类犯罪态势变化及犯罪治理

涉企类犯罪是商品经济条件下产生的一种新的犯罪形式，它与商品的生产和交换的发展程度有着直接关系。商品经济的发展扩大了企业的数量和规模，提高了企业在社会生活中的作用，加剧了经济领域的竞争与冲突，为涉企类犯罪提供了广泛的条件、机会和手段。随着实行改革开放政策，进行经济体制改革，由于各种主客观的原因，在社会生活中出现了许多涉企类犯罪，严重危害了社会主义市场经济的秩序与建设。因此，犯罪规律的总结与犯罪原因的找寻是涉企犯罪问题解决的有效方法，下文根据六年来雁塔区涉企类犯罪情况，以企业为被告人和被害人分别探寻相关规律。

一、企业犯罪态势变化及犯罪治理

（一）企业犯罪发展态势

当前，企业犯罪数量越来越多，危害也越来越严重。尽管我国加大了对企业犯罪的惩罚力度，但是一个个的企业违法违纪甚至构成犯罪的事件仍时有发生。认清企业犯罪的严峻形势，分析企业犯罪的特点、原因并探讨相应对策，对于有效打击企业犯罪，遏制其发展蔓延，有着重要的理论和现实意义。

1. 企业犯罪总体情况

（1）案件数量呈上升趋势

2016—2021 年，雁塔区人民法院共受理企业被告人案件 34 件，总体呈现波动趋势。2017 年为 3 件，较前一年同比上升 50%；2018 年为 4 件，较前一年同比上升 33.3%；2019 年为 9 件，较前一年同比上升 125%；2020 年为 5 件，较前一年同比下降 44.4%；2021 年为 11 件，较前一年同比上升 120%。

2016—2021 年雁塔区人民法院共受理企业被告人案件 34 件，分别为 2 件、3 件、4 件、9 件、5 件、11 件。疫情前后企业作为被告人的案件数量差异较大，其中2019年之前9件，2019年之后25件，同比上升177%。根据上述数据可以看出，在疫情初期，受封控政策等原因影响，人民法院受案数量呈下降趋势，但2021年各方面数字又出现回弹且上升势头明显（见图6－1）。

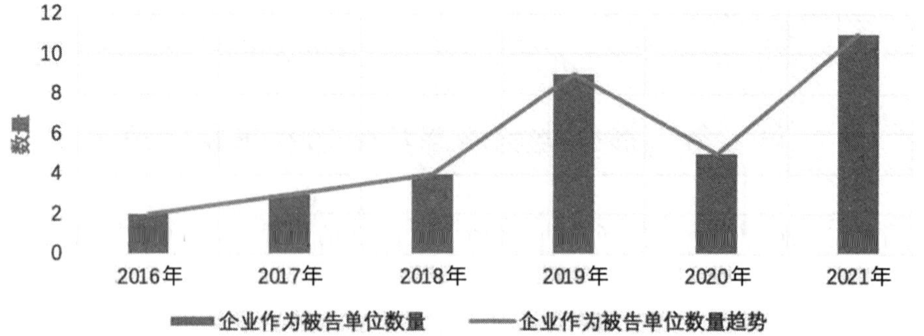

图6－1：2016—2021年企业作为被告单位案件的数量变化

（2）犯罪危害性大，涉案金额高

企业犯罪较个人犯罪具有危害性大、涉案金额巨大的特征。本次统计的34个企业为被告人案件，涉案金额1000万元以上的有2件；100万元至1000万元的有11件；100万元以下的有11件，其余的未提及涉案金额。其中，2018年的西安某科技工程有限责任公司一案，据检方指控，其串通投标的金额达6000余万元。需要说明的是，企业犯罪在对他人和社会造成不良后果的同时，对企业自身也造成不可估量的危害，轻则带来巨大的经济损失，重则给企业带来灭顶之灾。

2. 企业犯罪案件特点及重点罪名的分析

（1）企业作为被告人案件涉及的罪名较为集中

截至2021年12月，雁塔区人民法院受理的企业作为被告人的案件涉及罪名前四的分别是合同诈骗罪17件、串通投标罪11件、集资诈骗罪5件、非法经营罪1件。在上述四类犯罪中，合同诈骗罪占50%、串通投标罪占32.3%、集资诈骗罪占14.7%、非法经营罪占2.94%。由此可以看出，合同诈骗罪和串通投标罪是高发犯罪，且2019年与2021年为犯罪高发年份，这两年发案量占58.8%。

（2）犯罪多发生于投机性强的经济活动中

根据统计，34个以企业为被告人的案件，主要分布于金融服务、建筑开发、文化教育、能源化工、计算机与通信、造纸印刷、矿产、汽车等行业，分别为9件、8件、3件、3件、2件、2件、1件、1件，剩余的5件未提及是何行业。可以看出，企业为被告人的案件多发生于投机性强的经济活动中（如金融业、房地产开发等建筑业），仅仅这两个行业，占比高达50%。

3. 企业作为被告人的犯罪多是在企业高管控制下实施

调查发现，在法人责任人身份上往往存在一人身兼多职，一般是企业高管（包括运营总监）。现有的34个案件中，法人责任人身为法定代表人及实际控制人的数量为19人，身为总经理的5人，身为运营总监的1人，身为股东的2人，身为员工的5人，身为办公室主任的1人，身为一线主任科员的1人，未提及身份的3人。上述数据中企业高管25人，占65.6%。其中合同诈骗罪总人数为20人，其中企业高管为17人，占比高达85%。

4. 从轻处罚比例较高，案件数量差异较大

根据数据统计，合同诈骗罪中10件从轻处罚、串通投标罪中11件从轻处罚、集资诈骗罪中2件从轻处罚、非法经营罪中1件从轻处罚，从轻处罚比例高达70.6%。此外，2016—2021年从轻处罚的数量有所变化，分别为2件、1件、1件、5件、4件、11件。可以发现，以2019年为界，在疫情之后，从轻处罚的案件数量显著增多，这主要是受大的经济环境的影响（见图6-2）。

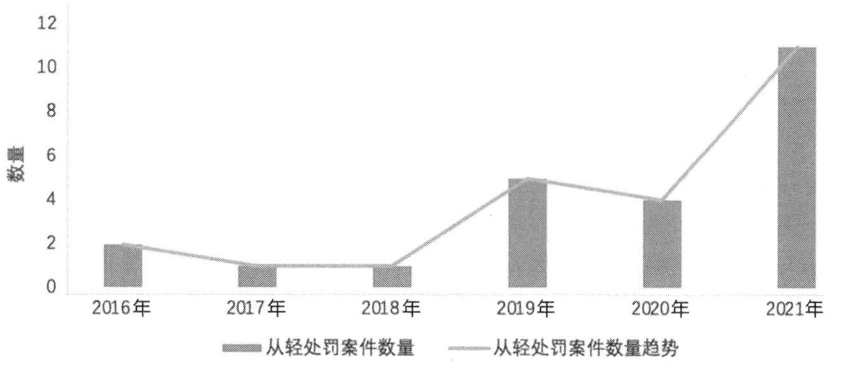

图6-2：2016—2021年从轻处罚案件数量变化

（二）企业犯罪治理现状及问题分析

1. 市场经济秩序不够完善

由于市场经济或商品经济自身的固有属性，在市场经济条件下必然存在一定数量的企业犯罪现象。随着我国改革开放进入深水区，在新旧体制交替过程中，必然会出现许多制度上的“真空”与漏洞，经济领域会呈现暂时性的失范、无序状态，在这种情况下，企业犯罪也会合乎逻辑地有所增多。例如，由于企业产权关系尚未明确，有人便成为企业承包者，大肆侵吞公有资产，化公为私，私吞公有资产。待到市场经济发育成熟，经济领域呈现出一派规范而井然有序的状态之后，企业犯罪便会回落到合理、正常的程度。

2. 受社会宏观条件的影响

企业犯罪现象的整体变动趋势与速度主要取决于宏观社会条件，对犯罪者以及被害者的个人品质的影响微乎其微，几乎可以忽略不计。不过，企业犯罪现象毕竟是各个具体犯罪行为的总和，因此，在解释企业犯罪现象整体变动的原因时，有必要把具体企业犯罪行为纳入宏观社会背景之中考察其发生原因与机制。

3. 新旧观念冲突

目前，我国正处于深刻的社会变革之中，新的观念和新的生活方式冲击传统的价值观念和生活方式。如果说社会结构变革与当前我国经济犯罪增多只具有功能性的共变关系，那么，这种价值观念冲突才是引起经济犯罪增多的深层次原因。

（三）企业犯罪治理的总体策略与路径选择

《宪法》对检察机关的根本定位是：检察机关是国家的法律监督机关。从这一定位来看，检察机关的主要职责在于监督法律实施，这当然可以深入社会经济生活的方方面面，包括守法主体的民营企业，毕竟民营企业在运行过程中也离不开法律的实施。

1. 建立检企协作机制，不断加强与企业的协作交流

雁塔区检察院与西北政法大学刑事法律科学研究中心签订了《科研合同项目书》，并将西北政法大学企业合规研究中心纳入第三方组织名库。以案件为切入点，帮助指导企业实现全面合规，将高校刑事合规科研工作和司法实务问题进行交叉融合研究，为检察机关提供专业性的学术参考，实现了检、校、企多赢共赢。在此合作基础上，检察机关还可以开展有关活动，邀请相关领导、民营企业家到检察机关参观走访、座谈交流，并认真听取民营企业发展的

法律诉求和对检察工作的意见，不断深化检企协作力度。深入辖区民营企业走访、座谈和调研，收集、汇总民营企业生产经营中的易发刑事犯罪风险点，充分了解民营企业的司法需求，分析研判企业经营治理存在的突出问题，有针对性地开展法治宣传和提出防范法律风险建议，引导民营企业在法治轨道上健康有序发展。

2. 引导企业构建全流程合规风险监控体系

检察机关根据办案过程中发现的企业管理中存在的突出问题，要通过各种途径对所属辖区的企业提出系列预防对策建议。落实企业内部监督检查制度，对人财物和基建、采购、销售等重点部门、重点环节、重点人员，实施财务审核、检查、审计，督促企业自身能够及时发现和预防管理漏洞和法律风险。督促加强对企业人员法治宣传教育，加强对董事、监事、高管、大股东等关键少数的教育警示力度，促进恪守底线意识，提高法治观念，培养法律思维，引导企业合规的理念深入企业文化中。具体来说要做到以下几点：一是协助建立廉政制度。检察机关要帮助企业建立一整套廉政制度，尤其是大中型企业和重点企业，要建立与本企业管理制度相适应的较为科学和具可操作性的廉政制度，使企业的决策层面和管理层面的人员不能犯罪、不敢犯罪。另外，企业应对本企业中易发生犯罪的重点岗位工作人员和较大经营项目中的有关人员签订廉政责任书。责任书应明确具体约束条款，明确责任和处罚决定。使企业的经理（厂长）和其他有一定权限的人员不管在职务上、在岗位上或在购销活动中，形成犯罪预防的纵向、横向约束机制，从而不断提高其法治观念和廉政意识。二是协助建立企业内部的预防犯罪组织。建议企业成立预防犯罪组织或指定专人负责犯罪预防的监督和落实。三是协助企业健全财务、采购、供销等经营环节制度。对财务制度不健全、财务管理混乱的民营企业，要帮助其建立科学正规的财务管理制度，使其在财务管理上真正作到“三分三清一落实”。三分，即会计与出纳分开，经办人与审批人分开，管理费用和经营费用分开；三清，即每一笔资金来源清、用途清、去向清；一落实，即财务人员的职责范围和责任落得实，形成“经理（厂长）批钱不用钱，会计管账不管钱，出纳管钱不管账”的良性资金管理机制。对企业中的采购、销售等重大项目和重大工程建设，检察机关可协助企业进行跟踪检查，参加其招标、投标、评标等重要环节工作，临场监督，预防犯罪。

3. 探索并完善“三重监管”闭合回路

雁塔区检察院针对涉案企业合规“三重监管”模式展开探索，并逐步完善“监督、评估、听证”全流程的“三重监管”模式，即在监管工作中，将第三方组织分为监督组和评估组。监督组由律师、会计师、审计师等专业人员组成，负责全程督导涉案企业进行实质整改，确保涉案企业的合规建设充分有效。评估组由代表委员、专家学者、行政监管部门业务专家等组成，由评估组成员担任第三方组织组长，负责对《合规计划》《阶段性报告》《合规报告》等关键节点进行评估并提出意见建议，通过评估后方进入下一个整改阶段，合规考察期满后以第三方组织名义向第三方机制委员会提交《合规报告》，确保整改过程公平公正。听证即召开公开听证会，涉案企业整改成效与检察机关履职情况共同接受社会监督，从而形成“监督、评估、听证”的“三重监管”闭合回路，既避免了第三方组织人员成分单一导致评估不客观的问题，又保证了第三方组织具备专业能力素质，能够在合规整改全程中向企业提供实质的合规服务，确保整个监管流程公平、公正、客观、权威。

4. 加强检察机关对企业犯罪的诉源治理

检察机关参与企业犯罪案件诉源治理，减少提起诉讼的刑事案件。检察机关通过适用认罪认罚从宽制度，在检察办案环节减少社会矛盾对抗，积极化解纠纷，使一些犯罪情节轻微、社会危害性小的案件不再进入审判环节，从而降低刑事案件诉讼量，是刑事检察参与诉源治理最直接的表现方式。近年来，检察机关开展的涉案企业刑事合规试点就是一种很好的诉源治理方式，也是实现办案效益最大化，积极参与社会治理的有效手段。

5. 打击和预防并举，通过打击促进预防

一方面，要抓住重点，坚决打击企业内部的职务犯罪。在办理民营企业案件中，要在维持正常生产秩序的情况下，依法办案、文明办案，为企业发展营造一个公正、公平、宽容而又有约束力的社会环境。一是依法严惩企业改制过程中的经济犯罪。有一部分民营企业是通过收购、兼并、控股、租赁、承包等形式参与国有企业的产权改制和资产重组而变为民营企业的，在服务民营企业和在民营企业开展犯罪预防工作中，发现原在国企的工作人员有贪污、受贿、挪用公款、私分国有资产等经济犯罪行为时，要依法严厉打击。二是发现企业内部的职务侵占、挪用公司资金、商业受贿等经济犯罪时，及时建议公安部门立案查处。检察机关办理这类案件有着较丰富的经验，在公安机关查处此类案件时，要充分运用检察指导侦查、律师见证等制度，指导公安机关及时收集、固定证据。通过打击惩治此类犯罪，进一步净化企业的内部环境，使企业健康快速地发展壮大。三是采取有效措施遏制企业的行贿问题。企业向其他个人或者单位行贿的现象比较多见，因此，做好行贿问题的预防工作也是企业犯罪预防的一个重要方面。另一方面，严厉打击行政执法机关和司法机关工作人员利用职权的渎职侵权及索贿受贿等职务犯罪案件，为企业创造良好的经营环境。

6. 加强对企业的思想教育，实现思想防范

加强思想教育，促使其树立正确的世界观、人生观和价值观，能够正确认识当前社会利益多元化和根本利益的关系，不断增强自律意识，提高法制观念。企业中，特别是企业家、企业中的管理人员，不仅要会管理、懂经营，还要有法律意识，懂法、用法，才能从根本上预防和遏制犯罪的发生。一方面，应当开展法制宣传。检察人员要经常深入企业了解情况，发放法制宣传材料，展示法制宣传资料、典型案例宣传片，结合实际情况开展各种形式的法制宣传教育。另一方面，检察人员应给企业的股东、厂长、经理及财务、采购等人员上法制课，也可以聘请专家讲课，主要讲解本行业犯罪的基本特点、产生的原因及对策，重点讲授合同诈骗罪、串通投标罪、非法经营罪等常见犯罪的含义、构成要件、立案标准及刑罚处罚等。同时还可介绍一些生动的有教育意义的典型案例，以达到较好的法律效果。

二、侵害企业犯罪态势变化及犯罪治理

（一）侵害企业犯罪发展态势

社会市场经济活动中，企业常常成为犯罪分子的目标，变成刑事案件的被害人，分析企业作为被害人案件的特点、多发罪名、原因并探讨相应对策，对于有效保护企业，使企业早日转入正常生产经营，尽可能减少对经济社会发展的影响，有着重要的现实意义。

1. 企业作为被害人案件数量整体呈下降趋势

2017 年至 2022 年 9 月，雁塔区人民法院受理企业犯罪中，企业作为被害人的案件数量分别为 12 件、28 件、23 件、10 件、2 件、0 件，共计 75 件。其中，因 2017 年党的十九大后强调加强对民营企业财产权的保护力度，被害企业案件数量增长迅速。就雁塔区而言，至 2018 年受理被害企业案件达 28 件，是 2017 年的 2.3 倍，同比增长 130%，是六年中案件数量的顶峰。2019 年为 23 件，较前一年同比下降 17.85%，2020 年为 10 件，较 2019 年同比下降 56.52%，至 2021 仅有 2 件，较 2020 年下降 80%。可见从 2019 年起被害企业数量逐年下降，受 2019 年初至 2022 年 9 月疫情影响，各地陆续处于封控状态，雁塔区法院受理涉企犯罪中企业作为被害人案件数量呈逐年下降趋势（见图 6－3）。

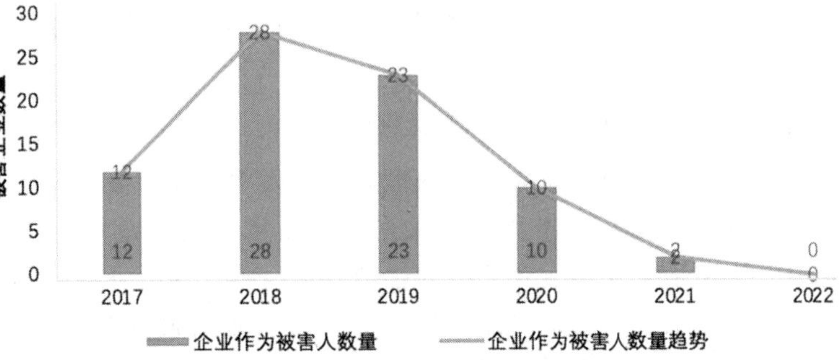

图 6－3：2017—2022 年企业作为被害人的案件数量变化

2. 企业作为被害人案件特点及重点罪名的分析

（1）企业作为被害人案件涉及罪名变化分析

截至 2022 年 9 月，雁塔区人民法院受理被害企业案件涉及的罪名居前五位的分别是职务侵占罪、挪用资金罪、非国家工作人员受贿罪、强迫交易罪、合同诈骗罪。在上述五类犯罪中，职务侵占罪有 33 件占 44%，合同诈骗罪有 28 件占 37.33%，挪用资金罪有 7 件占 9.33%，强迫交易罪有 4 件占 5.33%，非国家工作人员受贿罪有 3 件占 4%，其中职务侵占罪占比最高。就年份而言，六年内，因 2022 年尚未完全统计，暂不纳入本次系统分析，2018 年、2019 年企业作为被害人案件数量最多，其中职务侵占罪和合同诈骗罪占比最大，2018 年分别为 46.42%、28.57%，2019 年皆为 39.19%，疫情后两年，犯罪案件数量皆呈下降趋势，2020 年至 2021 年雁塔区人民法院审理企业作为被害人的案件仅包含职务侵占罪和合同诈骗罪两类，其中 2020 年分别占 40% 和 60%，2021 年皆为 50%。

（2）企业作为被害人案件中大部分为民营企业

2017 年至 2022 年 9 月，雁塔区人民法院受理的被害人为企业的案件共 75 件，其中被害单位为民营企业的有 52 件占 52%，被害单位为外资企业的有 3 件占 4%，被害单位为村集体的有 3 件占 4%，其余未提及被害企业性质的占 23%，可见雁塔区人民法院受理的被害人为企业案件中，民营企业占一半以上。

（3）企业高管在涉企犯罪中的数量呈现逐年上升趋势

2017 年至 2022 年 9 月，雁塔区人民法院受理的被害企业案件共 75 件，其中职务侵占罪、挪用资金罪以及非国家工作人员受贿罪这三类罪涉及案件 43 件 55 人，其中企业高管占 80%，其他普通员工占 20%。从雁塔区人民法院受理案件可视化数据看，2019 年至 2021 年受疫情影响，企业生产经营暂停，数据稍有回落，在受疫情影响前两年，高管在涉企犯罪中的数量逐年攀升，企业高管涉嫌职务侵占罪大致呈现逐年上升的趋势，2018 年较前一年同比增长 28.57%，2019 年达到顶峰，较 2018 年同比增长 88.88%。

（4）同类行业被侵犯的方式和手段相似

从行为人侵犯单位利益的手段来看，同类行业的内部人员犯罪虽有企业规模、运行状况等差别，但大多数案件行为人实施犯罪的方式和手段如出一辙，潜在的犯罪风险点比较集中。例如，工业、批发业和零售业多数是公司业务员采取侵吞货款、索取回扣等形式实施犯罪；邮政业和交通运输业主要是运输人员通过修改邮递单号、篡改公司内部系统、截留运输货物等形式实施犯罪；软件和信息技术服务业、信息传输业等电商领域更多是电商运营人员利用公司系统漏洞、刷单返现政策及运营资金的掌控便利实施犯罪等方式。

（二）侵害企业犯罪治理现状及问题分析

1. 六年内雁塔区人民法院受理的企业作为被害人的案件数量变化趋势中 2017 年至 2019 年被害企业数量整体呈上升趋势，是因为党的十九届四中全会决定提出要健全支持民营经济发展的法治环境。因此，随着对企业的保护力度加大，涉企犯罪中被害企业案件数量整体增长迅速。截至 2019 年初，受全国疫情影响各地陆续处于防控状态，许多企业经营处于停滞状态，因此 2019 年至 2022 年 9 月企业作为被害人的案件数量相对减少。

2. 企业高管涉企犯罪案件数量整体增长迅速的原因，一方面是随着企业所有权和管理权的分离，少数高管在行使管理权时，会产生心理所有权，进而产生收益期望。一旦实际收益低于他们的期望收益，经理人就有可能产生侵占倾向或其他侵犯公司利益的行为。另一方面与企业高管不具备足够的法律意识有关，例如，在非国家工作人员受贿罪中，有的高管对于房屋低买高卖、牌局输赢、赠予干股、挂名领薪等行受贿方式不敏感，在经济交往中疏于防范个人刑事法律风险。

3. 从统计数据看，职务侵占罪、挪用资金罪、非国家工作人员受贿罪在 2020 年前几乎占据雁塔区人民法院受理的被害人涉企案件中的半壁江山，而在 2020 年后数量呈直线下降趋势。究其原因，是因为 2020 年 12 月出台的《刑法修正案（十一）》提高和调整了对职务侵占罪、非国家工作人员受贿罪、挪用资金罪的刑罚配置。例如，关于职务侵占罪，《刑法修正案（十一）》将原法规定的“公司、企业或者其他单位的人员”修改为“公司、企业或者其他单位的工作人员”，进一步明确犯罪主体，同时还将“数额较大的，处 5 年以下有期徒刑或者拘役；数额巨大的，处 5 年以上有期徒刑，可以并处没收财产”修改为“数额较大的，处 3 年以下有期徒刑或者拘役，并处罚金；数额巨大的，处 3 年以上 10 年以下有期徒刑，并处罚金；数额特别巨大的，处 10

年以上有期徒刑或者无期徒刑，并处罚金”，同样增设量刑档次及提高法定刑。

4. 雁塔区人民法院受理的被害单位为企业案件中，民营企业占一半以上。发生在民营企业案件较多，一是因为相对来说民营企业的基数比较大；二是民营企业的内控制度相对不完善或落实不到位、财务管理混乱、无独立的监督部门，企业管理漏洞较大；三是一旦发生员工侵犯公司利益的情况，民营企业通过司法机关报案救济的意愿最强，民营企业主挽回损失、打击罪犯的意愿也最强烈。外资企业发生职务侵占案件的数量相对较低。

（三）侵害企业犯罪治理的总体策略与路径选择

服务企业，特别是保障企业经济发展，是检察机关近年来持续深化的一项重点工作。在当前形势下，服务保障企业经济可持续发展，绝不仅仅是经济问题和法治问题，更是关系国计民生的重大的政治问题。在这样的大背景下，无论是在法律、政策层面，还是检察职能本身的内涵层面，均为检察监督职能参与保护企业、促进企业合规发展提供了实现的基础和前提。

1. 搭建法治共建平台，提供高质量刑事风险防控服务

首先，检企可以搭建共建平台，召开座谈会沟通思想。以企业合规完善犯罪预防机制，与辖区内的工商联、国企、私营企业建立共建合作平台，以平台作为基础开展专项合作，进而发挥检察机关监督职能。其次，完善雁塔区检察院“双向课堂”，定期面向企业开展宣讲服务。各方通过定期召开座谈会的方式，让检察机关了解辖区内企业发展的状况和难题，为案件办理、刑事风险防控提供借鉴和依据，也为企业排除疑难杂症提供素材。

2. 制发检察建议，实现实质整改长效监督

为避免“纸面合规”，保障合规整改效果落实落地，在案件办理完毕后，雁塔区检察院通过向涉案企业制发检察建议实现“长效监督”，督促企业将合规整改常态化、专业化，要求涉案企业定期通报整改后合规体系运行情况以及长效整改工作开展情况，接受第三方机制委员会的后续监督。例如，涉案的某建筑领域民营企业积极反馈，经过合规整改，企业树立了“经营合规、管理合规”的经营理念，有效防范合规风险。

3. 制作涉企犯罪白皮书，引起行业关注

检察建议针对的只是已经触发刑事法律风险的涉案企业，而具体企业的刑事风险问题，往往在全行业内普遍存在。因此，检察机关可以由点及面，将可能发生在全行业的普遍性问题提示给该行业协会，让其他企业也能引以为戒，提升行业治理水平，最大化协助企业降低刑事法律风险。